Ebenfalls von Bernt Engelmann herausgegeben:

VS vertraulich. Band 1 (Goldmann-Taschenbuch 3693)
VS vertraulich. Band 2 (Goldmann-Taschenbuch 3747)
VS vertraulich. Band 3 (Goldmann-Taschenbuch 3885)
VS vertraulich. Band 4 (Goldmann-Taschenbuch 3997)
Bestandsaufnahme. V. Schriftstellerkongreß VS
(Goldmann-Taschenbuch 3955)

LITERATUR DES EXILS

Eine Dokumentation
über die P.E.N.-Jahrestagung in Bremen
vom 18. bis 20. September 1980

Im Auftrag des P.E.N.-Zentrums Bundesrepublik
Deutschland herausgegeben von
Bernt Engelmann

Mit einem Verzeichnis der Mitglieder des
P.E.N.-Zentrums Bundesrepublik Deutschland

Originalausgabe

Wilhelm Goldmann Verlag

Die Rechte an den einzelnen Beiträgen liegen,
mit Ausnahme der Rechte an den Beiträgen von Judith Kerr,
René König und Hans Sahl, bei den Autoren

Fotos: Isolde Ohlbaum, München

Made in Germany · 3/81 · 1. Auflage · 118

Umschlagentwurf: Atelier Adolf & Angelika Bachmann, München
Satz: Rudolf Schaber, Wels, Österreich
Druck: Presse-Druck, Augsburg
Verlagsnummer: 6362
Lektorat: Martin Vosseler · Herstellung: Gisela Ernst
ISBN 3-442-06362-0

Inhalt

Hommage à Hermann Kesten

Dichter im Café (Hermann Kesten)
Zeichnung von Michael Mathias Prechtl

Der Ehrenpräsident des P.E.N.-Zentrums Bundesrepublik Deutschland, Hermann Kesten, geboren 1900 in Nürnberg, war in den Jahren der Emigration der Sekretär des »Hilfskomitees für Autoren in Not«, das von den USA aus zahlreichen Verfolgten Hilfe leistete. Die Bremer P.E.N.-Tagung »Literatur des Exils« wurde ihm zu Ehren veranstaltet.

Martin Gregor-Dellin

Mit dem Pathos der Dankbarkeit

Hermann Kesten ist einer der liebenswürdigsten Menschen unter den Aufrechten, und seine Liebenswürdigkeit ist ohne Falsch. Ich weiß es, da es uns zusammengebracht hat über einen Dritten, und weiß es aus Zeiten, da ich ihn noch gar nicht kannte, aus den Briefen, Büchern und Aufzeichnungen eines charmanten, gleichwohl scharfzüngigen Lästerers, der über alle Zeitgenossen etwas Abfälliges sagte, weil er sie durchschaute und weil er das, was er wußte, nicht für sich behalten konnte: Klaus Mann. Nur über zwei Menschen hat er sein Lebtag lang nie ein einziges Wort ohne Liebe und Bewunderung geäußert: über Liesl Frank und Hermann Kesten. Ich bin glücklich, diesen beiden begegnet zu sein. Die Gestalt Kestens erhebt sich groß hinter allen Zeugnissen des Exils, die noch zu entdecken sind. Und was es bedeutet, daß er über dieses Exil hinaus mutig in die dritte Phase seines schriftstellerischen Lebens gegangen ist und uns als einer der wenigen erreicht hat, ist uns noch gar nicht bewußt. So darf wohl auch einer, den Generationen von ihm trennen, zuletzt von ihm als einem Freund sprechen: mit dem Pathos der Dankbarkeit und der Begeisterung. Es ist überhaupt unmöglich, von Hermann Kesten anders zu sprechen als im Tonfall Hermann Kestens. Er, ein begeisterter Freund, hat nicht nur Literatur geliebt, sondern Menschen, und einigen rettete er das Leben. Und wir?

Er ist einer der noch im Zorn Gütigen, die Segen stiften. Etwas an ihm erinnert an die alten Propheten, die ihre Hand halten über Kinder und Enkel.

Er schrieb über Menschenfreunde und Liebhaber der Freiheit, als ein Menschenfreund und streitbarer Liebhaber der Freiheit. Aber noch mehr schätze ich ihn wegen der Eigenschaft, mit Erschütterung die Wahrheit zu sagen, die erschütternd ist. Er ist zuweilen von ihr ergriffen und zuweilen mehr als das; ihn überwältigt, was er weiß. Er ist einer der wenigen tapferen Männer, die weinen können. Seitdem weiß ich, daß ich mich meiner Tränen nicht zu schämen brauche.

Was für ein Mann. Es ist nicht wahr, daß die Biographie eines Schriftstellers nur aus seinen Werktiteln besteht. Hinter den Büchern ist ein Gesicht. Wir haben seine Stimme im Ohr. Wir haben eine Literatur, die von ihm Zeugnis ablegt. Und kein Überleben ohne Liebe. Er weiß, wovon ich spreche: er, ein dankbarer Mensch, der Dankbarkeit erfährt und geliebt wird.

Grußworte

Hans Koschnik,

Präsident des Senats und Bürgermeister
der Freien Hansestadt Bremen

Ich freue mich über die Entscheidung des P.E.N.-Zentrums der Bundesrepublik Deutschland, seine Jahrestagung 1980 mit dem Thema »Literatur des Exils« in der Freien Hansestadt Bremen durchzuführen, und begrüße alle Teilnehmer und Gäste aus dem In- und Ausland im Namen des Senats sehr herzlich. Ich wünsche Ihnen einen guten Tagungsverlauf und eine dem umfangreichen und aktuellen Programm angemessene Resonanz in der Öffentlichkeit.

Zwei Ausstellungen zu dem Themenkomplex Emigration und Exil, die öffentliche Veranstaltung »Beim Überschreiten der Grenze« — Erfahrungsberichte deutscher Emigranten — und »Glanz und Elend einer Literatur« sowie weitere Lesungen einzelner Autoren in Schulen sind ein Angebot an die Bürger unserer Stadt, sich mit Schriftstellern, deren Werk und der Rolle von Literatur — besonders in der Zeit des Dritten Reiches — aktiv auseinanderzusetzen.

Mit dem Tagungsthema soll ein Stück deutscher und europäischer Geschichte aufgearbeitet werden — ein dunkles Kapitel deutscher Literaturgeschichte, in dem die »Freiheit der Kunst« unter einer faschistischen Kulturpolitik bevormundet, zensiert und schließlich niedergemacht wurde. Ich bin sicher, daß die intensive Beschäftigung mit diesem Themenkreis den Blick für das gegenwärtige politische Geschehen und dessen denkbare Auswirkungen auf Literatur und Schriftsteller schärft.

Bremen bemüht sich, durch vielfältige fördernde und unterstützende Aktivitäten das Interesse der Bürger an der Literatur zu wecken und zu stärken. Für das bremische literarische Leben erhoffe ich mir von dieser Tagung Impulse und Anregungen, die unsere Bemühungen um eine bedeutendere Rolle der im weitesten Sinne schriftstellerisch Tätigen im Alltag unterstützen. Dazu wird sicherlich auch das von Radio Bremen zusammengestellte Sonderprogramm »Literatur im Exil« als zugleich Ergebnis und Auslöser einer fruchtbaren Wechselwirkung zwischen P.E.N. als Gast und der Stadt als Gastgeber beitragen.

Professor Dr. Walter Jens,

Präsident des P.E.N.-Zentrums Bundesrepublik Deutschland

Die Jahre der faschistischen Herrschaft in Deutschland: Das war eine Zeit, in der nicht Literaten, sondern die Literatur, nicht einzelne Schriftsteller, sondern die Dichtung einer Kulturnation auswandern mußte. Emigration und Poesie: Brecht und Lasker-Schüler, Hermann Kesten und Heinrich Mann — der Katalog ist lang und das Wort Emigration, am Tatbestand gemessen, eher akademisch-betulich.

Wie es wirklich gewesen ist, damals, was ein unbekannter Schriftsteller empfand, einer, der kein Thomas Mann oder Feuchtwanger war, sondern gerade erst zu schreiben begann, ein Jude, Sozialist oder einfach ein Autor, der auf sich hielt und die Verantwortung gegenüber der deutschen Sprache und Kultur nicht aufgeben wollte — was einer empfand, wie es ihm erging und unter welchen Zeichen er, wenn überhaupt, zurückkehren konnte: Das wieder ins Gedächtnis zurückzurufen ist das erste Ziel der im Zeichen der »Exilliteratur« stehenden Tagung des P.E.N.-Zentrums Bundesrepublik Deutschland.

Das zweite Ziel: die Rezeption der von Verjagten, von Opfern des Faschismus in Deutschland geschriebenen Literatur zu behandeln — wie steht es um die fruchtbare Aufarbeitung einer Dichtung, deren Vertretern damals vor aller Welt der Nachweis gelang, daß das Deutschland Hitlers eins und das Deutschland des Friedrich Hölderlin und Karl Marx ein anderes ist? Was wissen die Autoren, hier und heute, mit dem Vermächtnis der Exilliteratur anzufangen, vielfältig, herausfordernd, widersprüchlich, wie es ist? Fragen, die einer Antwort bedürfen. Fragen, die in gemeinsamen Diskussionen von Schriftstellern und Bremer Bürgern im Sinne eines republikanischen »nostra res agitur« behandelt werden sollen.

Wir danken dem Senat und der Bürgerschaft von Bremen, daß wir unsere Tagung in ihrer Stadt abhalten können — in der Stadt eines oft verkannten deutschen Demokraten, der hier im Dom begraben liegt: Der Scholar der Bremer Domschule Adolf Freiherr von Knigge sei uns, Literat den Literaten, ein freundlicher Wegführer.

Erfahrungsberichte deutscher Emigranten

H. G. Adler

H. G. Adler, geboren 1910 in Prag, studierte an der dortigen Universität, war von 1941 bis 1945 in verschiedenen KZ-Lagern, kehrte nach der Befreiung zurück nach Prag und lebt seit 1947 als freier Schriftsteller in London. Dokumentationen, Gedichte, Roman und Erzählungen.

Dichtung in der Gefangenschaft als inneres Exil

Das P.E.N.-Zentrum der Bundesrepublik Deutschland hat sich der würdigen Aufgabe angenommen, die Erforschung der deutschen und deutschsprachigen literarischen Emigration in beiden Weltkriegen und während der Gesamtdauer der nationalsozialistischen Herrschaft zu fördern. Fassen wir es zusammen, so sind für den Exil-Kongreß in Bremen im September 1980 zwei zwar mannigfach verwobene, doch in viele Einzelfragen aufteilbare Hauptaspekte vorgesehen. Beim ersten geht es einmal um wissenschaftliche Einsichten allgemeiner Art über die einschlägige, von ihrem natürlichen, also deutschen Sprachbereich meist losgelöste Literatur. Sie wurde namentlich während des Zweiten Weltkrieges trotz Rundfunk in Deutschland kaum bekannt. Ferner ist die Wirkungsgeschichte dieser Literatur in der Weimarer Republik sowie nach dem Zweiten Weltkrieg vor allem im besetzten Deutschland und dann besonders in der Bundesrepublik zu studieren. Schließlich ist als allgemeinstes Vorhaben dieses wissenschaftlichen Bemühens die Lage der dieses Schrifttum betrachtenden Forschung zu untersuchen. Handelt es sich überhaupt beim ersten Hauptaspekt um ein primär gelehrtes Trachten, so gilt das besonders für diesen Zweig, der nicht bloß Teilhabern der ehemaligen literarischen Emigration vorbehalten, sondern auch Angelegenheit nie Ausgewanderter und ebenso von Forschern nachgeborener Generationen ist. Dieser Nachwuchs hat biographisch mit der Geschichte der Exulanten selbst und ihren Leistungen nichts mehr zu tun. Anders steht es um den zweiten Hauptaspekt. Wer für ihn tätig ist, wirkt hier nicht wissenschaftlich, so wichtig seine Aussagen auch für die Wissenschaft sind. Die Hauptaufgabe fällt den schreibenden Exulanten selber zu, die über ihr Schicksal, ihre Erlebnisse und Erfahrungen, über ihre Tätigkeit der Nachwelt berichten sollen.

Zum Unterschied von bloßen Auswanderern nennen wir Menschen Exulanten, die wegen Unduldsamkeit eines Regimes ihre Heimat verlassen, solange sie sich im Zufluchtsland nicht assimilieren, also nicht mit der eingesessenen Bevölkerung verschmelzen und dies oft entschieden ablehnen. Dann pflegen sie die Sitten und Gebräuche ihres Heimatlandes zu befolgen, als Literaten verwenden sie vorzugsweise ihre Muttersprache. Mitglieder einer Exilliteratur sind durch ihren Aufenthalt in der Fremde und ihre enge Beziehung zum Heimatland gekennzeichnet, wie scharf sie auch die gegenwärtig dort herrschenden Verhältnisse ablehnen mögen. So unterschiedlich sie sich zu ihrem Herkunftsland einstellen, verbindet sie wenigstens mit Teilen der zu Hause gebliebenen Bevölkerung in vielen Fragen doch eine gleiche oder verwandte Auffassung. Genauer ließe sich das nur durch eine Untersuchung der Gesinnung darstellen, die ja dort, wo keine Freiheit herrscht, sich kaum klar kundgibt, während bei öffentlicher Wirksamkeit im Exil eine Überzeugung, etwa bei der Veröffentlichung literarischer Werke, gewöhnlich viel unverhüllter erscheint als in der geknechteten Heimat, wo sich — und das günstigenfalls — eine Untergrund- und Widerstandsliteratur meist bloß in engen Kreisen verbreitet. Eine rücksichtslos bekämpfte, in den Untergrund gedrängte Literatur mag mit der im Ausland wirksamen Exilliteratur die Eigenschaft des Widerstandes teilen, läßt sich aber nicht der Exilliteratur zuordnen.

Nun gab es aber in despotischen Herrschaften schon längst vor dem Nationalsozialismus eine den Tücken der Zensur oft mit Geschick und Glück trotzende Literatur, die mit ausweichender Taktik, Anspielungen und zahllosen Kniffen sich behauptete. Mit mannigfachen Mitteln verstand sie es geschickt, sich keinen Angriffen auszusetzen, hätte sich jedoch nie, ob im Ausland oder Inland tätig, als Exilliteratur bezeichnet und begriffen. Für vergleichbare Leistungen wurde noch nicht einmal unter Hitler das Wort Exil gebraucht, hingegen sprach man unter ihm schon öfters, doch besonders nach 1945, von einer inneren Emigration und meinte damit ein Ausweichen vor offiziellen Parolen und eine zwar vorsichtige, aber spürbare Kritik herrschender Zustände. Zunächst verstand man sich gern als ein »anderes Deutschland«. Ging jemand so weit wie Ernst Wiechert, der das Mißfallen eines Goebbels erregte, 1938 ins Konzentrationslager mußte und dann unter Gestapoaufsicht stand, so ist das kaum innere Emigration, sondern Widerstand zu nennen. Jener gehörten eher manche Autoren an, deren Werke konservativ oder christlich oder humanistisch und noch anders eingefärbt sein mochten. Hier sind etwa Ernst Jünger mit seinen »Marmorklippen«, Reinhold Schneider, Bergengruen oder auch Carossa einzureihen. Außerdem gab es professionelle Literaten und viel häufiger nur durch die bedrückenden Umstände ihres Geschicks zum Schreiben Berufene, die als bewußte Gegner des Nationalsozialismus oder auch durch keine andere Schuld als ihre jüdische Herkunft mit dem Regime in Konflikt gerieten, sich oft weder durch Auswandern noch durch Flucht retten konnten und nun ins Gefängnis oder Zuchthaus, ins Konzentrationslager, ins Vernichtungslager oder auf das Schafott kamen. Während ihrer Haft, ihrer Tage bis zum Tode oder zur Entlassung oder gar Befreiung erlebten sie ihr Dasein als ein inneres Exil. Da dies technisch am einfachsten war, verfaßten sie meist Gedichte, oft für sich selbst, für einen nahestehenden Menschen, doch auch, wo es die Umstände gestatteten, für mitgefangene Schicksalsgefährten. Mit solchen Beiträgen zur Literatur eines inneren Exils wollen wir uns befassen.

Zunächst sei wiederholt: Jede Auswanderung nennen wir

auch Emigration. Das Wort Exil behalten wir jener Auswanderung vor, die ihre Ursache entweder in einer dem Regime mißliebigen Überzeugung oder in einer sei es wirklichen, sei es vorgeblichen anthropologischen Eigenart hat. Diese Bestimmung reicht hin, um alle dichterisch oder sonst schriftstellerisch tätigen Menschen deutscher Muttersprache, die Mitteleuropa im Zusammenhang mit der nationalsozialistischen Herrschaft verließen, als Exulanten und Exilautoren zu definieren. Für die Juden, welche die große Mehrheit der deutschen Exilautoren stellen, ist anzumerken, daß so manche jüdische Autoren Deutschland nicht verließen, also keine Emigranten wurden. Teils waren sie dafür zu alt, etwa Georg Herrmann. Manche wählten ein Halbexil, etwa Italien, so Rudolf Borchardt, übrigens auch Nichtjuden wie Armin T. Wegner. Einige konnten sich zum Auszug nicht entschließen, so der bereits ins südfranzösische Lager Gurs deportierte und dann doch noch in die Schweiz gerettete Alfred Mombert. Andere bemühten sich zwar, aber ohne Erfolg: Mangel an Verbindungen und Mitteln, durch Behörden der Einwanderungsländer in den Weg gelegte Hindernisse waren schuld, aber auch — so paradox das klingt — unüberwindliche Schwierigkeiten seitens der Gestapo und der Finanzämter.

Wer von jüdischen Autoren nicht rechtzeitig entkam oder keine Zuflucht in der Illegalität fand, wobei in Frankreich Walter Benjamin und Ernst Weiß scheiterten, Alfred Wolfenstein erfolgreich war, wurde meist zwischen Herbst 1941 und Sommer 1943 entweder unmittelbar in ein Vernichtungslager, meist nach Auschwitz, verschleppt, so Gertrud Kolmar, oder gelangte — oft nur als Zwischenstation bis zum Weitertransport ins Verderben — in andere Lager und Zwangsghettos, namentlich nach Theresienstadt, das man als »jüdisches Siedlungsgebiet« oder »Reichsaltersheim« vorstellte. Damit wollte man die besorgte Umwelt über die wahren Ziele der auf Vernichtung gerichteten Judenpolitik der Nazis täuschen. Oft genug gelang das. Die Täuschungsabsichten fanden nur deswegen einigermaßen Glauben, weil die Juden in Theresienstadt eine Scheinautonomie unter Eichmanns unmittelbarer Herrschaft erhielten, weswegen sie dort ein kulturelles Leben führen durften, das man 1943/44 mit phantastisch grotesken Übertreibungen sogar förderte. In meinen Büchern »Theresienstadt. Das Antlitz einer Zwangsgemeinschaft« und »Die verheimlichte Wahrheit. Theresienstädter Dokumente« ist das ausführlich geschildert. Aus dem ersten dieser Bücher sei ein Zitat gestattet: »Was kann in diesem Lager unter Kultur verstanden werden? Zusätzliche Werte, die über die physische Selbsterhaltung der Gemeinschaft hinaus in Ansprüchen und Werken sich auslebten, erfüllten und ein Mindestmaß vital nötiger Leistungen übertrafen. Wann und wo es nur möglich war, wollten die Gefangenen sich geistig entfalten; anders wäre das Leben vielen unerträglich erschienen. Damit ist weder etwas über die Art und den Gehalt dieser Geistigkeit ausgesagt noch etwas über ihre ethische Höhe, doch wurde damit dem Leben ein ernster Anspruch vorgetragen, der noch unter den schwersten Bedingungen sich nicht mit Gütern begnügte, mit denen man noch eben den Alltag fristen kann ...

Kaum da [in Theresienstadt], bemühte man sich, von [seinem kulturellen] Vorrat nicht nur weiter zu zehren, sondern im Austausch mit anderen Gefangenen ihn auch zu pflegen und zu fördern; der kulturelle Trieb — nicht anders ist es zu nennen — mußte sich ausleben. War jemand vorher produktiv, so wollte er jetzt nicht abdanken, sondern war gleich darauf aus, weiter zu schaffen ...«

In allen Gefängnissen des nationalsozialistischen Staates, in Strafvollzugsanstalten wie in den verschiedenen Zwangslagern, wo immer sich ein noch so sehr beschränktes Privatleben führen ließ, gedieh Literatur, wurde gezeichnet, gemalt, komponiert, musiziert und — wo es anging — Theater gespielt. Selbst noch in Einzelhaft und Todeszellen, in schlimmen Konzentrationslagern, nicht einmal Auschwitz ausgeschlossen, wurde geschrieben. Eine solche wild blühende Produktion mochte zwar häufig — vor allem bei einiger Öffentlichkeit bedürfenden Tätigkeiten — der SS und anderen Aufsehern dienen, aber trotzdem oft — vorwiegend bei Gedichten und anderen literarischen Aufzeichnungen — dem eigenen kulturellen Bedürfnis. So sind diese Leistungen als Äußerungen eines persönlichen Widerstandes und Aussagen eines inneren Exils anzuerkennen. Sie erscheinen als ein Rückzug in heimlichste Reservate, die trotz der Übermacht der unmittelbar gegenwärtigen Verfolger, ja Vernichter von diesen unabhängig bleiben. Solchen Geistes Kinder sind die berühmten Moabiter Sonette Albrecht Haushofers, der einmal die Einheit aller unter »Mauerwerk und Eisengittern« Gefesselten preist:

Der Schlaf wird Wachen, wie das Wachen Traum.
Indem ich lausche, spür' ich durch die Wände
Das Leben vieler brüderlicher Hände.

Richard Scheid vermochte es, im sechsten Monat Dachauer Dunkelhaft »in Erwartung des Todes« so zu dichten:

O sprich zu mir, die mich so zart geliebt,
O teures Bild, von dessen Hauch ich lebe —
O rufe mich, daß ich mit dir entschwebe,
Wenn diese Erde jetzt in Nichts zerstiebt.

Die ganze Schöpfung ist von dir entzückt,
Ich sehe schon der Seraphim Erstaunen,
Wenn unterm Donner der Gerichtsposaunen
Sich Gottes Mund mit deinem Lächeln schmückt.

Hier hat sich das innere Exil zur transzendenten Aussage gefunden. In der Todeszelle führte der tapfere österreichische Widerständler Richard Zach bis zur Hinrichtung eine andere Sprache. In seinem Gedicht »Unsterblichkeit« heißt es:

Bald wirst du liegen auf der kalten Bahre,
Bald wirst du Asche werden oder Staub ...
....
Unsterblich bist du bloß als Teil des Lichts,
Und währen wirst du einzig als der Same
Des Lebens! Wage für das menschlich Wahre!
Umklammre nicht den Tag! — Kämpf! Offenbare!

Literarische Aussagen liegen aus vielen Zwangslagern in zahlreichen Sprachen vor, doch beschränken wir uns hier auf deutsche Texte. Nirgendwo bestanden in Hitlers Machtgebiet günstigere Voraussetzungen für ein nahezu unbeschränktes, im Dämmerlicht der Halblegalität erstaunlich freies Literaturschaffen als in Theresienstadt. Seine Ergebnisse, welcher Gattung auch zugehörig und ob sie künstlerischen Anforderungen genügen oder nicht, zumal wenn sie für die Propagandaziele der SS weniger in Deutschland als international brauchbar waren, haben oft etwas Unwirkliches an sich. Doch was heute noch gelten darf, spiegelt weniger physisches Elend als die Gesinnung des inneren Exils. Die SS duldete solche Erzeugnisse und nahm an, sie würden nie die Außenwelt erreichen, sondern mit der leiblichen Vernichtung der Juden untergehen. Wesentlich empfindlicher reagierte die Gestapo auf bildnerische Werke, die sie, aus Theresienstadt herausgeschmuggelt, als »Greuelpropaganda« fürchtete. Darum wurde in bildender Kunst thematisch nur Harmloses zugelassen und möglichst Süßliches verlangt. Sobald schöpferische Literaten mit ihrem Schaffen eine gewisse Öffentlichkeit, sei es auch nur im Lager, anstrebten, lieferten sie sich dem Mißbrauch, aber leicht auch sittlichen Kompromissen aus. Je mehr der in Theresienstadt literarisch Schaffende sich dem öffentlichen Betrieb versagte, desto eher erfüllte er die Aufgabe eines inneren Exils. Ließ er aus Torheit oder Verblendung, aus Eitelkeit oder Geltungsdrang sich zur Aufführung eines eigenen Theaterstücks verlocken, das der SS Fremden zu zeigen geeignet schien, dann schadete er den wahren Interessen der Zwangsgemeinschaft. Blieb ihm ein solcher Scheinerfolg versagt, dann geschah dies zwar nicht, doch hatte er damit auf sich aufmerksam gemacht, was ihn gefährdete. Das dürfte den Autoren der seit den letzten Jahren international gespielten Oper aus Theresienstadt »Der Kaiser von Atlantis« widerfahren sein, die vom Zeichner, Maler, Dramatiker und Lyriker Peter Kien gedichtet und von Viktor Ullmann komponiert wurde. In dieser Oper läßt Kien den Tod streiken, der dem totalitären Kaiser von Atlantis den Dienst verweigert. Der Kaiser, dessen Macht sich dadurch in Ohnmacht verkehrt, fragt den Tod: »Wer bist du?« Dieser antwortet:

Ich bin der Tod, der Gärtner Tod,
Und säe Schlaf in schmerzgepflügte Spuren.
Ich bin der Tod, der Gärtner Tod,
Und jäte welkes Unkraut müder Kreaturen.
Ich bin der Tod, der Gärtner Tod,
Und mähe reifes Korn des Leidens auf den Fluren.
Bin der, der von der Pest befreit,
Und nicht die Pest.
Bin, der Erlösung bringt vom Leid,
Nicht, der euch leiden läßt.
Ich bin das wohlig warme Nest,
Wohin das angstgehetzte Leben flieht.
Ich bin das größte Freiheitsfest.
Ich bin das letzte Schlummerlied.
Still ist und friedevoll mein gastlich Haus ...
Kommt, ruhet aus.

Wer sich in Theresienstadt nicht auf das Glatteis öffentlicher Geltung verführen ließ, machte die Nazis tunlichst nicht auf sich aufmerksam. So jemand schrieb Verse, meist dilettantisch und unbeholfen, bekundete aber damit seinen Lebenswillen und grundsätzlichen Widerstand. Außer diesen zahllosen Verseschmieden gab es auch Verfasser vieler Tagebücher, Chansons, Texte fürs Kabarett und von anderem mehr, seltener war erzählende, besonders längere Prosa. Die große Mehrheit dieser Schriften ist insofern öffentlich gewesen, als ihre Urheber sie zumindest im vertrauten Kreis, etwa den Stubengefährten, mitteilten. Kennzeichnende Beispiele, darunter von begabten Jugendlichen wie neben Kien noch Georg Kafka und Hans Kolben, habe ich in meinen bereits erwähnten Büchern oder sonst veröffentlicht. Auch anderes ist erschienen. Das einleitende Stück eines Gedichtbandes von Gerty Spies lautet:

Ein Dämon naht und rüttelt an den Dingen,
Er stößt sie aus den Händen ohne Scheu.
Sie fallen auseinand wie trockne Spreu —
Schutt deckt die Trümmer, und die Scherben klingen.

In nichts versinkt die Welt, die du so sehr
Geliebt — umsonst, die Scherben aufzulesen.
Sie schneiden tief. — Und zum lebend'gen Wesen
Fügt sich der Staub in deiner Hand nicht mehr.

Vorüber! — Geh vorüber an dem Grauen.
Blick in dein Herz, was du gerettet hast.
Vielleicht gelingt's, wenn du dich selbst erfaßt,
Dir einen neuen Tempel aufzubauen.

Nun kurz über meinen eigenen kleinen Anteil am inneren Exil. Als man Anfang Februar 1942 mich mit meiner Frau und Verwandten nach Theresienstadt verschickte, erlitt ich den typischen »Einlieferungsschock« — ein Wort von Eugen Kogon — und verlor all mein Selbstvertrauen. Nach rund sechs Wochen fand ich mich wieder und erkannte in zweierlei Gestalt meine Aufgabe. Ich sagte mir: »Wenn du das alles überlebst, was du freilich bezweifelst, so wirst du von dem, was du erfahren hast, Zeugnis ablegen, aber durch keinen persönlichen Erlebnisbericht, sondern wissenschaftlich. Außerdem wirst du aber schon jetzt deine Erlebnisse, so gut du das kannst, künstlerisch gestalten.« Mit diesem doppelten Vorsatz, so glaube ich, habe ich zweiunddreißig Monate in Theresienstadt und noch sechs Monate Konzentrationslager physisch und vor allem moralisch überdauert. Mein wissenschaftliches Arbeitsziel und meine aus Anschauung und Einsicht erwachsene Lyrik haben zu meiner Rettung beigetragen. Mißglückte Verse und einige nicht lyrische Arbeiten weggelassen, sind in Theresienstadt über hundert und in zwei Buchenwälder Außenlagern vierzig Gedichte entstanden, überwiegend in schwieriger Reimgliederung und kunstvollen Strophen. Größtenteils sind sie bis heute unveröffentlicht, nur weniges ist verstreut erschienen. Technisch Kompliziertes und formal Konservatives wählte ich bewußt, um mich so weit, als es erlaubt schien, von der widrigen Gegenwart zu distanzieren und durch Hingabe an zeitlose Werte meine Menschenwürde zu behaupten. Zunächst wollte ich vornehmlich unmittelbar Beobachtetes festhalten. Typisch dafür ist mein zweites in Theresienstadt geschriebenes Gedicht »Krankenstube« vom März 1942:

Verschluckte Schritte schlürfen. Atem pfeift
Vom Taumelschlaf auf abgedrücktem Lager.
Der Spucknapf klirrt, nach dem ein Finger greift,
Der Leib keucht stoßend, schräg gekrümmt und hager.

Ein Zuruf löscht Geschwätz. Der Mantel naht
Und beugt auf das Gebrest sich lauschend nieder,
Die Nadel blitzt, das Ohr vernimmt den Rat
Und trinkt ihn fiebrig unter Schlafgefieder.

Drei Jahre später, als schon die Nähe der Befreiung, sollte sie je erfolgen, zu spüren war, hatte ich den Standpunkt des objektiven Beobachters öfters verlassen. Ich wünschte, Zuständliches zu begreifen und Dichtung als Botschaft zu fassen. Darum bemüht ist das in letzter äußerer Erniedrigung unter der Erde entstandene Gedicht »An Prometheus« vom März 1945:

Diesen kleinen Verhängnissen nicht,
Aber den schweren Gewalten,
Da sie habgierig unnahbar
Ihre Gestaltungen wünschen und wirken:
Ihnen
Mit verzweifeltem Mut,
Mit empörtem Geist,
Mit stolz zerknirschtem Sinn
Stürz dich entgegen!

Fürchte, Prometheus, dich nicht,
So wild auch die Schlacht entbrennt,
Fürchte nicht mehr
Am Marterfels die schändende Qual —
Du wirst befreit,
Auf daß du nur wieder und immer wieder
Neu und wiederum neu
Nach letzter harter Entscheidung
Dein unmenschlich menschliches Opfer beginnst.

Wag es, Prometheus,
Wag es!
Deine erhabene Unsterblichkeit
Gib hin!
Wirf dein göttliches Leben
Vor die Vernichtung,
Zerstäube dein reifes himmlisches Heil;
Schon segnet es die heilige Speise,
Segnet, was tausendfach fruchtet,
Leuchtet hinab in das stockende Dunkel
Der in bange gewundener Sorge
Dich durstig erwartenden Völker.

Charlotte Beradt

Charlotte Beradt lebte bis 1939 in Deutschland, wo sie Träume von Gegnern und Anhängern des Nazi-Regimes aufzeichnete. Sie emigrierte mit ihrem Mann, dem Schriftsteller Martin Beradt, in die USA, wo sie noch heute lebt.

Ich gehöre der New Yorker Gruppe des P.E.N.-Zentrums deutschsprachiger Autoren mit dem Sitz in London an. Vor kurzem versandte es eine Liste der »Writers Abroad«, wie es zu Beginn hieß, aus dem Jahre 1949. Viele klangvolle Namen in der langen Liste. Klangvoll oder nicht, sie sind fast alle tot. Obwohl ich selbst Bücher veröffentlicht habe, spreche ich hier auch für einen Toten, als Witwe des Schriftstellers und Juristen Martin Beradt. Ehe ich zum Thema komme, möchte ich sagen dürfen, daß Beradt — vor Hitler ein angesehener Fischer- und Rowohlt-Autor — in den letzten Jahren wieder einige Beachtung gefunden hat. Der Westdeutsche Rundfunk hat oft mit Lesungen und Sendungen auf ihn hingewiesen. Zwei seiner Vorhitlerbücher sind 1979 nachgedruckt worden: der Novellenband »Die Verfolgten« und sein einziges juristisches Buch »Der deutsche Richter«, mit einem schönen Nachwort von Richard Schmid, für das ich ihm hier öffentlich danken darf.

Doch zum Thema: Wir traten die Fahrt von England über den Atlantischen Ozean an auf einem der letzten Passagierschiffe, das nach einem Jahr Krieg diese Überfahrt zu machen suchte. Kurz vorher war eines torpediert worden. Dabei waren zwei, die sie hätten schildern können, ertrunken, außer einem Schwiegersohn Thomas Manns der Journalist Rudolf Olden, dem man noch Lebewohl gesagt und gute Reise gewünscht hatte. Auf unserem voll besetzten Schiff war als Prominenter nur Kerenski. Dutzende englischer Kinder, die wegen der Gefahr nach Amerika evakuiert wurden, spielten Ringelreihen an Deck der »Scythia« und sangen »We hang our washing on the Siegfried Line«, die längst gefallen war. Das Schiff war im Konvoi abgefahren, hatte aber den Anschluß an seine Begleit- und Schutzschiffe verloren und kreuzte, um sich selbst zu schützen, von Nord nach Süd und wieder nach Nord. Man mußte stets, auch bei Mahlzeiten, einen Rettungsring tragen, durfte nachts nicht einmal ein Streichholz an Deck anzünden: Ein dunkles Schiff floh vor den deutschen U-Booten über den dunklen Ozean.

An einem heißen Augusttag lud uns die »Scythia« aber doch am Pier ihrer Linie, der Cunard, ab, Einwanderer, die in England — auf Bürgschaft des englischen P.E.N. übrigens — auf das amerikanische Visum gewartet hatten. Beradt war ein erfolgreicher Anwalt gewesen. Wartend hatten wir das nach verschiedensten Zwangsabgaben verbliebene Sümmchen fast verbrauchen müssen. Warum er so spät ging? Er hatte eine durch Netzhautablösung blinde Mutter, mit der und ihrer Betreuerin zu gehen schwer war, ohne die zu gehen undenkbar. Er selbst, 1933 schon über fünfzig, hatte sehr kurzsichtige, stets durch Netzhautablösung bedrohte Augen. Der Kampf um das englische Visum, das — ich zitiere — »bezahlte und unbezahlte Arbeit« verbot, hatte lange gedauert. Die Mutter starb 1938. Wir, Freunde seit langem, heirateten im selben Jahr. Ich war aus anderen Gründen geblieben. Früher Journalistin, außerdem damals Kommunistin, weil mir das die einzige Alternative zu Hitler zu sein schien wie vielen Intellektuellen, stellte ich Material für Exilorgane zusammen und beförderte es. Heute sage ich, ich war politisch blind wie Beradt, nur auf andere Weise.

Nach einem Jahr Krieg fingen auch die Engländer an, wie vorher die Franzosen, Hitlerflüchtlinge als feindliche Ausländer zu verhaften. Beradt blieb durch einen Zufall, der wie aus einem Kolportageroman klingt, verschont. Als die Polizei in unser Zimmer kam, um ihn festzunehmen, waren wir gerade auf dem amerikanischen Konsulat, um endlich, endlich das Visum zu bekommen. Aber die wartende Polizei verlangte auch einen bestimmten Abfahrtstermin. Und im Büro der Cunard Line hatte man dem »enemy alien«, der verhaftet werden sollte, die einzigen zufällig gerade zurückgegebenen Plätze auf der natürlich ausverkauften »Scythia« gegeben. So waren wir schließlich auf dem Cunard Pier im Herzen Manhattans gelandet.

Niemand holte uns ab. Wir hatten auch keine Unterkunft. Jemand auf dem Schiff hatte uns geraten, in eine bestimmte Gegend, die von Flüchtlingen aus Deutschland wimmelte, zu fahren. Wenn wir da mit Gepäckstücken an einer Ecke stünden, würde schon etwas geschehen. Wir fuhren mit dem Bus — ich weiß nicht, wie wir den richtigen gefunden haben, aber an Bargeld hatten wir nur zehn englische Pfund — in die neunziger Straßen der Westseite, in denen ehemalige Privathäuser in einzelne zu vermietende Zimmer aufgeteilt waren. Ich trug das Gepäck, Beradt durfte seiner Augen wegen nichts von Gewicht tragen. Er trug in einem Köfferchen verschiedene Fassungen eines Romans, an denen er in England gearbeitet hatte. Ein Roman über eine ganz andere Art von Exilierten, wie er nun einer war, über an Verfolgung gewöhnte jüdische Auswanderer aus Osteuropa in das kleine Ghetto von Berlin rings um die Grenadierstraße. Er, ein assimilierter, nicht religiöser deutscher Schriftsteller, hatte lange mit dem Problem gerungen, als Nachklang einer frommen Jugend einen ostjüdischen Roman mit dem Stil und den Darstellungsmitteln des westeuropäischen Romans, also ohne Sentimentalität, zu schreiben.

Als wir, der Roman eines unter zahlreichen Gepäckstücken, an der Ecke der neunundneunzigsten Straße standen, sprach uns, wie die Fee im Märchen, tatsächlich fast sofort ein junger Mann an, gleich auf deutsch. Er führte uns zu einer freundlichen Wirtin, bei der wir ein Zimmer fanden. Preis acht Dollar die Woche. Wir lebten von siebenundsechzig Dollar im Monat, von Verkäufen — die Erstausgabe von Kafkas »Strafkolonie« in Halbleder brachte unvergeßliche drei Dollar.

Mehr und mehr lebten wir aber von meiner Arbeit. Schon in England hatte ich erst einer Freundin die Haare gefärbt, dann anderen mit Erfolg gegen Entgelt. Nun fiel mir das als Beruf ein, der mir erlaubte, zu Hause zu bleiben bei einem Mann, der

— jetzt fast sechzig — die Einzelheiten des Kommenden vorausgesehen hatte, die Verzerrung, Verbitterung. Zuerst kamen in meinen Haarfärbesalon, der aus einem ans Zimmer anschließenden Bad mit Blechwanne und Klosett bestand, zwei Frauen aus demselben Haus als Kundinnen, dann welche aus den Nebenhäusern. Dieser »Salong«, wie wir ihn nannten, wo man billig und gut seine Haare gefärbt bekommen konnte und dabei deutsch sprechen, fand Anklang. Als sich herausstellte, daß man für dieses Gewerbe einen gewissen Vorschriften unterworfenen Geschäftsraum haben mußte, landeten wir im Parterre eines alten Hauses gerade über dem Kohlenkeller, in den die Kohlen von außen geschüttet wurden, vorbei an Beradts Schreibtisch. Nachdem er seinen Roman in eine endgültige Form gebracht und die Veröffentlichung aussichtsreich geschienen hatte, waren die USA in den Krieg gegen Deutschland eingetreten und die Veröffentlichung eines thematisch so vom Anti-Hitler-Pathos abgelegenen Buchs unmöglich geworden. Beradt rang seinen durch eine mißglückte Operation immer schwächer werdenden Augen Erzählungen ab. Zwei davon sind autobiographisch wie oft bei Exilautoren. Die eine, »Söhne aus einem Haus«, beschreibt das Haus und seine Bewohner, in dem er als Sohn orthodoxer Eltern erzogen wurde, und wie dieses Haus zwanzig Jahre später berühmt wurde, weil Horst Wessel, als Sohn des Pastors einer nahegelegenen Kirche, darin aufwuchs. Die Erzählung ist im Krieg in Zeitschriften auf englisch und spanisch erschienen, auf deutsch in der Exilzeitung »Aufbau«, später in Pechels »Deutscher Rundschau«; gerade in den letzten Monaten hat der Westdeutsche Rundfunk sie dreimal lesen lassen. Die zweite halb autobiographische Erzählung, »Die Robe«, schildert die Umstände, unter denen dem Autor seine Anwaltsrobe von Staats wegen ausgezogen wurde. Alfred Döblin hat sie in seiner Zeitschrift »Das goldene Tor« veröffentlicht, viel später Dorothee Sölle in ihrem Almanach. Alle anderen Erzählungen spielen im Exil, ihre Figuren sind Einwanderer mit ihren Mühen, ihren Ängsten. Ich habe diese Erzählungen — als unter Beradts schriftstellerischem Können liegend wie so häufig bei Exilschriftstellern — nicht zu verwerten gesucht, sie nur in ein Archiv gegeben.

Zurück zu dem Haarbetrieb! Meine Kundinnen stellten einen Querschnitt von oben bis unten durch die Exilbevölkerung dar. Sie reichten von Bella Chagall, wegen deren erster künstlicher Haarfarbe ich Chagalls Billigung einholen mußte, über Elisabeth Bergner zu Frauen von Akademikern, die in Fabriken arbeiteten, und Frauen von Viehhändlern aus süddeutschen Landstädtchen. Manchmal wurde abends im »Salong«, dem einzigen größeren unserer drei Zimmer, gefeiert, Haare schnell zusammengefegt, der Tisch für die Bürsten, Kämme, Farbflaschen in die Mitte gerückt: Wir aßen, wir lachten. Hedwig Fischer, die Witwe des Verlegers, erklärte unsere Abendessen ihren früheren, in der Villa im Grunewald, mit den vielen Berühmtheiten, für ebenbürtig. An unserem Tisch saßen Träger bekannter Namen, die von Wohlfahrtsunterstützung lebten.

Damals veröffentlichte auch ich etwas: in der Zeitschrift der Vereinten Nationen »Free World« einen Überblick über von mir zu Beginn des Hitlerreichs gesammelte Träume, gleichsam dem Träumer von der Diktatur diktiert. Sehr lange danach, als Beradt tot war und ich aus den Haarfarben auftauchen konnte, wurde daraus eine Sendung für den WDR, dann — auf Anregung von Martin Gregor-Dellin, Lektor bei der Nymphenburger Verlagshandlung — aus dem gesamten Material ein Buch unter dem Titel »Das Dritte Reich des Traums«, das Aufsehen erregte, sich nicht verkaufte und verramscht wurde, aber als »The Third Reich of Dreams« auch in Amerika erschien. Jetzt wird es als Taschenbuch mit einem Nachwort des Historikers Reinhard Koselleck, der diesen Träumen bereits in seinem letzten Buch Platz gegeben hat, erscheinen als Beitrag zu den neuesten Untersuchungen über Terror.

Brauner Terror und rote Politik waren die Ereignisse, die entscheidend in mein Leben eingegriffen hatten. So habe ich nach den Träumen eine Biographie des Politikers Paul Levi veröffentlicht, der als erster Führer der Kommunistischen

Partei schon 1921 gegen das Diktat Rußlands rebellierte und als Folge mit seinen Anhängern Gegenstand der ersten Parteisäuberung wurde. Vorher war es gelungen, Beradts Roman zu veröffentlichen, der sich so sehr von aller Exilliteratur, auch der mit jüdischen Themen, unterschied. Verschiedene Verleger — Rowohlt, Beradts Verleger vor Hitler, an der Spitze — lobten den Roman fast überschwenglich, aber »er könne Antisemitismus erregen«, da Beradts Straßen neben Rabbis und Talmudgelehrten auch von Dieben und Hehlern bevölkert wurden. Schließlich gelangte das Manuskript in die Hände von Heinrich Scheffler in Frankfurt, der seine Veröffentlichung spontan als »Freude und schöne Pflicht« bezeichnete.

Nach Erscheinen des Buches unter dem Titel »Die Straße der kleinen Ewigkeit«, der aus buchhändlerischen Gründen den leiseren Titel des Autors »Beide Seiten einer Straße« ersetzte, sah niemand ein Problem. Hans-Albert Walter schrieb, innerhalb einer langen Kritik: »Das Leben dieser Menschen, des Einsprengsels des Ostjudentums inmitten der betriebsamen deutschen Hauptstadt, wird in dieser und durch diese Chronik überdauern.«

Beradts »Straße« ist, stofflich wie zeitlich, in einer Typologie der Exilliteratur schwer unterzubringen, auch meine Bücher kaum. Aber vielleicht dienen sie als Beispiele für die Vielfalt der Möglichkeiten.

Gottfried Bermann Fischer

Gottfried Bermann Fischer, geboren 1897 in Gleiwitz, ursprünglich Arzt, seit 1925 im S. Fischer Verlag tätig, emigrierte 1936 nach Wien und eröffnete dort den Bermann Fischer Verlag mit in Deutschland unerwünschten Autoren. 1938 Flucht nach Schweden, 1940 in die USA. Lebt heute in Italien.

Ein Verlag auf der Flucht 1933–1947

5. März 1933: Eine Welt, die Welt meiner Kindheit, meiner Jugendjahre, die Welt des Rechts, der Moral, der Achtung vor dem Nächsten, war zusammengebrochen. So sicher hatten wir uns in ihr gefühlt, daß auch die schweren Erlebnisse des ersten Weltkrieges, der Inflation, des Hungers und der Armut den Glauben an ihre Unzerstörbarkeit nicht hatten erschüttern können. Durch Erziehung, Sprache, Freundschaften, als Kriegsfreiwilliger und Offizier im ersten Weltkrieg, durch Tausende von unzerreißbar scheinenden Fäden war ich mit Deutschland verbunden und war ein Deutscher. Das auch nur zu diskutieren wäre mir absurd vorgekommen.

So stand ich traurig, fassungslos vor dem Ausbruch wilden Terrors, der das Land mit Brutalität überzog. Eine Verhaftungswelle breitete sich aus, und die Gerüchte über fürchterliche Mißhandlungen der Opfer mehrten sich von Tag zu Tag. Überall in meiner nächsten Umgebung verschwanden Menschen in den Kellern der SA-Schergen auf Nimmerwiedersehen. Ich mußte meine Familie und mich selbst in Sicherheit bringen.

Im Hause meines Freundes Kurt Heuser in Nikolassee, am Rande Berlins, das er uns zur Verfügung gestellt hatte, fanden wir Zuflucht. Es war ein kleines Haus, aus schweren Baumstämmen gebaut, das meine Frau und meine drei kleinen Töchter zur Not faßte.

Wir waren vogelfrei, der Willkür der Straße ausgesetzt. Nacht für Nacht erwarteten wir selbst in unserem abgelegenen Zufluchtsort den Überfall der losgelassenen Horden, die brüllend durch die Straßen zogen.

Davor wenigstens blieben wir bewahrt. Aber was war zu tun? Es begannen jene nächtlichen Beratungen, die zu nichts führten. Sollte, konnte ich alles stehen und liegen lassen und auswandern?

Die Freunde, selbst der Skeptiker Peter Suhrkamp, seit Herbst 1932 Redakteur der »Neuen Rundschau«, rieten zum Zuwarten, bis die erste Sturmwelle abgeflaut wäre. Aber wie konnte ich bleiben! Neben der unmittelbaren Gefährdung als Jude und als Vertreter einer Geistesrichtung, die dem Nazismus diametral entgegengesetzt war, bestand für mich die moralische Verpflichtung, Konsequenzen aus der offiziell proklamierten und systematisch durchgeführten Zerstörung dessen, was die Grundlagen des S. Fischer Verlages darstellte, zu ziehen. Ich stand vor einem furchtbaren Dilemma.

S. Fischer, dessen Bewußtsein schon seit einiger Zeit getrübt war und dem sich dadurch das Verständnis für die politischen Vorgänge verschlossen hatte, war von dem Ernst der Lage nicht zu überzeugen und weigerte sich entschieden, die Frage der Auswanderung auch nur zu diskutieren. Wie ein Segen Gottes hatte ihn diese Trübung seines Geistes vor der bitteren Erkenntnis der Lage bewahrt. Ohne seine Zustimmung konnte ich die mir notwendig erscheinenden Schritte, um den Verlag nach dem Ausland zu bringen, nicht tun. Konnte ich ihn und seine Frau im Stich lassen und den Verlag einem Schicksal überantworten, das das Ende bedeutet hätte?

S. Fischer starb am 15. Oktober 1934 in seinem Haus im Grunewald. Wir setzten ihn in dem Familiengrab auf dem Friedhof in Weißensee bei.

Meine Erinnerung an diese Stunden ist wie von einem dunklen Tuch bedeckt. Ich sehe mich nur noch, neben meiner Frau stehend, den Trauergästen gegenüber, die mir die Hand drückten. Gerhart Hauptmann war unter ihnen und Bernhard Kellermann, Loerke sprach und Manfred Hausmann.

Wie wenig Mut man im allgemeinen unter dem Druck der Verhältnisse zur Teilnahme oder Berichterstattung hatte, geht aus einem Artikel Otto Flakes in der »Frankfurter Zeitung« hervor, in dem er schrieb:

»Ich sinne der Rede nach, die einem Vertreter der deutschen Verleger angestanden hätte, wenn nämlich der Börsenverein des Deutschen Buchhandels auf den Gedanken gekommen wäre, am 18. Oktober jemand zur Bestattung abzuordnen.«

Merkwürdig, wie man sich an einige kleine, unbedeutende Einzelheiten erinnert, die ein lebenswichtiges Ereignis, einen entscheidenden Entschluß umgeben. Es war im März 1935. Ich erwache nach kurzem Nachmittagsschlaf in meinem Arbeitszimmer. Draußen höre ich die Stimmen der Kinder und meiner Frau. Noch im Halbschlaf geht es mir wie ein Alarmruf durch den Kopf: »Jetzt muß es sein. Wirf ihnen in den Rachen, was sie haben wollen, und erkaufe dafür die Freigabe der verfemten Verlagsautoren zur Auswanderung.« Ich sprang auf und fuhr zu meinem Anwalt. »So muß es gemacht werden, und das Propagandaministerium wird darauf eingehen, denn ich bin sicher, sie wollen den SFV für sich selbst. Heute noch wollen sie ihn, morgen mag es zu spät sein.« Ich fand ungläubige Ohren. Ich war aber von der Idee besessen und ging selbst ins Propagandaministerium, direkt in die Höhle des Löwen.

Es schien, daß man sich bereits mit der Liquidierung oder der Übernahme des S. Fischer Verlages beschäftigt und ähnliche Gedanken erwogen hatte. Meine Spekulation, die mir im Schlaf gekommen war, war offenbar richtig gewesen. Man wollte den Verlag als Demonstration nach außen, wie man die »Frankfurter Zeitung« als Prunkschild beibehielt. Immerhin blieb es erstaunlich, daß man mir gestatten wollte, ein Lager von Hunderttausenden von Büchern der »Asphaltautoren«, zu denen Thomas Mann, Hugo von Hofmannsthal, Carl Zuckmayer, Alfred Kerr, Alfred Döblin und andere gehörten, ins Ausland mitzunehmen. Daß ich nicht zögern würde, in der

Schweiz oder in Österreich ein neues Verlagsunternehmen aufzubauen, lag doch auf der Hand. Aber offensichtlich schätzte man in den höheren Kreisen der »Kulturnazis« diese Möglichkeit nicht sehr hoch ein.

Damit war ein großes Problem gelöst: Die Fortführung des Verlages im Ausland — wenn auch um die Hälfte reduziert, aber mit Autoren von Weltrang — war gesichert.

Wie kann ich den Abschied von Deutschland schildern? Wie kann ich sagen, was ich empfand, als ich meinen Mitarbeitern im Verlag zum letzten Mal gegenübertrat? Zum letzten Mal! Daß es ein letztes Mal, ein Ende gab! Es war wie ein Tod, den ich lebend erlebte.

Sie hatten sich alle im Verlag versammelt. Oskar Loerke, Peter Suhrkamp und Otto Flake, der zufällig anwesend war, sprachen Abschiedsworte. Ich hörte sie wie im Traum. Ich sah die vertrauten Gesichter, fühlte den Händedruck, empfing die rote Rose, die ein jeder mir reichte — und ging. Fuhr hinaus ins Unbekannte.

Was scheinbar unauflöslich verbunden gewesen war, war durchschnitten, das Vertraute fremd geworden, das Nahe in bleiche Ferne gerückt. Erst in Wien erwachte ich wieder aus meiner Lähmung.

Von Freunden umgeben, inmitten einer alten deutschen Kultur, fühlten wir uns wieder frei und genossen den ungewohnten Frieden. Daß es ein gefährdeter, trügerischer Friede war, entschwand niemals ganz unserem Bewußtsein. Aber wir waren berauscht von unserer neu gewonnenen Freiheit und vom Tatendrang eines neuen Lebensbeginns.

Der Weg bis dahin war lang gewesen. Die endgültige Loslösung vom Lande meiner Geburt, meiner Jugend, meiner Kriegs- und Studienjahre war schwer und mühsam. Vom Nicht-glauben-können bis zum Schock der Erkenntnis war mir vieles geschehen, was ein rascher Schnitt mir erspart hätte. Aber die Entwicklung bis dahin, wo ich jetzt stand, hatte ihre Logik gehabt und mir die inneren und äußeren Grundlagen für das geschaffen, was mir als Lebensaufgabe vorschwebte.

Die österreichische Idylle sollte bald ein Ende haben. Am Morgen des 11. März 1938 war in Riesenlettern am Kopf aller Zeitungen zu lesen: »Schuschnigg nach Berchtesgaden!« Ich wußte, daß das nur das Ende sein konnte.

Aber noch einen Tag und noch eine Nacht mußten wir in Wien verbringen. Es war zu einem Hexenkessel geworden. Johlende Massen, weißbestrumpft, mit dem Hakenkreuz im Knopfloch, zogen durch die Straßen. Die Hakenkreuzfahnen wehten aus allen Fenstern. Wo kamen sie nur alle her? Hunderte von deutschen Kampf- und Bombenflugzeugen dröhnten am Himmel. In dieser letzten Nacht hörten wir blutrünstiges Gebrüll, sogar in den sonst so stillen Straßen Hietzings: »Juden raus ... wenn Judenblut vom Messer spritzt.«

Ich ging noch einmal in mein Büro. Wieder ein Abschied. Niemand wollte mir glauben, daß ich fort mußte.

Am Abend packte ich die Familie mit leichtem Gepäck und einigen wenigen kostbaren Gegenständen, die uns besonders am Herzen lagen, in den Wagen und fuhr sie unbehelligt zum Bahnhof. Der Gepäckträger fragte mich, was für einen Paß ich hätte. »Einen deutschen«, sagte ich. — »Dann ist es ja gut«, meinte er, »mit einem österreichischen kämen Sie nicht mehr raus.« Daran hatte ich überhaupt nicht gedacht, daß mein noch gültiger deutscher Reisepaß mir die Flucht vor den Nazis ermöglichen würde. Aber es war wirklich so. Wir gelangten anstandslos durch die Kontrolle an der Billettsperre und sahen noch, wie andere angehalten und arretiert wurden. Die zwei Schlafwagenabteile nahmen uns auf, der Zug fuhr ab.

Zürich war damals das Hauptquartier, die erste Zuflucht der österreichischen Intellektuellen. Wissenschaftler, Schriftsteller, Schauspieler bevölkerten die Cafés. Immer neue Schreckensnachrichten trafen aus Wien ein. Eine brutale Terrorherrschaft hatte sich des Landes bemächtigt. Alle, die sich dem Nazismus in Österreich entgegengestellt hatten, wurden verhaftet und verschwanden in Gefängnissen. Von Schuschnigg bis zu den kleinsten Funktionären, die ihm die Treue gehalten hatten, wurde keiner verschont. Daß man die Juden aus ihren Häusern holte, sie öffentlich demütigte und grausam mißhandelte, verstand sich von selbst.

Zuckmayer hatte sich auf abenteuerliche, fast köpenickiadische Weise gerettet. Guido Zernatto, immer mit dunkler Brille, Fürst Starhemberg, Franz Werfel und Alma, Heinrich Schnitzler, Albert Bassermann, Max Reinhardts Dramaturg Franz Horch, Alfred Polgar — von der Flutwelle hier ans Land gespült, versuchten sie alle ins Leben zurückzufinden und Entschlüsse für die Zukunft zu fassen.

Meine Lage war alles andere als schön. Bis auf das kleine Barvermögen, das ich in Deutschland gerettet hatte — ein Teil davon war zudem im Wiener Verlag investiert —, und die paar Gegenstände, die wir in der Eile mitnehmen konnten, war alles verloren. Unsere kostbaren Bilder, die Bibliothek, die Kleider und Möbel und die gesamten Buchvorräte — mehr als 700 000 Bände, die ich vor zwei Jahren aus Deutschland abtransportiert hatte.

Inzwischen war es Ende März geworden. Es mußte ein Entschluß gefaßt werden, wenn ich meine Autorenverträge nicht verlieren wollte. Sie waren eine verlockende Beute.

Eines Morgens ließ sich bei mir in meinem Züricher Hotel ein Herr melden, der sich als junger Verleger vorstellte. Ohne weiteren Übergang fragte er mich, ob ich ihm die Verlagsrechte an Thomas Mann überlassen würde. »Ja wie kommen Sie denn auf die Idee?« fragte ich ihn. — »Nun«, meinte er treuherzig, »Sie können ja doch nicht weitermachen.« Hatte er vielleicht recht? Mußte ich die Waffen strecken?

Aber ich gab noch nicht auf.

Anfang April 1938 kam eine Einladung von Tor Bonnier, dem Leiter des großen schwedischen Verlages, meinen Verlag in Stockholm weiterzuführen. Ich begab mich nach Stockholm, um dort die Verträge zu unterzeichnen.

Wir hatten uns zunächst in einer kleinen Pension eingemietet. Am ersten Morgen — ich war gerade im Begriff, mich in der Stadt nach Büroräumen umzusehen — ließ sich ein Herr bei uns melden — mit steifem schwarzen Hut auf dem Kopf und goldenem Zwicker auf der Nase. Er erklärte mir ohne weitere Umstände, nachdem er sich als Walter Singer vorgestellt hatte, daß er die Buchhaltung und geschäftliche Leitung meines neuen Verlages übernehmen wolle. Er sei Bankangestellter in Moskau gewesen und habe gleichzeitig als Korrespondent für das »Berliner Tageblatt« gearbeitet. 1917 sei er nach Schweden geflohen und inzwischen schwedischer Staatsbürger geworden. Mit seiner Beherrschung der schwedischen und deutschen Sprache, mit seinen kaufmännischen und literarischen Kenntnissen und seinen guten Beziehungen in Stockholm sei er der richtige Mann für mich und wolle sogleich damit beginnen, mir ein Büro und eine schwedisch und deutsch sprechende Sekretärin zu besorgen. Meine Beteuerungen, daß ich ja eben erst angekommen sei und mich selbst noch gar nicht umgesehen hätte, nutzten gar nichts und waren für ihn nur eine Bestätigung dafür, wie sehr ich ihn brauchte. Um es gleich zu sagen: Walter Singer wurde Geschäftsführer des Stockholmer Verlages. An seiner unerschütterlichen Gelassenheit brachen sich die Stürme, die uns noch bevorstanden. Zehn Jahre lang hielt er während meiner Abwesenheit die Position in Stockholm, bis ich ihn bei unserer Rückkehr nach Deutschland wegen seines hohen Alters pensionierte. An der Wiedererstehung des Hauses in Deutschland hat er sich noch herzlich gefreut. Er starb 1953.

Sein Versprechen, für alles zu sorgen, hielt er vom ersten Augenblick ein. Schon vierundzwanzig Stunden später kam er mit der Nachricht, er habe das Büro bereits gefunden. Mitten in der Stadt, am Stureplan 19, in einem eben umgebauten, modernen Bürohaus, war es gelegen. Genau das Richtige für uns. Auch die Sekretärin, eine schwedisch sprechende deutsche Emigrantin, fand er bald. Ein paar Tage später saß er an seinem Schreibtisch, mit dem steifen Hut auf dem Kopf, dem Zwicker auf der Nase, und legte die Buchhaltung und die für die Administration und den Vertrieb notwendigen Bücher und Formulare an, telefonierte mit Druckereien und Bindereien, und der Verlagsbetrieb begann, als wären wir gerade nur aus einem anderen Stadtteil in ein neues Büro umgezogen.

Die Notrufe aus Wien mehrten sich inzwischen. Dr. Justinian Frisch, der Leiter der Herstellungsabteilung, war in ein Konzentrationslager gebracht worden. Dr. Victor Zuckerkandl, der Cheflektor, stand dem Nichts gegenüber. Mit Hilfe von Bonniers, die die schwedischen Behörden mobilisierten, gelang es mir, beide mit ihren Frauen aus Österreich herauszuholen. Im September trafen sie in Stockholm ein und nahmen die Arbeit im Verlag auf.

Anfang September 1939 sollte der Internationale P.E.N.-Kongreß in Stockholm stattfinden. Schriftstellerdelegationen aus aller Welt wurden erwartet. Es war ein bedeutsames Ereignis, da eine öffentliche Auseinandersetzung der Intellektuellen mit den brennenden politischen Problemen zu erwarten war. Thomas Mann, dem eines der Hauptreferate zugedacht war, hatte den Vortrag »Das Problem der Freiheit« dafür vorbereitet. Er war mit seiner Frau schon Mitte Juni aus Amerika herübergekommen.

Am 1. September 1939 marschierten die deutschen Armeen in Polen ein. Am 3. erklärten England und Frankreich den Krieg. Der Kongreß wurde abgesagt. Alle versuchten, so schnell wie möglich nach Hause zu gelangen. Das große, für den 8. September angesagte Diner im Hause von Carl Otto Bonnier, dem Seniorchef des Hauses, das den P.E.N.-Kongreß festlich beschließen sollte, wurde zum Abschied von unseren Freunden für lange düstere Jahre.

Thomas Mann und Frau Katja verließen uns, von unseren ängstlichen Gedanken begleitet, am Morgen des 9. September mit einem Flugzeug der KLM. Am Abend erreichte uns ihr Telegramm aus Southampton, das uns ihre glückliche Ankunft meldete. Wir waren sehr beunruhigt gewesen, da wir unmittelbar nach ihrem Abflug aus der Morgenzeitung erfuhren, daß einen Tag vorher eine amerikanische Passagiermaschine von deutschen Kampffliegern beschossen und dabei ein schwedischer Passagier getötet worden war.

Frau Katja Mann gab einen dramatischen Bericht über ihren

Flug: »Der unangenehmste Teil der Reise war ja entschieden der Flug bis Amsterdam, zumal die Stewardeß uns in aller Unschuld erzählte, die letzten zwei Tage sei das Flugzeug von deutschen Bombern umkreist worden, die durch alle Fenster alle Reisenden genau in Augenschein genommen hätten. Einem älteren dicken Herrn wurde vor Aufregung schlecht, er mußte mit kalten Kompressen und Alkoholabreibungen zu sich gebracht werden, und ich bedauerte es doch recht, daß Tommy nicht mit blauer Brille und roter Perücke versehen war; aber es ging alles gut.«

Unsere Hoffnung, der Krieg werde dem Treiben Hitlers ein rasches Ende setzen, brach schnell zusammen. Innerhalb eines Monats war Polen besetzt, Warschau gefallen. Grauen erfaßte die Welt vor dem unsagbaren Terror, der in dem besetzten Land um sich griff.

Der Krieg, den die Sowjetunion gegen Finnland entfesselt hatte, ließ die Stimmung in Schweden noch düsterer werden. Wir fühlten uns mehr und mehr von der Umwelt abgeschnitten. Der Atlantik war für Zivilpersonen gesperrt, gleichviel, ob sie mit Schiff oder Flugzeug reisen wollten.

Thomas Mann schrieb mir damals zum Erscheinen der »Lotte in Weimar«: »Der Beifall war überall groß — ich meine: der Beifall, der Ihnen gebührt und der der Ausstattung gilt. Es ist ein ungewöhnlich schöner, mit sichtlicher Sorgfalt und Liebe hergestellter Band, darüber gibt es nur eine Stimme, und mein Schwiegersohn Borgese, Medis Gatte, philosophierte bei seinem Anblick gleich über die Widerstandskräfte der Civilisation, die sich darin ausdrückten, daß heutzutage ein deutsches Buch in dieser gepflegten Form herauskommen könne. Er hat wohl recht, aber ich sagte ihm, diese Zähigkeit der Civilisation habe ihren ganz persönlichen Sitz, nämlich in Ihrem Busen. Sie seien nicht umzubringen, und wenn nach Berlin und Wien auch Stockholm auffliege, so würden Sie es in London oder New York oder Neuseeland ebenso distinguiert weitertreiben und auch meinen nächsten Roman wieder aufs feinste herausbringen. [...] Mögen die großen Veränderungen, die jedenfalls, und vielleicht schon in diesem Jahr, zu erwarten sind, nicht derart sein, daß sie Ihr Leben und Werk neuerdings durcheinanderwerfen.«

Thomas Manns Wunsch ging für uns leider nicht in Erfüllung. Eine Stockholmer Abendzeitung begann mit pronazistischen Meldungen die öffentliche Meinung zu beeinflussen. Das Personal der deutschen Botschaft in Stockholm vermehrte sich in auffallender Weise, im Schaufenster des deutschen Reisebüros, in einer der Hauptstraßen der Stadt gelegen, prangten die deutschen Siegesnachrichten, und selbst manche unserer schwedischen Freunde, die sich bisher nur mit Abscheu über das Naziregime geäußert hatten, wurden sichtlich unsicher. Ich kannte diese Erscheinungen und wußte, was sie zu bedeuten hatten, wenn es ernst werden sollte.

Die anonymen Anrufe im Verlag mehrten sich. Wieder begannen die Gespräche: Was tun, wohin fliehen, gab es überhaupt noch einen Fluchtweg? Es waren zunächst theoretische Erwägungen, die wir mit Bert Brecht und Fritz Busch anstellten.

Der Weg nach England war sowohl per Schiff als auch per Flugzeug verschlossen. Dennoch beantragte ich ein Einreisevisum nach England, um mir damit die amerikanische Einreise zu erleichtern. Ich erhielt es sofort für die ganze Familie.

Konnte man sich nach Nordschweden zurückziehen oder von dort nach Finnland fliehen? Es war schrecklich. Sollte wieder alles umsonst gewesen sein? Langsam dämmerte es mir — ein »unmöglicher« Gedanke: Es gab nur einen einzigen Fluchtweg — über Rußland und Japan nach den USA.

»In New York wohnt man nicht«, meinte Henrik Willem van Loon, und er hatte auch schon ein im Kolonialstil möbliertes Haus in Old Greenwich in Connecticut für uns ausersehen, das wir für billiges Geld mieten konnten. Ein kleiner Garten führte zum Sound hinunter, dem Wattenmeer, das die Küste von der vorgelagerten Insel Long Island trennt. Es konnte nicht schöner sein. Ich griff zu. Von diesem Augenblick an sind wir für unser ganzes ferneres Leben zu Landbewohnern geworden.

Und hier beginnt eine Geschichte, wie man sie vielleicht aus amerikanischen Abenteuerbüchern kennt, vom armen Einwandererjungen, dem das Glück auf der Straße begegnet, und er endet als einsamer Millionär. Nun, ganz so war es nicht bei mir. Aber eine echte amerikanische Geschichte wie aus der Pionierzeit ist es doch.

Wir hatten uns am ersten Abend in unserem neuen Haus gerade zum Abendessen zu Tisch gesetzt, als die Türglocke schellte. Ein freundlich lächelnder Herr trat ein, schaute uns lustig durch seine goldgefaßten Brillengläser an und sagte: »How are you, folks? My name is Alfred Harcourt. Ich habe von euch durch Henrik Willem gehört. Ihr kennt mich nicht. Aber ich kenne euch. Denn ich habe meinen Verlag nach eurem Beispiel aufgebaut. Ich möchte einmal sehen, ob ihr etwas zu essen habt.« Und dann ging er in die Küche, schaute in die Töpfe und in den Kühlschrank, den schon Henrik Willem vor unserer Ankunft mit dem Nötigsten gefüllt hatte, und zog sich mit einer Einladung in sein Haus, das ganz in der Nähe lag, zurück. »Mein Gott«, meinte ich zu meiner Frau, »was für ein freundlicher, netter Mann. Den wollen wir bald besuchen.« Aber damit ist die Geschichte nicht zu Ende.

Als ich am nächsten Morgen um acht Uhr auf dem kleinen Bahnhof auf den Expreß nach New York, den täglichen »commuter train«, wartete, stand ich allein unter vielen sich grüßenden, miteinander redenden Old Greenwichern, Geschäftsleuten aus New York. Einsam an eine der eisernen Säulen gelehnt, die das Bahnhofsdach tragen, hörte ich die mir noch vom letzten Abend bekannte Stimme: »Hallo, Mr. Fischer, going to New York?« Alfred Harcourt wollte wissen, was ich dort unternähme. Ob ich ein Büro dort hätte. »Aber Mr. Harcourt«, sagte ich, »ich kenne New York gar nicht. Ich fahre zum ersten Mal in die Stadt, um einige Freunde zu besuchen.« — »Oh«, sagte er, »is that so? You can have a desk in my office. Hier ist meine Adresse, ich erwarte Sie um zehn Uhr.« Auf der Fahrt zwischen den zeitungslesenden Nachbarn dachte ich über mein merkwürdiges Schicksal nach. Sollte hier wieder ein Zufall den Weg in die Zukunft weisen? Oder war es kein Zufall? War es die unsichtbare Kraft des alten Namens, die mich weitertrug?

Der Verlag Harcourt-Brace ist eines der führenden Verlagshäuser Amerikas. In seinem großen, in der Madison Avenue mitten in Manhattan gelegenen Büro begrüßte mich mein neuer Freund, wies mir meinen Schreibtisch an, mit Telefon, Schreibmaschine, Sekretärin. Und ehe ich mich es versah, war ich wieder mitten im Verlagsbetrieb. Ich hatte gar keine Wahl, auch keine Zeit nachzudenken. Denn schon fragte er mich, wo eigentlich meine Bücher seien. »Ja, natürlich in Stockholm.« Das schien für ihn gar keine besonderen Schwierigkeiten zu bieten. »Schicken Sie ein Kabel und lassen Sie ein paar tausend herüberkommen. Ich werde für den Vertrieb sorgen.« — »Ja, aber das kann Ihnen doch gar nichts einbringen«, meinte ich. — »Oh, das macht nichts, ich werde schon auf meine Kosten kommen.«

Nun, das war freilich nicht viel, aber es war ein ermutigender Anstoß weiterzumachen. Und es zeigte sich bald, daß in den Staaten ein ziemlich großes Absatzgebiet für unsere Bücher war. Tausende von Emigranten, viele von ihnen aus akademischen Berufen, waren Bücherfreunde. Einige amerikanische Buchhandlungen mit deutschsprechenden Kunden gaben Bestellungen auf, neue Buchhandlungen wurden von Emigranten eröffnet, die Universitätsbibliotheken hatten großen Bedarf. Und so kam es schließlich dazu, daß ich das eine oder andere der am meisten gefragten Werke in New York in Auflagen bis zu 5000 Exemplaren nachdruckte, um die Nachfrage sofort befriedigen zu können.

Alfred Harcourt hatte mir nach dem amerikanischen Prinzip »Give him a chance« zum neuen Lebensstart verholfen. Ich wußte, daß es so gemeint war und daß ich mich bald auf eigene Füße stellen mußte.

Der Verlag in Stockholm, den ich von New York aus per oversea-cables leitete — es war eine verlegerische Seiltänzerei —, hatte tüchtig weitergearbeitet. 1941 waren die zwei großen Romane »Wem die Stunde schlägt« von Ernest Hemingway und »Das Lied von Bernadette« von Franz Werfel erschienen sowie Stefan Zweigs Bericht »Brasilien« und »Liebe deinen Nächsten« von Erich Maria Remarque, vier Erfolgsbücher, die in unserem Miniaturabsatzgebiet beträchtliche Auflagen erzielten. 1942 folgten unter anderen Antoine de Saint-Exupérys »Flug nach Arras«, Stefan Zweigs »Die Welt von gestern« und Thomas Manns »Deutsche Hörer«, fünfundzwanzig Radiosendungen nach Deutschland.

1943 und 1944 konnte ich dem Verlag in Stockholm wieder einige außerordentliche Werke zuführen, die seiner Weiterexistenz Sinn verliehen. Thomas Mann hatte den vierten Band der Josephs-Tetralogie, »Joseph der Ernährer«, vollendet. Von Stefan Zweig erschienen zugleich drei Bände, seine gesammelten Aufsätze von 1904 bis 1940, unter dem Titel »Zeit und Welt«, eine um fünf historische Miniaturen vermehrte Neuausgabe seiner berühmten »Sternstunden der Menschheit« und die unter tragischen Umständen bei mir eintreffende Erzählung »Schachnovelle«. Dazu der erste Roman von William Saroyan, »Menschliche Komödie«, unseres Freundes Friedrich Torberg Erzählung »Mein ist die Rache« und des amerikanischen Präsidentschaftskandidaten Wendell Willkie damals aufsehenerregendes politisches Buch »Unteilbare Welt«.

Mai 1945, der Krieg war zu Ende. Es sollte aber noch zwei volle Jahre dauern, bis ich die Einreiseerlaubnis nach Deutschland erhielt. Der Traum wurde Wirklichkeit, die Wirklichkeit war wie ein Traum.

Ich traf am 8. Mai 1947, nach kurzem Aufenthalt in Stockholm, in Frankfurt am Main ein. Noch ganz unter dem Eindruck der herrlichen Rheingaulandschaft, die ich gerade überflogen hatte, mit ihren grünen Wäldern und Flüssen und den zauberhaften alten Flecken und Städtchen, die ihre unversehrten roten Dächer zeigten und ihre verwitterten Kirchtürme — ein wahres Bild des Friedens —, wurde ich von

Grauen erfaßt beim Anblick der leeren Fensterhöhlen ringsum, als wir uns Frankfurt näherten.

Als mich der Zubringerbus vor dem Frankfurter Bahnhof absetzte, fand ich mich inmitten unendlicher Hoffnungslosigkeit, die von den drahtgespickten öden Trümmerhaufen ausging und von den verhungerten Menschengestalten, die zwischen ihnen gebückt und müde einherschlichen.

Inmitten der Zerstörung begann ich mit dem Wiederaufbau des S. Fischer Verlages.

Ernest Borneman

Ernest Borneman, geboren 1915 in Berlin, emigrierte 1933 und studierte erst in England, dann in USA. Lebt heute in Österreich und lehrt als Professor für Soziale Kulturpsychopathologie am Psychologischen Institut der Universität Salzburg. Zahlreiche Buchveröffentlichungen und wissenschaftliche Studien.

Vom freiwilligen Exil

Ich bin am 12. April 1915, im zweiten Jahr des ersten Weltkriegs, in Berlin geboren. Meine Eltern waren konservative Leute. Vom zwölften Lebensjahr an war ich — wahrscheinlich als Reaktion auf die politische Haltung der Eltern — in sozialistischen Jugendgruppen tätig. 1931, als ich sechzehn war, lernte ich Wilhelm Reich kennen und begann an zwei Nachmittagen, dienstags und donnerstags, als Jugendberater in einer seiner Arbeitersexualkliniken zu arbeiten.

Am 4. Juli 1933 flog unsere Klinik auf. Als Hilfspolizei eingestellte SA-Leute kaperten die Mitarbeiterlisten und begannen in der gleichen Nacht die Mitarbeiter zu verhaften. Obgleich Reich Anfang des Jahres aus der KPD ausgeschlossen worden war und Berlin im März verlassen hatte, war die Klinik weitergelaufen, teils von KPD-, teils von SPD-Sympathisanten, teils von Liberalen unterstützt. Ein Duplikat unserer Mitarbeiterliste war für einen solchen Notfall bei einem Genossen deponiert worden, der im Magistrat der Stadt Berlin den Schüleraustausch leitete. Er rief uns alle der Reihe nach an, und da unsere Namen mit gut preußischer Ordnung alphabetisch aufgeführt worden waren, erhielt ich einen der ersten Warnrufe. Ich packte meinen Rucksack und verschwand aus der Wohnung meiner Eltern. Ihnen sagte ich nur, daß ich auf eine Wanderung ginge und sie aus irgendeiner

Jugendherberge anrufen würde.

Am nächsten Morgen verließ ich Berlin als Mitglied einer Austauschschülergruppe, die den Sommer in Hampton Court verbringen sollte. Ich war eingeschmuggelt worden, um einen erkrankten Schüler aus strikt nazitreuer Familie zu ersetzen. Die ganze Gruppe bestand aus solchen Schülern. Die Engländer sollten von der Intelligenz, aber auch von der patriotischen Gesinnung dieser Musterschüler beeindruckt werden. Als wir bereits in England waren und durch Zoll- und Paßkontrolle hindurchgeschleust worden waren, teilte ich dem fassungslosen Schulmeister, der unseren Transport leiten sollte, höflich mit, daß ich ihn hiermit verließe, um den Rest meines Lebens außerhalb des Tausendjährigen Reiches zu verbringen.

Mit dem mir von meinen Eltern vererbten Optimismus, aber auch mit der Naivität meiner ganzen achtzehn Jahre war ich sicher, daß ich die akademische Laufbahn, die ich in Deutschland verpaßt hatte, weil ich noch vor meinem Abitur mein Heimatland verlassen hatte, nun in England nachholen würde. Da ich den größten Teil meiner Schulzeit an der Spitze meiner Klasse gestanden hatte und trotz meiner zwei Relegierungen wegen aufsässigen Verhaltens und Mitarbeit an der sozialistischen Zeitschrift »Schulkampf« nie mit schlechten Zensuren bestraft worden war, schien es mir ein leichtes, das Abitur in London nachzuholen, mein Studium mit Stipendien zu finanzieren, dann zu promovieren und mich irgendwo in England zu habilitieren.

Was diesen schönen Hoffnungen einen Strich durch die Rechnung machte, waren die Beschränkungen meiner englischen Aufenthaltserlaubnis. Denn die besagten, daß ich dem Staat nicht zur Last fallen und keinem Engländer einen Arbeits- oder Studienplatz wegnehmen dürfe. Um in England bleiben zu dürfen, mußte ich nachweisen, daß ich mich aus eigenen Mitteln zu ernähren vermochte. Um mich ernähren zu können, mußte ich erst einmal etwas lernen. Dazu wollte ich auf die Universität. Auf die Uni durfte ich aber nicht, da es ohne englisches Abitur (»matric«) keine Zulassung gab. Um das Matric zu machen, hätte ich rund ein Jahr lang Schnellkurse (»crammers«) absolvieren müssen. Die kosteten viel Geld. Geld durfte ich aber nicht verdienen, denn das hätte gegen meine Aufenthaltserlaubnis verstoßen. Und meine Eltern durften mir keins senden, weil die Gestapo sofort nach meiner Flucht bei ihnen vorgesprochen und sie zum Abbruch jeglicher Beziehungen mit mir gezwungen hatte. Das klappte natürlich nicht: Wir verkehrten weiter per Brief und per Telefon, aber über fingierte Adressen und über fremde Telefone. Eines war aber wirklich unmöglich: mir Geld fürs Studium zu senden.

Dieser Circulus vitiosus — ohne Aufenthaltserlaubnis kein Stipendium, ohne Stipendium keine Aufenthaltserlaubnis — wurde nach einer Weile zum Angsttraum. Ich habe ihn bis zum heutigen Tage nicht überwunden. Denn jeder Verstoß gegen die Bedingungen der Aufenthaltserlaubnis hätte Deportation bedeuten können. Deportation hätte KZ bedeutet. Und nach allem, was ich damals bereits über die KZs wußte, hätte es Tod bedeutet. Jedesmal, wenn ich zum Home Office mußte, um eine Verlängerung meiner Aufenthaltserlaubnis zu erbitten, stand mir der Schweiß auf der Stirn. Jedesmal, wenn ein gutmütiger Bobby bei mir klingelte, stand mein Herz fast still. Bis zum heutigen Tage versetzt mich jede Uniform in Panik — sei es auch nur der Postbote oder der Straßenbahnschaffner —, und obgleich ich zwei Jahre später nach Deutschland zurückging, um im Widerstand zu arbeiten, haben mir die SA- und SS-Uniformen, die Militär- und Gestapomäntel stets weniger Angst eingeflößt als die friedlichen Träger der zivilen Macht in England. Der Unterschied, glaube ich heute, liegt wohl daran, daß ich, als ich nach Deutschland zurückkehrte, mir bewußt war, mein Leben in die Waagschale zu werfen. In England dagegen war ich nur Opfer, war ich hilflos, war ich unfähig, irgendeine gezielte Gegenaktion zu unternehmen. Und das lähmt den Mut.

Denn um in England überleben zu können, mußte ich mir mein Geld illegal verdienen. Ich entdeckte eine Anzahl von Tätigkeiten, die eine Überprüfung meiner Verdienste durch die Polizei schwer machten. Ich wusch Teller in einem chinesischen Restaurant in den Docks und wurde mit Essen und Nachtquartier entlohnt. Ich spielte in einer halbprofessionellen Jazzband, die in bar bezahlt wurde. Ich lernte Rallyes fahren, wo man nur dann bezahlt wurde, wenn man gewann. Das war legal. Ich schrieb kleine Artikel für kleine Zeitschriften. Auch das war legal. Und es war der Anfang meiner Laufbahn als Schriftsteller.

Es ist ein eigentümlicher Aspekt der Exilliteraturforschung, jener neuen Form der Leichenfledderei, daß sie diejenigen von uns, die erst im Exil zu schreiben begonnen haben, nie als »Exilautoren« betrachtet und registriert hat. Keiner von uns, die in England englisch, in Frankreich französisch, in Italien italienisch schreiben gelernt haben und seitdem als englische, französische oder italienische Autoren gelten, scheint als »Exilautor« in den Annalen der Exilliteratur auf. Nur diejenigen, die bereits vorher irgend etwas in Deutschland veröffentlicht haben, gelten als deutsche Autoren im Exil.

Durch meine journalistische Arbeit lernte ich meine spätere Frau kennen, die einen englischen Paß besaß, weil sie in England geboren war. Ihr Vater hatte vor dem ersten Weltkrieg die erste Osram-Fabrik in London errichtet. Dieser Tatsache verdankte sie das Glück, sich nicht alle paar Monate um eine Verlängerung ihrer Aufenthaltserlaubnis bemühen zu müssen. Sie arbeitete für eine Wochenzeitschrift und konnte sich mit Müh und Not ernähren. Aber ihr Einkommen war zumindest regelmäßig, meins nicht. Sie lebte in einem Boardinghouse am Mecklenburgh Square, ich in einer Wohngemeinschaft um die Ecke. Für mein winziges Zimmerchen bezahlte ich einen Mietanteil von acht Shilling pro Woche. Und selbst diese acht konnte ich nicht immer zusammenkratzen.

Was uns in jenen Jahren zusammengekettet hat, war neben den gemeinsamen Interessen am Journalismus und an der Literatur gerade unsere Armut. Für heutige Bundesbürger — selbst für jene, die von Arbeitslosenunterstützung leben — ist es unmöglich, sich das Elend, den Hunger und die Entbehrungen vorzustellen, unter denen meine Generation im Exil aufgewachsen ist. Vielleicht verdanken wir einen Teil jener intellektuellen Arroganz, die unsere Studenten uns mit Recht vorwerfen, den für sie nicht mehr vorstellbaren Opfern, die wir unserer politischen Überzeugung gebracht haben.

Wenn ich mir in der Zeit zwischen meinem achtzehnten und neunzehnten Lebensjahr eine einzige warme Mahlzeit pro Woche leisten konnte, so erinnere ich mich an sie wie an ein Fest. Ich lebte von Brot, Margarine und Wasser. Gemüse war Luxus, Obst ein Traum, Fleisch eine Utopie. Bis zum siebenundzwanzigsten Lebensjahr habe ich kaum einen Tropfen Alkohol zu mir genommen — nicht etwa aus antialkoholischer Überzeugung, sondern weil ich mir nicht einmal ein Glas Bier leisten konnte. Ich erinnere mich an eine Weihnachtsmahlzeit im Jahre 1934 oder 1935, als Eva und ich je zehn Shilling zusammengespart hatten, um uns bei Poggiolo, dem damals preiswertesten italienischen Restaurant in London, je ein Fleischgericht und je einen Nachtisch leisten zu können. Als wir, die einzigen Gäste am Heiligen Abend, gerade zu essen begannen, setzte die von uns allen geliebte und verehrte Kellnerin Angelina eine Flasche Wein auf unseren Tisch. Bestürzt, aber stolz wie immer sagte Eva: »Wir haben das nicht bestellt.« Angelina legte ihre große, von der Arbeit gezeichnete Bauernhand auf Evas Schulter und sagte: »Carina, compliments of the house.« Mit den besten Wünschen des Wirts also. Ich erinnere mich, als ob es heute wäre, daß wir beide, Eva und ich, hilflos zu weinen begannen. Es geschah nicht oft in jenen Jahren, daß jemand gut zu uns war.

Wie kann man einer Generation, die mit fünfzehn oder sechzehn bereits das erste Moped hinter sich hat, eine solche Armut, aber auch einen solchen Stolz des Triumphs über die Armut klarmachen? Mein Zimmer hatte keine Heizung, die Wohnung hatte kein Klo, geschweige denn ein Bad. Der Raum war 2,50 mal 3,50 m groß. Auf den Fußboden hatte ich mit Reißzwecken ein sauberes Sacktuch genagelt, das alle drei oder vier Monate erneuert wurde. Alte Orangenkisten, braun gebeizt, waren meine Bücherregale. Eine auf dem Flohmarkt gekaufte, auf vier Ziegelsteinen ruhende Matratze war mein Bett. Meine gesamte Habe lag in sorgfältig aufgestapelten

Pappkartons, die meine Eltern mir monatlich auf Umwegen schickten. Sie enthielten Konserven, Hemden, Unterwäsche, manchmal eine Wurst. Für zehn Shilling hatte ich mir im Gebrauchtwarenladen einen wackligen Kindertisch und für fünf Shilling einen ausrangierten Küchenstuhl gekauft. Auf diesem Tisch und auf diesem Stuhl entstanden die Zeitungsartikel, von denen ich lebte. Wenn Eva mich besuchen kam, mußte ich den Tisch und den Stuhl aus dem Fenster hinaus auf das flache Dach des Nachbarhauses stellen, denn das Zimmer war mit Bett und Büchern und Pappkartons so voll, daß man einander nicht einmal umarmen konnte, solange der Tisch noch im Zimmer war.

Für den im Exil arbeitenden, politisch tätigen, von Armut und Hoffnungslosigkeit täglich Bedrohten hat die liebende und geliebte Partnerin eine unvergleichlich größere Bedeutung als für den gesicherten Bürger. Die Liebe im Exil ist die täglich wiederholte Entdeckung der Heimat im Körper des geliebten Menschen. In der Erinnerung des anderen lebt die verlorene Stadt weiter, als sei sie nie verloren worden. Deshalb ist die Stadt für den Mann auch immer weiblich: *die* Urbs, *die* Polis, *die* Metropole, die Stadt der Mutter, die Stadt *als* Mutter, die Mutterstadt. Ich habe damals den Begriff von der Frau als Heimat im Exil geprägt, aber Eva sagt, das sei ein männerrechtliches Konzept, und sie bittet mich, daß ich hier auch auf die Bedeutung der Frau für den älteren, den bereits etablierten Schriftsteller im damaligen Exil hinweise. Diese Frauen stammten meist aus dem bürgerlichen Mittelstand. Sie waren oft Intellektuelle. Sie waren nicht sehr praktisch. Nun mußten sie lernen, ihren schreibenden Mann irgendwie durchzubringen. Sie verdingten sich in Berufen, die sie nicht erlernt hatten. Sie mußten lernen, auf dem Gasfeuer im möblierten Zimmer zu kochen. Sie mußten den verzweifelnden Mann mit Trost und Hoffnung versorgen — mit einer Hoffnung, die sie selbst keineswegs verspürten. Die meisten unserer großen Autoren wären im Exil verreckt, wenn die Frauen sie nicht irgendwie durchgefüttert hätten. Deshalb nach all diesen Jahren nochmals all diesen Frauen ein Wort des Dankes.

Von den Freunden meiner Jugend, von den Freunden im Exil, haben nur wenige überlebt. Die nicht im KZ Verendeten, die nicht Vergasten und Verhungerten, sterben jetzt wie die Fliegen, weil die Entbehrungen jener Jahre nun ihren Zoll fordern. Meine Generation stirbt früh. Sehr viele Jahre sehe ich auch für mich nicht mehr. Die Zukunft ist kurz und wird mit jedem Jahre kürzer. Aber wie das politische Bild meiner Jugend von dem unseligen Bruderkampf zwischen Sozialdemokraten und Kommunisten geformt worden ist, so richten sich die wenigen mir noch verbliebenen Hoffnungen auf das, was Franz Josef Strauß als die Hölle auf Erden betrachtet — auf eine Volksfront. An die habe ich damals bereits geglaubt, und deshalb trat ich sofort nach meiner Ankunft in England einer Gruppe bei, die über die Einheit der Arbeiterklasse hinaus auch eine Verbindung mit den bürgerlichen Parteien zum gemeinsamen Kampf gegen den Nationalsozialismus anstrebte.

Wir waren nur wenige, und wir hatten keinen Namen, aber die meisten von uns kamen aus der SPD und der KPD. Unser Ziel war — naiv, wie sich das heute anhören mag —, im Londoner Exil den gesamten Aufbau eines nachhitlerischen Deutschlands zu planen und sämtliche Alternativen planspielartig durchzudenken. Hier wurde zum ersten Mal jene Technik der heutigen Futurologie erprobt, die einerseits auf der Wahrscheinlichkeitsmathematik, andererseits auf der Spieltheorie beruht. Man findet manches davon noch heute im Denken der überlebenden Mitglieder der Gruppe, einerlei, in welche politische Richtung sie mittlerweile abgerutscht sind.

Im Jahre 1933, als ich zu der Gruppe stieß, hatte sie noch keinen Namen, sondern war eine Diskussionsrunde, die sich um Natalie Koutane, Sekretärin des German Refugees' Hospitality Committee, gebildet hatte. Dies war, im Gegensatz zu den jüdischen und christlichen Hilfsorganisationen, eine rein politische Organisation. Der Labour-Abgeordnete Josiah Wedgwood war Präsident, Helen Bentwich und Winifred Horrabin waren ehrenamtliche Sekretärinnen, B. N. Langdon-Davies war Schatzmeister, aber die tägliche Drecksarbeit wurde von »Netta« Koutane geleistet, die auch regelmäßige »Parties« gab. Das waren aber keine Cocktail-Parties, sondern politische Versammlungen, bei denen man etwas zu essen bekam. Beides, die politischen Gespräche und das Essen, war lebenswichtig.

Aus dieser anfangs rein sozialdemokratischen Runde entwickelte sich durch graduelle, aber systematische Öffnung nach links und zur Mitte im Laufe der dreißiger und vierziger Jahre die Union Deutscher Sozialistischer Organisationen in Großbritannien und die Landesgruppe Deutscher Gewerkschaftler in Großbritannien. Ihnen haben unter anderen folgende Frauen und Männer angehört: Willi Derkow, Herta Gotthelf, Hans Gottfurcht, Hans Lewin, Rudolf Möller-Dostali, Erich Ollenhauer, Wilhelm Sander, Arthur Schander, Hans Vogel und Kurt Weckel (alle SPD); Karl Frank, Waldemar von Knoeringen, Richard Löwenthal und Erwin Schöttle (Sozialdemokratische Gruppe Neubeginn); Karl Becker, Heinrich Kamnitzer, Erich Krauter, Max Oppenheimer, Hans Schilde, Friedrich Weidmann, Alfred Zeidler (KPD); Wolf Heimann, Hans Schuricht, Gustav Spreewitz, Paul Walter (Sozialistische Arbeiterpartei Deutschlands); Anna Beyer, Willi Eichler, Walter Fliess, Wilhelm Heidorn, Margarete Henry, Erich Irmer, Hellmut von Rauschenplat, Minna Specht (Internationaler Sozialistischer Kampfbund); Walter Auerbach, Edo Fimmen, Hans Jahn (Internationale Transportarbeiter-Föderation).

Aus dem liberalen Lager kamen die Pastoren Büsing und Ehrenberg. Arbeitsgruppenartige Verbindungen bestanden zu Rudolf Breitscheid und Wilhelm Westphal (Deutsche Freiheitspartei), Karl Höltermann (Reichsbanner Schwarz-Rot-Gold) und Fritz Demuth (Notgemeinschaft Deutscher Wissenschaftler im Ausland). In dieser Gruppe wurden zum ersten Mal nicht nur die Varianten einer sozialliberalen Koalition durchgespielt, sondern zum letzten Mal in der deutschen Geschichte auch der Gedanke einer Aktionsgemeinschaft der Liberalen, Sozialdemokraten, Sozialisten und Kommunisten. Meine Überzeugung, daß es in der heutigen bürgerlichen Industriegesellschaft keine Alternative zu diesem Durchgangsstadium gibt, ist älter als Dimitrovs Thesen zum gleichen Thema (1935) und bleibt auch heute noch ungebrochen. Ich trug diesen Gedanken zum ersten Mal im Jahre 1934 in London vor. Erst 1935 bildete sich in Frankreich die Koalition der Radikalsozialisten, Sozialisten und Kommunisten. Und erst 1936 entstand in Spanien die Koalition der Linksparteien mit den bürgerlichen Liberalen. Ich glaube deshalb, daß ich mir keine nachträglichen Lorbeeren anstecke, wenn ich meine, daß ich in historischer Perspektive der erste war, der den Volksfrontgedanken systematisch ausgearbeitet und in jeder Diskussion vorgetragen hat.

Als ich meinen Namen auf einer Liste der von der NS-Regierung Ausgebürgerten las, empfand ich weder Kummer noch Ärger, sondern Stolz. Als ich aber nach mehr als zwölf Jahren der Staatenlosigkeit im Dezember 1945 in Kanada eingebürgert worden war und dem für Einbürgerungen zuständigen Minister nur einen Höflichkeitsbesuch machen wollte, fiel ich im Vorzimmer beim Anblick eines rot uniformierten Royal Canadian Mounted Policeman um und kam erst eine halbe Stunde später wieder zu mir. Das war die Frucht der verdrängten Angst vor der Deportation. Paradoxerweise habe ich diese Angst nie verspürt, wenn ich während der NS-Zeit politische Missionen in Deutschland zu erledigen hatte. Wenn man sich auf eine konkrete Gefahr vorbereitet, kann man sie überwinden. Fehlt diese Vorbereitung, so schlägt die Angst durch.

Paradoxerweise verspüre ich die gleiche Angst heute wieder, wenn ich in der Bundesrepublik bin. Die Polizisten mit Maschinenpistolen an den Flughäfen versetzen mich in Panik. Ich fühle nach wie vor, daß die Waffen auf mich gerichtet sind, daß ich zu jenen gehöre, die erschossen werden sollen. Ich werde nie im Leben irgendeinen Polizisten irgendeines Landes als meinen Freund und Beschützer empfinden können. Für mich bleibt die Polizei die Repräsentantin einer feindlichen Macht. Sehe ich im Fernsehen deutsche Demonstranten, die von deutschen Polizisten niedergeknüppelt werden, so blutet mein Herz für die Demonstranten. Ich brauche nicht zu wissen, wofür oder wogegen sie demonstrieren. Es genügt mir, daß sie hilflos und unbewaffnet sind, während die anderen Uniformen, Waffen und staatliche Unterstützung haben. Einmal im Exil, immer im Exil. Einmal von der Polizei bedroht, immer von der Polizei bedroht. Einmal im Widerstand, immer im Widerstand. Das relativiert die nächsten Absätze. Ich bin mir dessen bewußt. Trotzdem will ich sagen, was ich zu sagen habe.

Gesehen aus der Perspektive eines freiwillig gewählten Exils, aber auch aus der Sicht eines lebenslangen, noch heute politisch aktiven Sozialisten ist mir die Bundesrepublik zuwider. Für diesen Staat haben wir unsere Jugend nicht geopfert. Für ihn haben wir unser Leben nicht riskiert. Er enthält allzu viel von dem, was wir im NS-Staat bekämpft haben, und allzu wenig von dem, was wir uns von einem nachhitlerischen Deutschland erhofft hatten.

Wir hatten erwartet, daß dieser Staat von Menschen regiert werde, die entweder jung genug sind, um unbelastet von der Mitverantwortung für das NS-Regime zu sein, oder alt genug, um ihr Recht auf die Regierungsgewalt im Widerstand erworben zu haben. Daß so viele schwer Belastete in so vielen Positionen der Industrie, des Handels, des Beamtentums und der Gerichtsbarkeit bleiben würden, hatten wir nicht erwartet. Daß der Verfassungsschutz in so hohem Maße von Männern aufgebaut werden konnte, die eigentlich als erste aus dem Staatsdienst hätten entfernt werden müssen, das hätten wir nicht für möglich gehalten.

Wir hatten andere Vorstellungen von Schuld und Unschuld. Uns schien jeder, der im NS-Heer gedient hatte statt im Widerstand, schuldig zu sein. Jedem, der sich schuldig gemacht hatte, hätte das Wahlrecht entzogen werden müssen, meinten wir. Jedem von ihnen hätte das Recht entzogen werden müssen, über die Staatstreue anderer zu entscheiden. Von der freiheitlich demokratischen Grundordnung darf nur derjenige sprechen, der während der NS-Zeit den Mut bewiesen hat, für diese Freiheit, für diese Demokratie zu kämpfen.

Wer damals in die »innere Emigration« oder gar den »inneren Widerstand« gegangen ist und sich heute als ehemaliger Gegner des NS-Regimes ausgibt, ist schuldiger als jene alten Nazis, die der Partei aus Überzeugung beigetreten sind und heute noch störrisch ihre fehlgeleiteten Überzeugungen vertreten. Sie lügen zumindest nicht.

Aber jene Mitläufer, die heute vorgeben, sie hätten damals nicht gewußt, was vorgeht, und jene anderen, die gewußt haben, was geschieht, und trotzdem nichts dagegen unternommen haben, sollten sich schämen. Aus Scham sollten sie schweigen. Sie und jene Dritten, die heute erzählen, sie seien damals zum Mitmachen gezwungen worden, lügen nicht nur ihren Mitbürgern, sondern auch sich selbst etwas vor. Sie sind die wahren Schuldigen.

Sehe ich die Lebensläufe derjenigen, die es heute wagen, ehemalige Widerstandskämpfer als Feinde des Grundgesetzes anzuprangern, überkommt mich ein Ekel, der mir das Leben vergällt. Aber auch jene Genossen, die vom Sozialismus reden und Pöstchen meinen, widern mich an. Für solche Leute und für solchen »Sozialismus« sind wir nicht in den Widerstand gegangen.

Das erste Gesetz, das ich mir von der ersten deutschen Nachkriegsregierung erhofft hatte, wäre das lebenslange Verbot der Teilnahme ehemaliger NSDAP-Mitglieder an den Organen der Gesetzgebung, Verwaltung und Rechtsprechung gewesen. Da kein solches Gesetz je erlassen worden ist, war der moralische Verfall der Bundesrepublik voraussagbar.

Ich vermag keinen deutschen Staat zu respektieren, der sich nicht zumindest in seiner Personalpolitik von der NS-Zeit distanziert. Ich kann keinen Staat achten, der sich unter dem Vorwand der Terrorbekämpfung ein Informations- und Denunziationssystem auferlegt, wie es selbst die Nazis nicht gewagt hätten. Der Staat, dem wir unsere Jugend geopfert haben, war nicht einer, der die Linken verfolgt und die Rechten gewähren läßt. Ein Staat, der kaltblütige »Aufsteiger«, die nie im Leben eine selbstlose Tat für ihre Mitbürger getan haben, als gute Staatsbürger ehrt, aber Sozialisten und Kommunisten, die sich ein Leben lang selbstlos für andere eingesetzt haben, als »Radikale« denunziert und aus dem Staatsdienst entfernt, ist nicht mein Staat.

Er ist nicht der Staat, für den ich ins Exil gegangen bin.

Walter Fabian

Walter Fabian wurde 1902 in Berlin geboren. Kritik, politische und historische Schriften, Lehrtätigkeit. 1933–35 illegale Arbeit in Deutschland. Emigrierte über die Tschechoslowakei und Frankreich nach der Schweiz. Endgültige Rückkehr in die Bundesrepublik Deutschland 1961.

Beim Überschreiten der Grenze ... Ich muß das Wort sogleich in den Plural versetzen. Wie viele andere Flüchtlinge habe ich mehr als eine Grenze illegal überschreiten müssen — sechsmal geschah es im Laufe der tausend Jahre. Ich beschränke mich darauf, von der ersten und von der letzten dieser Grenzüberschreitungen kurz zu sprechen.

Bis Januar 1935 war ich in Hitlerdeutschland geblieben, untergetaucht — gerade noch rechtzeitig — in der Nacht nach dem Reichstagsbrand, seitdem als Illegaler im sozialistischen Widerstand; meinen Entschluß bestimmte das Prinzip Treue mehr als das Prinzip Hoffnung. An der Jahreswende 1934/35 war mir die Gestapo so dicht auf der Spur, daß nur noch die Flucht in buchstäblich letzter Minute blieb. Legale Ausreise war nicht möglich. Ich entschied mich für den kleinen Grenzverkehr und nahm den Weg über das tief verschneite Riesengebirge. Unmittelbar vor der Grenze hielten mich Uniformierte an, aber sie ließen sich überzeugen, daß nur ein Ausflug in eine nahegelegene Baude auf tschechischer Seite geplant sei. Aufregende Minuten. Dann war ich drüben — mit welchen Gefühlen? In den ersten Stunden überwog eindeutig das Gefühl der Erleichterung — ich war gerettet. Wenig später stellte sich die Erkenntnis ein, daß etwas Endgültiges geschehen war. Ich hatte das Land verlassen, in dessen Friedens- und Arbeiterbewegung ich seit meinem sechzehnten Lebensjahr meine eigentliche Heimat gefunden hatte. Jetzt stand ich draußen, konnte nur noch mit Abstand am Kampf für ein anderes Deutschland teilnehmen. Immerhin: Das konnte ich. Und die Solidarität, die mein Leben bis dahin bestimmt hatte, war auch weiter zu leisten und zu empfangen.

Das galt für alle Zwischenstationen, die ich hier überspringen will. Ich versetze mich nun in das Jahr 1942. Jetzt lebte ich im sogenannten unbesetzten Frankreich, halblegal, weil das linkssozialistische Hilfskomitee für deutsche Emigranten, in dem ich tätig war, im Juni 1942 von der Vichy-Polizei geschlossen wurde — wir arbeiteten trotzdem weiter. Es folgten die Deportationen der jüdischen Flüchtlinge; mit sehr viel Glück entkam ich noch einmal. Aber die Situation wurde unhaltbar. Es blieb nur ein Fluchtweg: die Schweiz. Das Schweizer Arbeiterhilfswerk, dessen Vertreter in Südfrankreich ich gewesen war, wollte meiner damaligen Frau Ruth Fabian, mir und unserer kleinen Tochter über die Grenze helfen, die von beiden Seiten fast unüberwindlich gesperrt war. Gegen meine Befürchtungen schlugen wir uns durch nach Annemasse, dicht bei Genf; dort sollte uns ein Schweizer weiterhelfen. Er tat es nicht, erklärte alles für ein Mißverständnis. Wir saßen in der Falle, konnten weder vorwärts noch zurück. Es kam dann doch noch Hilfe, von einer jungen Frau, die wir nie zuvor gesehen hatten und die wir nie wieder sahen — Solidarität. Sie stellte die Verbindung her zu einem französischen Zöllner, der uns in dunkler Nacht über die grüne Wiese und durch einen Bach in die Schweiz führte. Drüben nahm uns sofort ein Schweizer Soldat in Empfang, richtiger in Gewahrsam. Er führte uns zum nächsten Grenzposten; von dort wurde nach Bern telefoniert — jetzt erst entschied sich, ob wir zurückgeschickt werden würden, in den sicheren Tod, wie tausend andere. Wir durften bleiben, weil wir »nicht nur Juden«, sondern auch politisch Verfolgte waren und weil unsere Tochter erst zwei Jahre alt war. Die Gefahr, die Lebensgefahr, war im Oktober 1942 so groß wie bei der ersten Grenzüberschreitung im Januar 1935.

Die Internierung in Lagern, die nun folgte, war auch in der Schweiz nicht heiter: fünfhundert Männer, Frauen und Kinder in einem stillgelegten Fabrikgebäude, mit einem Minimum an hygienischen Einrichtungen; dazu die Ungewißheit, ob das

Monate oder Jahre dauern würde. Vielleicht würde man mich bis zum Kriegsende zu politischer Untätigkeit verdammen? So schlimm kam es nicht. Anfang 1943 gehörte ich, neben Manès Sperber und dem verstorbenen Übersetzer Franz Fein, zu den ersten, die in eine begrenzte Freiheit entlassen wurden. Begrenzte Freiheit, weil man weder eine Wohnung mieten noch irgend etwas arbeiten durfte. Erst nach Stalingrad, als auch die Schweizer Behörden merkten, daß Hitler wohl doch nicht siegen würde, wurden sie *etwas* weniger streng.

Aber ich will nicht von den Behörden sprechen — da gibt es von Land zu Land keine allzu großen Unterschiede. Wichtiger ist das Volk und vor allem die aktive Minderheit in einem Volk. Ohne ihr unerschrockenes Wirken, ohne ihren Kampf gegen die Flüchtlingspolitik des schweizerischen Bundesrates hätten wir die lebensrettende Grenze nie überschreiten können — das wurde uns erst jetzt ganz bewußt. Und nun, da wir da waren, standen sie uns zur Seite: Redakteure in einigen Zeitungsredaktionen, die uns erklärten, wie wir mit ihrer Hilfe die Arbeitsverbote der Fremdenpolizei umgehen könnten; eine Handvoll Abgeordnete, die im Nationalrat für Erleichterungen für uns stritten; *einige* Schweizer Schriftsteller, die uns als Kollegen, nicht als lästige Konkurrenz behandelten; der Kreis der religiösen Sozialisten um Leonhard und Clara Ragaz — um nur ein paar Beispiele zu nennen. Trotzdem blieben wir Emigranten sehr einsam, und das war im Grunde schlimmer als materielle Nöte. Schriftsteller brauchen ein Echo, und das können sie nicht finden, wenn sie gar nicht publizieren können.

Ich will nun nicht mehr von mir sprechen — aus mancherlei Gründen hatte ich es nicht so schwer wie viele andere. Einen von diesen vielen Vereinsamten will ich hier nennen: den bedeutenden, leider ganz vergessenen Romancier Alexander M. Frey. Aus Abscheu vor dem Nationalsozialismus hatte er gleich 1933 Deutschland verlassen, hatte in Österreich gelebt, bis er auch von dort durch die braunen Horden vertrieben wurde. Seitdem lebte er in Basel; dort, in einer jämmerlichen Mansarde, traf ich ihn irgendwann im Jahre 1943. Ich bin nie einem einsameren Menschen begegnet. Er war von seiner Vergangenheit als Schriftsteller abgeschnitten — keiner seiner einst sehr erfolgreichen Romane war mehr vorhanden. Unter einem Pseudonym schrieb er Buchbesprechungen — davon fristete er sein Leben. Erst ab 1945 konnte er, in der Schweiz, wieder zwei Romane und einige Novellen veröffentlichen — in der Bundesrepublik wurden sie kaum beachtet. Zurückzukehren hatte er nicht mehr die Kraft; er starb vor einem Vierteljahrhundert in der Fremde, an totaler Erschöpfung.

Trotzdem war er in seinen letzten Lebensjahren nicht mehr ganz so einsam. Im Mai 1945 taten wir, was uns bis dahin verboten und jetzt noch nicht ausdrücklich erlaubt war: Wir gründeten den Schutzverband deutscher Schriftsteller in der Schweiz. Aus Zürich und Basel, aus Ascona und Genf — auch die Schweiz ist ein ziemlich großes Land, wenn man nicht das Geld hat, mit der teuren Bundesbahn zu reisen — fanden sich die überall Isolierten zu einer Gemeinschaft zusammen. Wir haben in den folgenden Jahren eine ganze Menge in Bewegung gesetzt mit unserem kleinen Verband; aber als das Wichtigste erscheint mir, wenn ich jetzt zurückblicke, daß wir uns aus unserer Vereinsamung befreit haben und daß wir nun Solidarität nicht nur empfangen, sondern auch geben konnten. Auch der von London aus wirkende Exil-P.E.N. gab einigen von uns ein Stück geistiger Geborgenheit.

Allmählich wurden die Grenzen wieder überschreitbar. Schweres Gepäck behinderte die meisten von uns nicht; unser kostbarster Besitz, unsere Bibliotheken und nicht zuletzt das, was wir selbst geschrieben hatten, war auf unseren Fluchten und in den Kriegswirren verloren gegangen. Aber wir waren doch reicher geworden: In allen Ländern, in denen wir Zuflucht gefunden hatten, trafen wir Menschen, die uns die Hand reichten. Wir hatten erlebt, daß Solidarität mehr ist als ein Losungswort in Manifesten.

Ich habe in diesem kurzen, ganz fragmentarischen Bericht wiederholt von Solidarität gesprochen — sehr bewußt. Denn heute, fünfunddreißig Jahre nach dem Ende der großen Verfolgung, rührt sich in unserem Lande wieder auf höchst gefährliche Weise der Haß gegen Fremde. Die Parole »Ausländer raus — Deutschland den Deutschen« hat schon Todesopfer gefordert, und im größten Bundesland wird sie als Volksbegehren erhoben; Rechtsextremisten und andere Politiker schaukeln sich daran empor. Da sind gerade wir herausgefordert: Wir wären nicht mehr am Leben, wären nicht in den Ländern unseres Exils wachsame Frauen und Männer bereit gewesen, uns die fast schon verschlossenen Grenzen doch noch offen zu halten und uns zu helfen, als wir so sehr der Mitmenschlichkeit bedurften. Jetzt können, jetzt müssen wir unsererseits Solidarität üben. Wenn wir das nicht schon vorher gewußt haben, so hat es uns das Exil gelehrt. Es gilt, in einem übertragenen Sinne Grenzen zu überschreiten — Grenzen zwischen Menschen und Grenzen zwischen Völkern. Das ist oft gar nicht leicht — aber es ist sehr, sehr wichtig.

Edgar Hilsenrath

Edgar Hilsenrath, geboren 1926 in Leipzig, emigrierte 1938 nach Rumänien, wurde 1941 nach Rußland deportiert und lebte nach dem Krieg in Israel, Frankreich, USA. 1975 Rückkehr in die Bundesrepublik Deutschland. Romanveröffentlichungen seit 1964.

Das Gesicht des Fremden trägt meine Züge. Der Fremde ist immer anwesend. Immer. Manchmal unterhalten wir uns.

Unlängst, als wir im Auto durch die DDR fuhren, sagte ich zu ihm: »Verdammt noch mal! Jetzt fährst du mit dreißig Jahren Verspätung ins Land deiner Kindheit zurück. Was suchst du eigentlich?«

»Nichts«, sagte der Fremde. »Eigentlich nichts.«

»Oder doch?« fragte ich. »Denk mal nach!«

»Vielleicht«, sagte der Fremde. »Vielleicht suche ich etwas, aber rede mir ein, daß ich nichts suche. Es könnte so sein.«

»Dreißig Jahre Verspätung«, sagte ich. »Erinnerst du dich? Im Jahre 1948, da wolltest du plötzlich zurück. Ganz plötzlich. Aber dann hast du zu dir gesagt: Was soll's!«

»Stimmt«, sagte der Fremde. »Das stimmt.«

»Du wolltest noch einmal das Haus in der Bernburger Straße sehen.«

»In Halle an der Saale«, sagte der Fremde.

»Du wolltest es sehen.«

»Nur sehen, ob es noch steht«, sagte der Fremde.

»Und die Schule wolltest du sehen, die nicht weit war von dem Haus in der Bernburger Straße.«

»Die auch«, sagte der Fremde.

»Die Schule, die du gehaßt hast.«

»Ich hab' die Schule gehaßt?«

»Wegen der Prügelstrafe«, sagte ich.

»Wegen der Prügelstrafe«, sagte der Fremde.

»Und auch, weil ihr stramm stehen mußtet. Erinnerst du

dich? Und weil man nicht mehr ›Guten Morgen‹ sagen durfte, sondern ›Heil Hitler‹. ›Ein deutscher Gruß‹, sagten sie. Und auch weil du mitsingen mußtest: ›Wenn das Judenblut vom Messer spritzt ...‹, obwohl du ein jüdisches Kind warst.«

»Ich war das einzige jüdische Kind in der Klasse«, sagte der Fremde. »Aber ich habe nicht mitgesungen. Du irrst dich. Ich hatte den Mund fest zusammengepreßt wie ein alternder Wolf, der seine Zähne verbirgt. Und ich habe auch nicht ›Heil Hitler‹ gebrüllt. Übrigens: Ich habe nie gebrüllt.«

»Verdammt noch mal«, sagte ich.

»Glaubst du, daß das Haus noch steht?«

»Das Haus in der Bernburger Straße?«

»Ja, das.«

»Ich nehme es an. Es heißt, daß die Bomben damals nicht alles zerstört haben.«

»Mal sehen«, sagte der Fremde. »Vielleicht steht es noch.«

»Das Haus hast du nicht gehaßt. Das Haus in der Bernburger Straße.«

»Das nicht«, sagte der Fremde. »Dort haben meine Eltern gewohnt.«

»Und dein jüngerer Bruder.«

»Der auch«, sagte der Fremde.

»Und du«, sagte ich. »Auch du. Oder hast du dich selber vergessen?«

»Ich habe niemanden vergessen«, sagte der Fremde.

»Einmal hatte ich alles verdrängt«, sagte der Fremde. »Aber Verdrängung ist schädlich. Es schadet dem Geist, und es schadet dem Körper. Es ist auch Selbstbetrug. Du kannst die Bilder aus deiner Erinnerung nicht zerstückeln, weil sie nicht greifbar sind. Du kannst nur ihre Konturen verwischen. Nicht mehr.«

»Diese verdammten verwischten Konturen«, sagte der Fremde. »Noch heut seh' ich die Kinder im Schulhof marschieren. Sie haben Köpfe, aber keine Gesichter.«

»Kannst du sie hören?«

»Ich kann sie hören.«

»Sie marschieren und singen dabei. Ich kann ihre Stimmen hören.«

»Stimmen?«

»Stimmen.«

»Kinderstimmen?«

»Kinderstimmen.«

»Was singen sie?«

»Wenn das Judenblut vom Messer spritzt.«

»Kinderstimmen?«

»Kinderstimmen.«

»Ich kann Köpfe sehen«, sagte der Fremde. »Und noch was kann ich sehen.«

»Was denn?«

»Feuer und Rauch.«

»Was für Feuer und was für Rauch?«

»Ich weiß es nicht genau. Es könnten brennende Synagogen sein ...«

»Die könnten es sein.«

»Die könnten es sein.«

»Die Kristallnacht?«

»Die Kristallnacht.«

»Da warst du schon fort.«

»Da war ich schon fort.«

»Ich hab' die brennenden Synagogen nie gesehen«, sagte der Fremde, »weil ich fortging, ehe sie angezündet wurden.«

»Das stimmt«, sagte ich. »Im Sommer 1938. Da hast du Deutschland verlassen.«

»Auch mein Bruder«, sagte der Fremde. »Und auch meine Mutter. Wir waren zu dritt. Wir gingen zu dritt über die Grenze.«

»Nur dein Vater blieb zurück«, sagte ich.

»Der blieb zurück«, sagte der Fremde.

»So fing die große Reise an«, sagte der Fremde. »Seit jener Reise gehe ich neben dir her. Ich, der Fremde.«

»Vielleicht warst du schon früher da«, sagte ich, »und ich wußte es bloß nicht. Aber an jenem Tag, als wir über die Grenze gingen, in die Emigration, da bist du wirklich geworden. Da hab' ich dich erkannt.«

»Mich, den Fremden?«

»Dich, den Fremden.«

»Du und ich. Wir.«

»Du und ich. Ich.«

»Verdammt«, sagte der Fremde. »Ich rede nicht gern davon. Und sowieso ist alles verwischt. Verdammt verwischt. Aber wenn du unbedingt willst.«

»Es regnet«, sagte ich. »Und der Regen prasselt gegen die Windschutzscheibe.«

»Damals«, sagte der Fremde. »Hat es auch damals geregnet?«

»Damals nicht«, sagte ich. »Als du dich damals von mir gelöst hast, losgelöst und doch nicht losgelöst, um leise neben mir herzugehen ... als Fremder ... da hat die Sonne gelacht. Es war an einem strahlenden Sommertag, als wir Deutschland den Rücken kehrten. Kannst du dich nicht erinnern?«

»Eigentlich doch«, sagte der Fremde.

»Unser Vater war klug«, sagte ich. »Deshalb schickte er seine Familie ins Ausland. Er muß geahnt haben, was da kommen wird.«

»Natürlich«, sagte der Fremde.

»Wir fuhren in die Bukowina zu unseren Großeltern. Erinnerst du dich?«

»Ich erinnere mich«, sagte der Fremde.

»Die Bukowina war eine ehemalige österreichische Provinz, die nach dem ersten Weltkrieg von Rumänien annektiert worden war.«

»Sehr richtig«, sagte der Fremde. »Daß die Bukowina mal zu Österreich gehört hatte, merkten wir gleich, als wir ankamen

... in jener kleinen Stadt. Wie hieß sie doch gleich?«

»Sereth«, sagte ich.

»Sereth«, sagte der Fremde. »Ich muß noch heute lächeln, wenn ich an Sereth denke.«

»Lächeln. Warum?«

»Weil Sereth eine jüdische Majorität hatte und weil die Juden sich weigerten, rumänisch zu sprechen. Sie sprachen nur deutsch.«

»Die Juden waren die Träger der deutschen Kultur in der Bukowina«, sagte ich. »Als wir Kinder ihnen erzählten, was in Deutschland los war, da wollten sie's nicht glauben.«

»Sie konnten es nicht glauben«, sagte der Fremde.

»So ist es«, sagte ich.

»So ist es«, sagte der Fremde.

»Unser Vater war klug«, sagte der Fremde. »Aber er war nicht klug genug. Er hatte zwar geahnt, daß der Krieg bald ausbrechen würde, aber nicht vorausgesehen, daß die Arme des Krieges sehr lang sind.«

»So lang, daß sie uns einholen könnten?«

»Uns.«

»Uns.«

»Wir waren in eine Falle geflüchtet.«

»In eine Falle.«

»Es ging alles sehr schnell«, sagte ich zu dem Fremden. »Ein bißchen Sicherheit in Rumänien. Dann brach der Krieg aus, ein Krieg, der uns bald einholte.«

»Die Falle.«

»Die Falle.«

»Wir wollten wieder weg. Erinnerst du dich?«

»Klar.«

»Aber wohin?« sagte ich. »Wohin?«

»Wohin?« sagte der Fremde.

»Die Falle fiel zu«, sagte ich zu dem Fremden. »In Rumänien gelangten die Faschisten ans Ruder. Und am 22. Juni 1941 marschierten rumänische Truppen über die russische Grenze.«

»Zusammen mit andren Truppen ... den deutschen.«

»Den deutschen.«

»Bald standen sie vor Moskau.«

»Vor Moskau.«

»Im Sommer 1941 wurden die Juden massenweise erschossen. Im Osten.«

»Im Osten.«

»Wir wurden deportiert.«

»Wir wurden deportiert.«

»Nach dem Osten.«

»Nach dem Osten.«

»Ins Land der Massenerschießungen.«

»Ins Land der Massenerschießungen.«

»Nach der Ukraine.«

»Nach der Ukraine.«

»Wir wurden am 14. Oktober 1941 ins jüdische Ghetto der ukrainischen Ruinenstadt Mogilew-Podolsk deportiert. Die Stadt lag am Ufer des Dnjestr. Während die Massenerschießungen jenseits des Bug-Flusses fortgesetzt wurden, hatte sich die Lage in unserem Abschnitt beruhigt. Die Deutschen waren abgezogen und hatten den rumänischen Verbündeten die Verwaltung des okkupierten Gebietes zwischen Dnjestr und Bug übergeben. Auch die Stadt Mogilew-Podolsk. Die Rumänen hatten die Massenerschießungen satt. Sie hatten sich ausgetobt und waren müde. Als unser Transport ankam, waren die Massengräber schon zugeschaufelt. Wir wurden nicht erschossen. Sie trieben uns nur zu Tausenden ins Ghetto der Ruinenstadt und sperrten uns dort ein.«

»So war's«, sagte der Fremde. »So war's.«

»Das Ghetto war hermetisch von der Außenwelt abgesperrt. Wir sollten dort verhungern.«

»So war's«, sagte der Fremde.

»Und erfrieren«, sagte ich. »Denn es gab fast keine Häuser mehr in der ausgebombten Stadt. Die meisten von uns lagerten auf der Straße.«

»Auf der Straße.«

»Im Herbst.«

»Im Herbst.«

»Und im Winter.«

»Im Winter.«

»Im russischen Winter.«

»Im russischen Winter.«

»Ich kann sie noch vor mir sehen«, sagte ich. »Die Toten auf den Straßen. Die Verhungerten und die Erfrorenen.«

»Und die Typhusopfer«, sagte der Fremde. »Die hast du vergessen.«

»Die Typhusopfer«, sagte ich.

»Die Typhusopfer«, sagte der Fremde.

»Wir haben das große Sterben gesehen«, sagte ich. »Dort in Mogilew-Podolsk. Auch wir haben gehungert. Und gefroren. Auch wir hatten Typhus. Aber wir haben es überlebt, das große Sterben.«

»Bist du auch sicher?«

»Ganz sicher.«

»Ich nicht«, sagte der Fremde. »Ich glaube, wir sind damals mit den anderen gestorben. Nur starben wir einen anderen Tod.«

»Einen anderen Tod?«

»Einen anderen Tod.«

»Und eines Tages kam die Befreiung«, sagte ich zu dem Fremden. »Erinnerst du dich?«

»Klar«, sagte der Fremde.

»Wir gingen zu Fuß nach Sereth zurück«, sagte ich. »Das Städtchen war abgebrannt. Es war niemand mehr da.«

»Niemand, der uns noch gekannt hat.«

»Niemand.«

»Im Sommer 1944 bist du weitergezogen. Immer hinter der russischen Front her. Bis nach Bukarest. Als du ankamst, war die Stadt gerade gefallen.«

»Das stimmt.«

»Du hast dir in Bukarest einen falschen Paß besorgt und bist damit nach Palästina gefahren. Der Krieg war noch nicht zu Ende.«

»Für mich war er zu Ende.«

»Für dich.«

»In Palästina hast du Bäume gepflanzt, dort in der Negev-Wüste. Und später bist du im Lande herumgewandert, hast Orangen gepflückt und bei der Ernte geholfen in einem Kibbuz. Du warst auch in den großen Städten des Heiligen Landes, hast dort als Bauarbeiter gearbeitet und eine Zeitlang als Tellerwäscher. Irgend etwas hast du immer gemacht.«

»Ich hab' auch Gedichte geschrieben. Und kleine Novellen. Und den Anfang eines Romans.«

»Das auch.«

»Als der Krieg ausbrach, wurde unser Vater von uns abgeschnitten. Wir hatten dann nichts mehr von ihm gehört. Nach dem Krieg erfuhren wir, daß er lebe. Unser Vater war nach Frankreich geflüchtet und später dort untergetaucht.«

»Er war am Leben«, sagte der Fremde. »Ich fand seine Adresse heraus und schrieb ihm einen kurzen Brief. Ich schrieb: ›Wir leben. Die Mutter lebt. Der Bruder lebt. Ich lebe auch.‹«

»Leben«, sagte ich. »Was ist das?«

»Ich weiß es nicht genau«, sagte der Fremde. »Aber ich weiß mehr davon als die Toten im Straßenschlamm von Mogilew-Podolsk.«

»Mogilew-Podolsk«, sagte ich.

»Mogilew-Podolsk«, sagte der Fremde.

»1947 traf sich die ganze Familie in Frankreich. Erinnerst du dich?«

»Ich erinnere mich.«

»Dein Vater hat dich nicht erkannt.«

»Er hat mich nicht erkannt.«

»Und 1948 wolltest du plötzlich nach Halle zurück. Halle an der Saale. Du wolltest das Haus in der Bernburger Straße sehen. Das wolltest du sehen. Aber dann hast du es dir überlegt. Du hast lange nachgedacht und dann zu dir gesagt: ›Was soll's?‹«

»Was soll's, hab' ich gesagt.«

»Was soll's, hast du gesagt.«

»Ich hatte Angst, obwohl die Kinder anders sangen im Jahre 1948, anders als damals.«

»Du bist dann ausgewandert. Nach Amerika.«

»Amerika.«

»Amerika.«

»New York.«

»New York.«

»Dort hast du irgendwas gemacht, um dich über Wasser zu halten. Du hast gejobbt.«

»Gejobbt. Das stimmt.«

»Du hast als Kellner gearbeitet. Und als Abräumer. Und ab und zu hast du Autos gewaschen.«

»Die Autos der Wohlstandsgesellschaft.«

»Die Autos der Wohlstandsgesellschaft.«

»Du hast auch geschrieben.«

»Ich hab' auch geschrieben.«

»Nachts in der großen Cafeteria am Broadway Ecke 75. Straße.«

»Das stimmt.«

»Romane hast du geschrieben.«

»Romane.«

»Wie besessen hast du geschrieben.«

»Wie besessen.«

»Dein Vater, der dir nachgefahren ist nach Amerika mit der ganzen Familie, der hat dich gefragt: ›Junge, was wird aus dir mal werden? Was willst du eigentlich?‹«

»Ja, das hat er oft gefragt.«

»Du hast zu ihm gesagt: ›Du fragst, was ich werden will. Ich weiß es nicht genau. Eigentlich will ich gar nichts werden.

Nichts. Ich will atmen. Atmen.‹«

»Und leben?«

»Und leben.«

»Und schreiben?«

»Und schreiben.«

»Und aussagen, was die Toten im Straßenschlamm von Mogilew-Podolsk nicht aussagen können.«

»Nicht mehr.«

»Nicht mehr.«

»Du hast geschrieben. Das stimmt. Aber du hast in deiner Sprache geschrieben. Nicht in ihrer Sprache.«

»Deine Sprache ist Deutsch.«

»Deutsch.«

»Deutsch.«

»Die verdammte Sprache.«

»Die verdammte Sprache.«

»Die du liebst.«

»Die ich liebe.«

»Weil sie deine Sprache ist.«

»Weil sie meine Sprache ist.«

»Die du immer geliebt hast. Auch damals.«

»Auch damals.«

»Damals, als die Synagogen brannten.«

»Damals, als die Synagogen brannten.«

»Die du geliebt hast. Auch im Land der Massenerschießungen.«

»Im Land der Massenerschießungen.«

»Als dein Blick in die Ferne schweifte, dorthin, wo die Öfen von Auschwitz rauchten.«

»Auch damals.«

»Auch damals.«

Helmut Hirsch

Helmut Hirsch, geboren 1907 in Wuppertal-Barmen, studierte in München, Berlin, Bonn, Köln und Leipzig, emigrierte 1933 ins Saargebiet, dann nach Paris; 1941 Flucht in die USA. Kehrte 1957 nach Deutschland zurück, lebt heute in Düsseldorf als Rundfunk- und Fernsehmitarbeiter sowie mit einem Forschungsauftrag der Universität Köln.

Spätzündung

Aus einem unveröffentlichten Manuskript

Als meine Generation jung war, hieß der Fernseher noch Karl-May-Buch. Manche Taten Old Shatterhands kenne ich bis heute auswendig. »Darauf«, verzeichnete der Besitzer des »Henry-Stutzens« und des »Bärentöters« zum Beispiel mit der ihm gegebenen Präzision die eignen Leistungen, »stieg ich von meinem Pferde, ging zu dem Maultier, das meinen Koffer trug, öffnete den Koffer, nahm die beiden Gewehre und Munition heraus, steckte die letztere in meinen Gürtel, lud die Gewehre, machte fünfhundert Schritte zur Seite, zielte und feuerte rasch hintereinander acht Schüsse. Jeder der Komantschen spürte einen Schock in dem Arme, mit welchem er seine Lanze hielt. Ich hatte alle acht Lanzen durchlöchert. Ich lud wieder, kehrte zu meinem Pferde zurück, stieg auf und sagte: ›Bisher habe ich bloß auf die Lanzen gezielt. Aber von nun an werde ich auf die Männer zielen. Denkt daran!‹« So verlief das spannende Leben der Amerikaner.

Klärte der eine Schriftsteller den kleinen Preußen über die Prärie auf, dann unterrichtete ein andrer ihn über die Metropolen der Neuen Welt. Dieser Erzähler sang das Epos eines deutschen Auswanderers, der als Zeitungshändler in den Straßen von New York begann. Nach einigen hundert Seiten erstaunlicher Kunststücke (dank seiner Geistesgegenwart wurde im Hudson-Tunnel ein Wassereinbruch verhütet) endete er zuletzt reich und glücklich. Die eindrucksvollste Stelle der Geschichte war es, die mich am 21. Juni 1941 zum sonderbarsten Pilger machte, der je auf der Staten-Insel den Hafen von New York erreichte. Dort wurde die Ankunft des Greenhorns geschildert. Zuerst untersuchte der Zöllner das Gepäck des Immigranten. Dann entließ er ihn ins Gelobte Land mit dem Segen: »Geh zum Teufel!« So bewillkommneten sie drüben einen netten Neuankömmling. Mir, schwor ich, würde eine derartige Blamage nicht passieren. Nicht mir.

Allerdings hatte ich keine Absicht, den angestammten Kontinent zu verlassen. Der Gedanke, nach USA auszuwandern, kam mir erst, nachdem ich sieben Jahre als Flüchtling aus Hitlerdeutschland in Frankreich gelebt hatte. Ein Resortissant d'Allemagne, »einer, der aus Deutschland kam«, befand ich mich zu Anfang des deutsch-französischen Kriegs unversehens in einem Internierungslager. Es erschien den Franzosen leichter, die ersten Opfer ihrer hochgerüsteten Feinde als diese selbst hinter Stacheldraht zu bringen. Da stand ich nun, ohne jede Chance des Entrinnens, genau wie Old Shatterhand am Marterpfahl und kannte nirgendwo einen Winnetou. Erst nach sechs Monaten wurde ich aus der Internierung befreit, von der französischen Armee als Armierungssoldat eingezogen und an die unweit der Loiremündung liegenden britischen Expeditionsstreitkräfte ausgeliehen. Ich genoß jetzt die kargen Freiheiten von Kriegern im Feld. Doch die Urlaube, die den ausländischen Arbeitern in Uniform zugesagt worden waren, wurden nur beschränkt gewährt; und je weiter die Deutschen in Frankreich vorrückten, desto mehr wurde unser Bewegungsspielraum erneut eingeschränkt. Nach dem Zusammenbruch demobilisiert und mit einer Freifahrkarte nach dem noch unbesetzten Süden versehen, durfte ich fortan nicht aus der Hafenstadt Marseille heraus, wo ich nur kurz Station zu machen vorgehabt hatte. Hier war nämlich ein US-Konsulat, doch war hier auch stündlich abermaliges Interniertwerden zu befürchten. Manche meiner früheren Landsleute wurden frühmorgens aus den Betten geholt und in Arbeitslager verschickt.

Eines von diesen Camps lag in der Sahara. Nach »Rassen« gesondert, was mitunter Freunde voneinander trennte, mußten die Deportierten in einem für sie unerträglichen Klima arbeiten. Ein bestimmtes Arbeitskommando (das erfuhren meine Frau und ich aus einem Kassiber, der uns mehr erzittern ließ, als es der Anblick eines ganzen Stammes von Komantschen vermocht hätte) brachte während eines Transports von Marseille mehrere Tage in Ketten zu. Die Eisen, je vier Personen aneinanderschmiedend, wurden nicht einmal auf den Latrinen abgenommen. Drei Tage blieben die Reinternierten ohne warme Mahlzeiten. Sie übernachteten in Gefängnissen voller Ungeziefer. Später bekamen sie keine Erlaubnis, mit den Groschen, die für solche Zwangsarbeit bezahlt wurden, in ihrer Freizeit die nahegelegene Oase zu besuchen. Der Umstand, daß einige der für diese und noch schlimmere Grausamkeiten Verantwortlichen nach dem Krieg gerichtlich belangt werden sollten, nützte den Gequälten wenig.

Eines Morgens sah es so aus, als wäre auch mein nächster Bestimmungsort eher Casablanca als das von einer andern Casa blanca aus regierte Land, um dessen Visum ich mich unablässig bemühte. Ich hatte einen der Ausweise beantragt, welche die Untertanen von Marschall Pétain, namentlich die ausländischen, stets bei sich zu tragen hatten. Statt das Beantragte zu erhalten, wurde ich von einem Uniformierten zum Büro der Staatspolizei abgeholt. Eva kam mit. Sie wollte unbedingt wissen, was nicht stimmte — eine Neugier, für die sie prompt bestraft wurde. Als wir zum zuständigen Sachbearbeiter kamen, erkannte ich auf seinem Tisch sogleich eine alte Zeitungsmeldung. Nach ihr hatte ein Namensvetter einen der übelsten NS-Führer umbringen wollen. »Ihr Name steht auf der Terroristenliste«, erklärte der Gesetzeshüter. Ich versuchte zu lachen. Der »Doppelgänger« war mir kein Unbekannter. Ich hatte ihn vor dem Krieg durch eine elektrische Nachrichtenschlagzeile kennengelernt. Sie lief über ein von den Montparnasse-Cafés aus sichtbares Dach und machte mir gleich Angst vor einer Verwechslung. Tatsächlich nahmen Verwandte und Bekannte an, ich wäre wagemutig genug, um als Attentäter nach Deutschland zurückzugehen. In einem zeitungskundlichen Seminar, verriet mir später der Filmautor Dr. Gustav Kampendonck (»Auf der Reeperbahn nachts um halb eins«), hielten die Kommilitonen mitten im Dritten Reich ein dreiminütiges Ehrenschweigen für mich ab. Der mutigere Helmut Hirsch war gefaßt und geköpft worden.

Doch obwohl mir und meiner Flüchtlingskennkarte vom fünften Pariser Arrondissement beim Marseiller Polizeistab geglaubt wurde, durfte ich den Raum nicht als freier Mann verlassen. Als einziger Fahrgast mußte ich in einen Riesenbus steigen. Nach einer Rundfahrt zu verschiedenen Amtsstellen, die mich nicht wollten, wurde ich dem diensthabenden Offizier einer Kaserne übergeben. »Sie sind ordnungsgemäß entlassen worden«, sagte der Offizier zu mir, als der Bus fort war. »Als ehemaliger Kriegsteilnehmer dürfen Sie zwar hier bleiben. Aber die Verpflegung wäre schlecht, und Sie fänden bei uns noch mehr Wanzen als in Ihrem Hotelzimmer.« Die Armee behandelte somit den vormaligen Gefährten im Waffen- bzw. Schipperrock korrekt — im Gegensatz zur Zivilverwaltung.

Wie die Zivilbehörden sich verhielten, zeigt Evas weiteres Schicksal am besten. Sie wurde vom Polizeipräsidium ins schmutzigste Hotel von Marseille gebracht und drei Tage und vier Nächte von der Außenwelt abgeschnitten. Der Dreck war noch das am wenigsten Scheußliche im Hotel Atlantique. In ein Einzelzimmer gesperrt, hatte die Ärmste sich gegen die amourösen Angebote eines Wachtpolizisten zu wehren. Es gehörte mehr Können dazu, diesem Gentleman zu widerstehen, ohne ihn zu verstimmen, als erforderlich ist, wenn man mit acht Schüssen acht Speere durchbohren will. »Sie sind die erste, die nicht nachgibt«, gestand der mit der Begründung Abgewiesene, für erotische Freuden sei es im Atlantique nicht schön genug. Der unerwartete Mißerfolg seines Liebeswerbens erfüllte ihn mit solcher Bewunderung, daß er einwilligte, mir persönlich mitzuteilen, wo die Bewunderte war. Ich bekam sie dann frei mit Hilfe der bald darauf emigrierten Anwältin Maître Mathéi. Doch ehe wir selbst fortkamen, wären wir beinahe wieder arretiert worden.

Die Szene ist unvergeßlich. Ich lag noch in den Federn, während das schwächere Geschlecht ein Frühstück zubereitete, soweit davon die Rede sein konnte bei Maisbrot und anderthalb Unzen Butter pro Monat. Plötzlich hörten wir lautes Klopfen an allen Türen der Rue Curiol Nr. 19. »Polizei!« Herein stolzierte ein Kriminalbeamter mit dem schwarzen Filz auf dem Kopf und der brennenden Zigarette im Mund. »Sie sollten in Gegenwart einer Dame Ihren Hut abnehmen«, eröffnete ich das Feuer in dem angenehmen Bewußtsein, daß ich ausreichend Munition besaß. — »Aber — sind Sie kein Ausländer?« — »Biete dem Herrn einen Stuhl an!« überhörte ich die aufschlußreiche Frage. »Ihre Papiere!« schnarrte der Eindringling unter gleicher Mißachtung der Gegenäußerung. Eva holte das Geforderte aus dem Schrank, speziell einen Brief, dessen Empfänger dringend ersucht wurde, vor dem amerikanischen Konsul zu erscheinen und das von Präsident Franklin Delano Roosevelt bewilligte Notvisum entgegenzunehmen. »Wir stehen unter dem Schutz der Vereinigten Staaten«, donnerte ich auf diese Breitseite hin, ohne zu verkennen, daß ich unsere Lage leicht korrigierte. — »Vous avez de la veine.« (Sie haben Schwein.) — »Sie haben keine Manieren.« Diese Entgegnung machte Monsieur l'agent wütend. Er schrie, ich solle mit ihm kommen. Da ich noch im Bett läge, könne das erst nachher geschehen, konterte ich.

Als ich bald mit pochendem Herzen zum Hauptquartier kam, bemerkte ich, daß unser Mann dort ganz unbedeutend umherstand. Sein Vorgesetzter teilte dem ausreisenden Fremden höflichst mit, er möge so lange in Frankreich bleiben, wie es ihm beliebe. Ich dankte überschwenglich, konnte mir jedoch einen letzten Bluff nicht verkneifen. Ich bedauerte, daß ich mich unaufschiebbar nach Amerika zu begeben hätte. Begeben, sagte ich. Wie berühmte und unberühmte Wohltäter uns eine Sondererlaubnis zur Einreise in die Staaten erwirkt haben, ist eine Geschichte für sich. Hier ist nur noch zu erzählen, warum ich, statt kniend den Boden zu küssen, tat, was ich tat, nachdem ich wörtlich in letzter Minute ein Ufer gewann, das mich vor sicherer Vernichtung in Adolf Hitlers und Pierre Lavals Europa bewahrte. Möge das Opfer meiner Torheit diese Beichte zu lesen kriegen und, wie eine kluge Französin es formulierte, »durch Allesbegreifen alles verzeihen«!

Eine derartige Beschimpfung durfte mir nicht zuteil werden! Während die Freiheitsriesin mit der äußeren Häßlichkeit und inneren Schönheit sich vor über siebenhundert Schiffsreisenden, darunter Marc Chagall, der Maler, im kühlen Morgennebel verschleierte, gelobte ich mir abermals, daß die Zollbeamten mich nicht begrüßen würden, wie sie es mit den übrigen machten. Nein, *ich* würde dem ersten Amerikaner eine Verwünschung entgegenschleudern!

Gottverdummich (wie man in meiner bergischen Heimat schimpft): Ich war nicht Old Shatterhand. Vor dem Einwanderungsinspektor erschien einfach eine mehr von den unterwürfigen Personen aus dem nur von wenigen Freiheitsenklaven durchsetzten Gebietsstreifen zwischen der Großen Chinesischen Mauer und den mit dem Freisein bereits vertrauteren Tälern des Rheins. Ich machte Bücklinge, wedelte sozusagen mit dem Schweif. Nichts an mir kündigte an, daß ich nach einigen Jahren als College-Dozent meinen Rektor auf die Schulter hauen und ihm »Hello, Jim!« zurufen würde. Die ersten Amerikaner, die ich am Kai erblickte, wirkten nicht minder verwirrend auf mich als meine eigne Schüchternheit. Sie stießen nicht die leiseste Unflätigkeit aus. Anstatt zu fluchen, nahm eine Abteilung von dreißig uniformierten Krankenschwestern und Gehilfinnen der Staten-Insel-Ortsgruppe des Roten Kreuzes sich der Passagiere an, half denen, die zum Schiff gekommen waren, ihre Angehörigen suchen und verteilte Milch, belegte Brote und Kaffee. Ich war furchtbar enttäuscht.

Mein Unbehagen steigerte sich dadurch, daß in dem Augenblick, als die S/S »Mouzinho« am Pier Nr. 8 anlegte, vom örtlichen Wetterbüro die Vorhersage kam, dieses würde der heißeste Tag seit 1923 sein. »In Manhattan brachen drei Passagiere zusammen und wurden in ein Krankenhaus eingeliefert.« Im Moment, wo ich — mit Koffern, Paketen, Filzhut, Rockjacke und Mantel — die Anlegestelle verließ (Eva nahm zu meinem Verdruß unter hörbarer Mißbilligung einer mich bedauernden Zuschauerin noch mit langem Händeschütteln von einem Matrosen Abschied), betrug die Temperatur 91 Grad Fahrenheit. Mit meiner Last hatte ich nach Kew Gardens auf Long Island zu fahren, was in jenem Zeitpunkt, wie man uns vorbereitet hatte, die Benutzung von zwei Buslinien und zwei U-Bahnnetzen bedeutete. Ich hatte mehrere Lager überlebt, war aber nicht sicher, ob ich den ersten Tag in New York überleben würde.

Dann geschah es. Schwitzend und keuchend bemerkte ich, wie jemand auf mich zutrat. »Träger, der Herr?« Das war's. Das war die Gelegenheit, auf die ich ein halbes Leben gewartet hatte. »Go to hell!« bellte ich. Und da ereignete sich das Unglaubliche. Die dunkelhäutige Rotkappe lächelte. Ein breites Grinsen. Die Reaktion eines Erwachsenen, der von einem Kind getreten wird. Es wäre sicher nett, zum Abschluß anzugeben, daß das Kind vor Scham erglühte, als es jetzt zum Bus-Stop weiterschlich: ohne Hilfe, mit Koffern, Paketen, Filzhut, Rockjacke und Mantel. Doch, um bei der Wahrheit zu bleiben, ich glühte nur vor Hitze. Im Innern fühlte ich mich erleichtert. Ich hatte das stolze Gefühl, wie der Bürger eines freien Staats gehandelt zu haben, nicht wie der Sklave totalitärer Gebieter. Noch war es weit bis zur kleinsten Dankbarkeit für den offerierten Dienst. (Er beschränkte sich übrigens darauf, die Gepäckteile gegen Vorauszahlung von einem halben Dollar eine kurze Strecke getragen und dann hingeschmissen zu bekommen, wie ein hierauf eingegangener Mitreisender, Franz Schoenberner, in seinen »Innenansichten eines Außenseiters« klagend angibt.)

Noch fehlte vor allem jeglicher Sinn für den Humor, der aus dem Lächeln des Farbigen hervorgebrochen war. Jene großmütige Heiterkeit, die, mehr als alles andere, aus einem weiten Land ein großes gemacht hat.

Judith Kerr

Judith Kerr, geboren in Berlin, Kinderbuchautorin, emigrierte 1933 mit ihrem Vater, dem Theaterkritiker Alfred Kerr, in die Schweiz und kam über Frankreich 1936 nach England, wo sie noch heute lebt.

Aus dem Roman

»Warten, bis der Friede kommt«

Sie ging gleich hinauf, um nach Papa zu sehen. Als sie an der Tür klopfte, antwortete niemand. Drinnen sah sie, daß er im Stuhl eingenickt war. Die Gasheizung war am Ausgehen — man würde einen Shilling in den Münzapparat einwerfen müssen —, und Papas Papiere waren auf den Boden gefallen. Im Zimmer war es kalt und düster.

Sie sah all dies entmutigt in dem Halbdunkel. Warum sollte jemand so leben wollen? Noch dazu jemand wie Papa, der viel gereist war, der Ansehen genossen hatte, dessen Leben, ehe Hitler kam, immer die Wahl zwischen verschiedenen Arten von Erfüllung zugelassen hatte.

Sie mußte eine unbedachte Bewegung gemacht haben, denn Papa wachte auf.

»Anna!« sagte er, und dann: »Na, wie war's denn?«

»Schrecklich«, sagte Anna, »fast wäre uns eine V1 auf den Kopf gefallen, und Tante Niedlich brüllte los.«

»Du siehst halb erfroren aus«, sagte Papa. Er nahm ein Geldstück aus der Zinnbüchse, auf der die Aufschrift »Shillings« stand, und nach einem Augenblick flammte das Gas gelb auf, und in jenem Teil des Raumes, der in der Nähe des Ofens lag, wurde es etwas wärmer.

»Möchtest du etwas essen?«

Sie schüttelte den Kopf.

»Dann komm und wärme dich.«

Er gab ihr eine gefaltete Decke — es gab nämlich nur einen Stuhl —, und sie hockte sich zu seinen Füßen vor die Heizung. Trotzdem er nun einen Shilling eingeworfen hatte, schien sie kaum Wärme abzugeben.

»Mama hat geschrieben«, sagte Papa. »Sie hat sich ganz gut von ihrer Grippe erholt. Sie will zum Wochenende heimkommen.« Er sah Anna ängstlich an. »Ich hoffe, du hast dir nichts geholt.«

»Nein«, sagte Anna, aber es war seltsam: Die Kälte wich nicht aus ihrem Körper.

Sie sah ihm ins Gesicht. Was er wohl denken mochte.

Konnte man je begreifen, was in einem anderen Menschen vorging?

»Papa«, sagte sie, »hast du es je bedauert ...?«

»Was?« fragte er.

Sie machte eine unbestimmte Geste gegen das Zimmer hin. »Diese letzten Jahre. Hier und im Hotel Continental. Ich meine ... aus Berlin her wart ihr doch etwas ganz anderes gewöhnt?«

Sie sah ihn aufmerksam an.

»Wenn du damit meinst, ob ich lieber so weitergelebt hätte wie zuvor ... freilich wäre mir das lieber gewesen. Man hatte einfach viel mehr Möglichkeiten. Außerdem«, fügte er hinzu, »hätte ich mir vor allem gewünscht, Mama, Max und dir eine größere Hilfe sein zu können.«

Aber das war es nicht, was sie wissen wollte. »Ich meine«, sagte sie, »hast du dich je ... hast du dich nie gefragt, ob es überhaupt noch einen Sinn hat ...«

»In diesen letzten Jahren?«

Sie nickte. Ihr Kopf dröhnte. Sie hatte die seltsame Vorstellung, es werde ihr warm werden, sofern ihr Papa nur Mut mache.

»Nun, gewiß hat es einen Sinn gehabt.« Papa war aufgestanden und sah sie erstaunt an.

»Es muß doch schrecklich sein«, sagte Anna, »seine Sprache zu verlieren, nie Geld zu haben ... mit Mama, die immer so elend dran ist, und all deine Arbeit ... deine Arbeit!«

Entsetzt merkte sie, daß sie weinte. Was hat er schon an mir, dachte sie.

Papa beugte sich nieder und berührte ihr Gesicht. »Du hast einen heißen Kopf«, sagte er, »ich glaube, du wirst auch krank.«

»Aber ich will es wissen!« rief sie.

Er suchte herum und brachte eine Schachtel mit der Aufschrift »Fieberthermometer«. »Gleich«, sagte er.

Sie schob es unter die Achsel, und er setzte sich wieder auf den Stuhl.

»Das Entscheidende in diesen letzten, wie ich zugeben will, elenden Jahren«, sagte er, »ist, daß es unendlich besser ist, am Leben zu sein als tot. Und dann: Hätte ich sie nicht durchlebt, ich hätte nie gewußt, wie man sich dabei fühlt.«

»Wie man sich fühlt?«

Er nickte. »Nun ja, wie man sich eben so fühlt, wenn man arm und am Rand der Verzweiflung in einem kalten, nebligen Land lebt, dessen Eingeborene, wenngleich freundlich, angelsächsisch zu gurgeln pflegen ...«

Sie lachte unsicher.

»Ich bin ein Mensch, der schreibt«, sagte er, »als Schriftsteller muß man *wissen*. Hast du das noch nicht gemerkt?«

»Ich bin kein Schriftsteller«, sagte Anna.

»Vielleicht wirst du eines Tages auch schreiben. Aber selbst ein angehender Maler ...«, er zögerte einen Augenblick. »Es gibt da etwas in mir«, sagte er vorsichtig, »völlig getrennt von allem anderen. Es ist wie ein kleiner Mann, der hinter meiner Stirn sitzt. Und was auch geschehen mag, er beobachtet es. Selbst, wenn es etwas Schreckliches ist. Er beobachtet, wie ich mich fühle, was ich sage, daß ich aufschreien möchte, daß meine Hände anfangen zu zittern. Und er sagt: Wie interessant! Wie interessant doch zu wissen, daß es so ist.«

»Ja«, sagte Anna. Sie wußte, daß sie auch so einen kleinen Mann wie Papa besaß, aber in ihrem Kopf drehte sich jetzt etwas, und verwirrt stellte sie sich vor, der kleine Mann laufe dort oben ständig im Kreise.

»Er ist der beste Schutz gegen Verzweiflung«, sagte Papa. Er zog das Thermometer aus ihrer Achselhöhle heraus und sah darauf. »Du hast die Grippe«, sagte er, »geh ins Bett.«

Sie schlich über den eisigen Flur in ihr Zimmer und kroch unter die kalten Laken, aber kurz darauf kam Papa.

Verlegen trug er eine Wärmflasche aus Steingut herbei. »Ist es so recht?« fragte er, und sie umarmte dankbar die Wärmflasche.

Er zündete die Gasheizung an und zog die Verdunklungsrollos. Dann stand er unsicher am Fuß ihres Bettes. »Möchtest du nicht etwas essen?« sagte er. »Ich habe noch etwas Brot und Fischpaste.«

»Nein!« sagte sie.

»Du mußt bei Kräften bleiben«, beharrte er, etwas beleidigt, und der Gedanke, daß ihr die Fischpaste Kräfte geben könne, während die Zimmerdecke um sie kreiste und ihr Kopf vor Schmerzen fast auseinanderzubrechen schien, kam ihr so komisch vor, daß sie lachen mußte.

»Ach Papa!« rief sie.

»Was ist denn?« sagte er und setzte sich auf den Rand des Bettes.

»Ich habe dich sehr lieb.«

»Und ich dich auch.« Er nahm ihre Hand und sagte: »Diese letzten Jahre sind gar nicht so schlimm gewesen, weißt du. Du und Max ... ihr habt uns viel Freude gemacht. Und ich habe immer Mama gehabt.« Es entstand eine Pause, und dann sagte er: »Ich habe über diese Jahre geschrieben. Eine Art Tagebuch. Wenn du es einmal liest, wirst du hoffentlich finden, daß es das Beste ist, was ich je zustande gebracht habe. Eines Tages werden meine Arbeiten vielleicht wieder gedruckt werden, und dann wird dieser Text darunter sein.«

»In Deutschland?«

Er nickte. »Mama wird dafür sorgen.« Er berührte ihr heißes Gesicht. »Also verstehst du, solange ich denken und schreiben kann, bin ich dem alten Rabbi dort oben für jeden Tag dankbar, den er mich auf diesem außergewöhnlichen Planeten erleben läßt.«

Sie fühlte sich jetzt besser, aber etwas war immer noch nicht in Ordnung. Etwas versteckte sich und war doch da. Eine Art von Schrecken. Sie stellte sich vor, es kauere sich da am Fußende ihres Bettes zusammen. Es hatte mit Onkel Viktor zu tun, und es war sehr wichtig, darüber zu reden. »Papa?« sagte sie.

»Was ist?«

Sie konnte nicht denken. Denken und schreiben — das hatte er gesagt, denken und schreiben. Aber Onkel Viktor war nicht mehr fähig gewesen, zu denken und zu schreiben. Er hatte nur dagelegen ... Hirnschaden, hatte Tante Niedlich gesagt. Er kann sich nicht erinnern. Es wäre besser gewesen, wenn er schon vor Jahren gestorben wäre. Aber hatte ein Schlaganfall nicht dieselbe Wirkung, würde nicht Papa ...

»Papa!« rief Anna und umklammerte seine Hand. »Aber wenn du nun nicht mehr denken könntest ...?«

Sein Gesicht verschwamm, während sie versuchte, ihn anzuschauen, aber seine Stimme klang klar und ruhig.

»Dann freilich würde ich auch nicht mehr leben wollen. Mama und ich haben darüber gesprochen.«

»Aber wie«, rief sie, »wie könntest du ...?« Sie strengte sich sehr an. Sie erkannte nun sein Gesicht wieder scharf. Sie sah seine Augen. Sie lächelten so zuversichtlich.

Dann sagte er: »Mama ... Mama wird sich dann schon etwas ausdenken.«

Abdruck mit freundlicher Genehmigung des Verlages Otto Maier, Ravensburg.

René König

René König, geboren 1906 in Magdeburg, studierte in Wien, Berlin und Paris und emigrierte 1936 in die Schweiz. 1949 Berufung als Ordinarius für Soziologie an die Universität Köln.

Zurück nach Deutschland

Aus »Leben im Widerspruch.
Versuch einer intellektuellen Autobiographie« (1980)

Einmal Emigrant, immer Emigrant. Dieser Satz ist nicht ganz falsch. Als ich im November 1946, zum ersten Male seit meinem Exodus, mit Dokumenten der französischen Militärregierung über die Grenze bei Säckingen nach Deutschland einreiste, um meine zukünftigen Schwiegereltern zu besuchen, kam ich in ein völlig fremdes Land. Alles Argumentieren hilft darüber nicht hinweg: Ich hatte mich mit der Sache der Alliierten seit 1939 so voll und ganz identifiziert, daß mir Deutschland weitgehend aus den Augen entschwunden war. Außerdem hatte ich mich auch mit der Schweiz so gründlich identifiziert — ich war »eingeteufelt«, wie mein verstorbener Freund Ernst Howald einmal sagte —, daß sich sogar meine Sprache verändert hatte. Nicht daß ich Schwyzertütsch gesprochen hätte; aber ich war so weit akzeptiert, daß Kollegen und Studenten mit mir Schwyzertütsch sprachen, während meine Beherrschung dieser unendlich nuancierten Mundart für ein anspruchsvolles Gespräch nicht ausreichte, so daß ich beim Schriftdeutschen blieb. Allerdings hatte sich diese Sprache bei mir unversehens beträchtlich geändert, so daß mein Deutsch nach acht Jahren Schweiz nicht mehr das gleiche war wie vorher.

Nicht nur die »Sprache des Unmenschen« war an mir vorübergegangen; vielmehr hatte sich in meiner Sprache die Intonation, das Sprechtempo, der Duktus und überhaupt alles so weit verändert, daß später viele Kollegen in Deutschland sofort erkannten, woher ich kam, was natürlich auch durch meinen Namen und Vornamen unterstützt wurde, auf Grund dessen manche wohl eine welsche Verbindung vermuteten. Vielleicht lag es auch daran, daß der Inhalt dessen, was ich sagte, sich ebenfalls verändert hatte. Denn acht Jahre Schweiz im engsten Zusammenleben und Zusammenwirken mit Schweizer Kollegen und Studenten gehen wohl nicht spurlos an einem vorüber, vor allem dann nicht, wenn ringsum ein Weltkrieg tobt. Die Schweiz war auch das erste Land meines Lebens, in dem ich mich restlos geborgen fühlte, so daß die Richtung meiner Loyalität ganz fraglos und selbstverständlich war. Dagegen mußte ich jetzt, insbesondere infolge meiner Berufung nach Köln, eine Loyalität zu einem mir durchaus neuen Lande aufbauen, was nicht ganz einfach war, wie sich bald zeigen sollte.

War aber dieses Land tatsächlich neu? Oder hatte ich nicht einfach vergessen, wie es gewesen war, als ich es verließ? Da diese Vergangenheit von fürchterlichsten Verbrechen belastet war, bekam ich den »jüdischen Blick«, wie ich sagen möchte. Mit wem immer ich sprach, ich mußte ihm in die Augen sehen, ob er nicht vielleicht einer der Mörder gewesen war. Aber wie sehen Mörder aus? Wir haben sie während der letzten dreißig Jahre öfters vor Gericht gesehen: Sie sahen zumeist aus wie normale kleine Spießbürger, die man auf der Straße gewiß nicht als Mörder erkennen würde. Auch war mir klar, daß gleich nach Kriegsende ein enormer Export von Belasteten aller Art in Gang gekommen war, die mit unklaren Papieren ausgestattet nach Übersee gingen, zumeist nach Lateinamerika, wo sie viele Gesinnungsgenossen fanden, manche emigrierten sogar in die Vereinigten Staaten und nach Kanada. Sie alle entgingen ihren Richtern, oder hätten ihnen entgehen können, wenn nicht ein Mann wie Simon Wiesenthal in Wien gewesen wäre, der sie über die ganze Welt aufspürte; als Symbol für alle sollte hier, viel später allerdings, der Name Eichmann stehen. Es ist grundsätzlich beschämend zu sehen, wie wenig die Bundesrepublik dazu beigetragen hat, diese Elemente zu fassen. Am schlimmsten aber ist wohl, daß in Deutschland im Mai 1945 keine Revolution stattgefunden hatte, woraus man wohl oder übel den Schluß ziehen muß, daß bei den großen Massen weder Reue noch Einkehr oder Einsicht an die Stelle der vorausgegangenen Hybris getreten waren. Man vergleiche dagegen die Situation in Italien, um zu begreifen, daß sich die Dinge auch ganz anders hätten entwickeln können, wenn die Voraussetzungen dafür bestehen. In Italien gab es wirklich eine antifaschistische Revolution, die allerdings nach einigen Tagen abgebrochen wurde; wer diese Periode des Aufruhrs überlebt hatte, den ließ man laufen. Noch wichtiger war, daß Benito Mussolini und Clara Petacci von italienischen Widerstandskämpfern und nicht etwa von den Alliierten hingerichtet wurden. Nach der ersten Beruhigung ging es dann insgeheim, dafür jedoch um so nachhaltiger weiter gegen die Monarchie, gegen die der große Philosoph von Neapel, Benedetto Croce, persönlich auf die Barrikaden stieg, insbesondere gegen König Vittorio Emanuele, bis 1948 die italienische Republik ausgerufen wurde, womit eine deutliche Zäsur zwischen heute und gestern gesetzt worden war, an der das ganze italienische Volk in einer Abstimmung teilgenommen hatte. Selbst wenn diese Zäsur manchmal rein symbolischen Charakters blieb, sie war immerhin gesetzt worden, während man in Deutschland nichts Entsprechendes feststellen konnte.

Hingegen war bei den Deutschen von damals — insbesondere bei den Männern — deutlich eine Art von Massenneurose festzustellen; sahen sie sich doch vor dem größten Versagen ihres Lebens, ihr Traum von der Weltherrschaft war in nichts zerstoben, und das konnten sie ganz offensichtlich nicht verkraften. In einem Freiburger Restaurant sah ich im Winter 1946 am Nebentisch einen Mann immerfort drei Kartoffeln hin und her legen, die er als Naturalzahlung mitgebracht hatte. Man wurde ganz verwirrt, wenn man ihm zusah. Da kamen aus dem eisigen Frost auf der Straße einige junge Frauen herein, in dünnen Fähnchen, die sie kaum vor der Kälte schützten, aber sie waren heiter und guter Dinge. Sie waren sichtlich glücklich darüber, daß der Krieg für sie alle zu Ende war. Angesichts dieses Kontrastes wurde mir schlagartig klar, daß Deutschland von den Frauen wieder aufgebaut werden würde, was denn auch später in der Tat geschah und in jenem harten Winter voll im Gange war. Die Männer dagegen verharrten in einer Art von Schocklähmung, die bewies, daß sie wirklich bis zum letzten Moment an den Endsieg geglaubt hatten. Verdeckte oder unbewußte Schuldgefühle mögen auch später die zweifellos enormen Leistungen beeinflußt haben, die sich mit dem Begriff des »Wirtschaftswunders« verbinden, auch ein gerüttelt Maß an schlechtem Gewissen. Aber zu einem eigentlichen »Geständnis« kam es bei den Deutschen niemals, bestenfalls bei solchen, die selber unschuldig waren und die Schuld der anderen auf sich nahmen.

Im selben Winter traf ich in Baden-Baden als französischen Erziehungsoffizier Alfred Döblin, dem ich zuletzt mit Max Dessoir in der Berliner Dichterakademie begegnet war, wo wir eine sehr aufschlußreiche Diskussion über schöpferische Konzeption geführt hatten. Ich liebte seinen »Franz Biberkopf« und sein Meisterwerk »Berlin Alexanderplatz« und war glücklich, ihn wiederzusehen. Er war gealtert und gütiger geworden, nicht ohne eine gewisse Resignation. Was einmal lebendig gewesen war in Berlin, war nun unwiederholbar dahin. Für ihn, der bis in die letzte Herzfaser mit Berlin verbunden gewesen war, gab es keine Zukunft; denn dieses Berlin gab es nicht mehr. Wer hätte die Sprachkraft gehabt, um diesen Berg von Leichen zu neuem Leben zu erwecken? Auch die Wiederbelebung seines symphonischen Romans hat Alfred Döblin nicht mehr erleben können; in diesem neuen Berlin hatte kein Mensch mehr ein Ohr für die geheime Musikalität des Lebens in der Ober- und Unterwelt des Alexanderplatzes und der Frankfurter Allee, wo Döblin einst als praktischer Arzt gearbeitet und Tausenden von Menschen geholfen hatte — ein Sozialist, für den der Sozialismus keine anmaßende Theorie, sondern eine demütige Praxis und ein Dienst an den Armen war. Darüber konnte auch seine Berliner »Kodderschnauze«

von früher nicht hinwegtäuschen, die im Grunde nur eine verschämte Form von Liebeserklärung war. Wenn im Untertitel meines Sizilienbuchs ein bestimmter Rhythmus angesetzt ist (»Ein Buch von Fels und Lava, von Städten und Höhlen und von der großen Freiheit des Vulkans«), der dann im ganzen Buch weiterklingt in zahllosen Variationen, so verdanke ich den Anstoß dazu ganz eindeutig Alfred Döblin.

Im Frühsommer 1947 hielt ich für die amerikanische Militärregierung Gastvorlesungen in Marburg und München, die mein alter Freund Edward Y. Hartshorne noch organisiert hatte, ehe er von Banditen auf der Frankfurter Autobahn erschossen wurde. Hartshorne hatte 1935 mein Universitätsbuch gelesen und besprochen und suchte mich unmittelbar nach Kriegsende in Zürich auf, um mit mir zu beraten, was man in Sachen Soziologie in Westdeutschland tun könne. Wir planten eine Universitätsveranstaltung in München, aber ich riet ihm davon ab, einen Amerikaner sprechen zu lassen, um den Schein der »Reeducation« und der Kulturpropaganda zu vermeiden, und empfahl mich selbst als Redner, was ihm auch einleuchtete. Bei dieser Gelegenheit lernte ich übrigens Talcott Parsons kennen.

Im Anschluß an diese Veranstaltung fand eine Diskussion mit Studenten statt, von denen man mir gesagt hatte, sie seien Flüchtlinge aus Böhmen. Und hier kam es zu einem ersten Zusammenstoß mit dem neuen Deutschland, der mir bis heute im Gedächtnis haften geblieben ist und den ich als um so gravierender empfand, als es sich ausnahmslos um junge Leute von 20 bis 25 Jahren handelte, die heute in den Fünfzigern sein müssen. Sie klagten und schimpften, was das für eine Demokratie sei, wo man Menschen aus ihrer Heimat vertreibe; Böhmen sei schließlich deutsch. Ich erwiderte ihnen, meines Wissens sei Böhmen tschechisches Land mit einer deutschen Minorität, die die Nazis als Hebel benutzt hatten, um die tschechoslowakische Republik zu zerstören. Daß nun bei Kriegsende die Vertreibung dieser eindeutig hochverräterischen Böhmen-Deutschen mit Gewalt verbunden war, dürfe niemanden wundern, der auch nur eine Minimalvorstellung von den rund 20 Millionen Menschen habe, die die Deutschen ihrerseits aus der Tschechei, aus Polen und Westrußland vertrieben hatten. Wer Wind sät, wird Sturm ernten! Weder die Tschechei noch Polen hatten schließlich den Krieg begonnen, sondern die Deutschen, und die Eltern jener Studenten sind wahrscheinlich unter den Kriegshetzern gewesen. Als die jungen Leute behaupteten, sie wünschten nichts weiter, als wieder in Böhmen zu leben, fragte ich sie, wer denn von ihnen tschechisch oder slowakisch spreche, und da kam heraus, daß niemand dieser Sprache mächtig war, was mich die Aufrichtigkeit ihres Willens zum friedlichen Zusammenleben mit den Tschechoslowaken anzweifeln ließ. Schließlich kannte ich andere, wie meinen Freund Ernest Zahn, dessen holländische Familie aus der gleichen Landschaft stammte und der selbstverständlich fließend tschechisch sprach, die tschechische Schule besucht und positive Beziehungen zur Tschechoslowakei entwickelt hatte. Ich bemerkte ferner, sie hätten sich ja in Tat und Wahrheit schon längst aus ihrer »Heimat« gelöst, und forderte sie auf, mir ehrlich zu sagen, ob sie sich noch an ihre Wohnadresse und ihre Telefonnummer erinnern könnten. Beinahe alle mußten das verneinen. Doch auch das konnte sie nicht überzeugen.

Wenn ich die revanchistischen Haßgesänge der Jahr für Jahr wieder auftretenden Vertriebenenverbände bedenke, frage ich mich, was eigentlich ich selber und Millionen meinesgleichen, die von den Deutschen irgendwo und irgendwann einmal vertrieben wurden, heute sagen müßten angesichts der bösartigen Unverfrorenheit dieser für immer Unbelehrbaren. Von einer Bewältigung der Vergangenheit kann bei ihnen nicht nur keine Rede sein, vielmehr verewigen sie den Haß und bezeugen damit eine Verstocktheit sondergleichen, die schlechterdings unerträglich ist. Ich frage mich gelegentlich: Wie viele der jungen Leute von damals mögen wohl heute noch in diesem Kreise der Unentwegten tätig sein?

Eine ähnliche Erfahrung machte ich im Sommer 1953 bei einem Kulturkongreß in Darmstadt. Der Kabarettist Werner Finck hatte gerade eines seiner kleinen Kammerstücke vorgeführt, in dem er einen Soldaten spielte, der plötzlich nicht mehr weiß, wie viele Hände er hat, als zuerst wenige und dann mehrere Pfiffe und Zwischenrufe ertönten. Da ich Sitzungsleiter war, fragte ich die Interpellanten nach dem Grund ihres Mißfallens. Sie erklärten, es handle sich hier um eine Verächtlichmachung der alten Wehrmacht. Ich wies darauf hin, daß Werner Finck ja nur von sich selbst gesprochen habe, im übrigen aber einer der mutigsten Widerständler im Dritten Reich gewesen sei. Als jedoch das Wort Widerstand fiel, merkte ich deutlich, wie bei einem Teil des Publikums eine Klappe fiel: Widerständler gewesen zu sein, das war offensichtlich in diesem Kreise keine besonders gute Empfehlung.

Aber es wäre wohl sinnlos, auf alle Erfahrungen dieser Art einzugehen, über die ich auch an anderer Stelle berichtet habe; denn sie bezeugen alle dasselbe: einen totalen Mangel an Verantwortungsbewußtsein für das Geschehene und eine aufdringliche Gleichgültigkeit, die man im Englischen als »aloofness« bezeichnet. Aber das war vielleicht die beste Voraussetzung für den deutschen Wiederaufbau; denn dieser wäre auch nur bei einem Minimum von Selbstkritik und Reue zweifellos nicht in so großem Ausmaß möglich gewesen, wie er in den fünfziger Jahren dann stattfand. Und so passierte zum zweiten Mal, was schon nach 1918 geschehen war, als man in Paris sagte: »Le boche a perdu la guerre, mais il a gagné la paix.«

Abdruck mit freundlicher Genehmigung des Verlages Carl Hanser, München.

Hans Kühner-Wolfskehl

Hans Kühner-Wolfskehl, geboren 1912 in Eisenach, studierte in München, Florenz und Rom. 1937 Deportation ins KZ Dachau, nach Freilassung weiter im Widerstand und an der Rettung Verfolgter beteiligt. Bis 1946 im Vatikan, seitdem in der Schweiz wohnhaft.

Zwischen Diktatur und Exil

Ich habe kein Recht, mich auf eine Stufe mit den Abertausenden zu stellen, die 1933 und in den Jahren danach um des nackten Lebens willen aus Nazideutschland fliehen mußten, zumeist also Juden. Meine Entscheidung zu gehen war freiwillig. Später nannte man uns Gesinnungsemigranten. Vielleicht ist der Begriff sogar zutreffend. Viele von uns haben in den Jahren nach 1945 oder auch viel später den Weg innerlich wie äußerlich zurückgefunden, Ungezählte auch nur äußerlich. Mir ist das, trotz aller individuellen und geistigen Bindungen, die ich in der Bundesrepublik habe, nie mehr gelungen.

Im Herbst 1932 hatte ich an der Universität München mit dem Studium der Musikwissenschaft, der Literatur-, Theater- und Kunstgeschichte begonnen. Zu meinen Lehrern gehörten Karl Vossler, Artur Kutscher und Kurt Huber, der als das Haupt der gegen die Diktatur sich erhebenden jungen Menschen des Kreises der Weißen Rose später gleichfalls hingerichtet worden ist. Meine Wendung zur Geschichte und zur Geschichtsschreibung erfolgte erst viel später in Rom.

Mit dem Beginn der Hitlerdiktatur stellte sich mir ganz einfach die Frage, ob ich weiter in Nazideutschland leben wollte. Meine Entscheidung konnte nicht zweifelhaft sein, denn ich war durch mein Elternhaus vorgeprägt, ein Professoren- und Politikerhaus von hoher Geistigkeit und durch Weltweite gekennzeichnetem, gelebtem Humanismus. Mein Vater war Philosoph und Anglist. Als freiheitlich-kritischer Politiker gehörte er nach dem ersten Weltkriege zu den Mitbegründern der Deutschen Demokratischen Partei. Er war ein Vorbild, auch in seinem öffentlichen Wirken, als lebenslanger energischer Gegner des deutschen Antisemitismus, gegen den er im geschriebenen Wort wie in der öffentlichen Rede bis 1933 auftrat, als er sofort zwangspensioniert wurde. Juden waren meine Jugendfreunde, und ich sah meinen Vater in einer dioskurenhaften, brüderlichen Freundschaft mit dem acht Jahre jüngeren Friedrich Gundolf verbunden, vor allem auch in der Forschungsarbeit an Shakespeare. Ich bewahre noch ein Gedicht Gundolfs an mich. An der Universität München erlebte ich, wie der bis dahin fast kanonisierte Literaturhistoriker Gundolf — wie auch an allen anderen Universitäten — von einer Stunde zur anderen durch »deutsche« Literaturdozenten im Stile des Herbert Cysarz ersetzt wurde. Ich sah den geistigen Zusammenbruch der Universität ungeachtet vieler großartiger Ausnahmen, sah, wie große jüdische Gelehrte gehen mußten und die Gesinnungen eilfertig gewechselt wurden, um »mit der Zeit zu gehen«. Wer den Verrat der deutschen Universität am Geist miterlebt und wer mitangesehen hat, wie die Hakenkreuze in Massen an den Rockaufschlägen der Professoren erschienen, wer die schmachvolle Bücherverbrennung durch den nazistischen Chauvinismus der Studenten unter dem Vorantritt von Professoren — an der Spitze Martin Heidegger — bewußt erlebt hat, der ist in einem bestimmten Sinne für immer ein gebranntes Kind geblieben.

Als ich mich entschieden hatte, Deutschland zu verlassen, war mir klar, daß ich nach Italien gehen würde. Rom kannte ich bereits, meine lebenslange Zugehörigkeit zur Welt des Mittelmeeres spielte dabei eine Hauptrolle. Damals war der italienische Faschismus noch durchaus hitlerfeindlich, vielen Exilierten bin ich in Florenz, an dessen Universität ich nunmehr ging, begegnet oder wiederbegegnet. Um meinen Eltern, vor allem meinem zwangspensionierten Vater nicht zu schaden, hatte ich mir in der Vorausschau und auf großes Verständnis meines Ordinarius stoßend in München ein

Dissertationsthema geben lassen.

In Florenz lebte, natürlich gleichfalls exiliert, der Dichter Karl Wolfskehl, der Deutschland am Tage nach dem Reichstagsbrand verlassen hatte, weil er wußte, daß dieser Brand zum Weltenbrand werden würde. Ich war viel mit dem Dichter zusammen, der den Schwestern meines Vaters in Darmstadt seit langem freundschaftlich verbunden war. Damals ahnte ich nicht, daß Jahre später Wolfskehls jüngste Nichte, Tochter seines einzigen, von den Nazis im KZ umgebrachten Bruders Eduard, meine Frau werden würde.

Bald teilte ich mein Leben zwischen Florenz und Rom, wo ich in das Haus von Ludwig Curtius kam, ohne auch hier zu ahnen, daß dieser von den Nazis als Direktor des Deutschen Archäologischen Instituts abgesetzte große Archäologe später für mich werden sollte, was ich meinen Rom-Vater nannte; er war der letzte Deutsch-Römer der Welt des Humanismus.

Daß nun auch in Italien eine Wende zum Verhängnisvollen sich anbahnte, zeigte sich mir 1935, als Mussolini Abessinien überfiel, zeigte sich, als der Vatikan, nächst Hitler und Mussolini, den verbrecherischen Bürgerkrieg Francos in Spanien unterstützte. Immer deutlicher wurde mir, daß mein Weg so oder so einmal in den tätigen Widerstand münden mußte.

1937 fand mein Leben und Arbeiten in Italien einen gewaltsamen Unterbruch. Aufgrund meiner antinazistischen Tätigkeit im aufklärenden Sinne war ich in das Räderwerk der Diktatur geraten. Kreise der durchgehend naziinfizierten sogenannten Auslandsdeutschen, die ich stets peinlichst gemieden hatte, hatten mich bei der Gestapo denunziert. Bei einem Besuch in München und bei meinen Eltern wurde ich verhaftet und in das KZ Dachau deportiert, wo ich den abgründigen Barbarismus der Diktatur von innen kennenlernen mußte. Im totalen SS-Staat zeigten der Mensch und der Unmensch, der Verfolgte und der Verfolger, der Gequälte und der Quäler sich ohne Maske. Heute, wo ich nicht mehr in Deutschland lebe, staune ich immer neu über die Selbstverständlichkeit, mit der die Bundesrepublik, die Nachfolgerin des Hitlerstaates, mit den Diktaturen der Welt, den rechten noch mehr als den linken, paktiert. Wie kurz ist das geschichtliche Gedächtnis!

Erstaunlicherweise erlangte ich nach rund einem Jahr die Freiheit wieder. Doch die Gestapo verweigerte mir die Ausreise nach Florenz. So wurde ich in München vom zweiten Weltkrieg überrascht und als Dolmetscher in den Generalstab der Armee des später hingerichteten Feldmarschalls von Witzleben nach Biarritz geholt — glücklicherweise ohne jeden Rang und mit der Möglichkeit, einiges für den Widerstand zu tun, da und dort Franzosen zu helfen oder Anhänger de Gaulles zu warnen. Dann kamen, mit dem gleichen Generalstab, die Schrecken Rußlands. Ich erlebte das Grauen, das SS und Militär verbreiteten — und ich lernte hohe Offiziere kennen, die langsam aus ihren Illusionen erwachten. Solche Leute bekommen in Endphasen eine seltsame Witterung für ihr Gegenüber, mit dem sie sich am Ende ihrer Weisheit, oder was sie dafür halten, auszusprechen wagen.

Wieder wandelte sich plötzlich mein Schicksal. Freunden aus dem Widerstand gelang es Anfang 1943, meine Versetzung an die Botschaft in Rom zu erreichen, wo ich dem Attaché Baron Herbert von Veltheim für Pressefragen sowie als Dolmetscher und vor allem als Vertrauensperson zugeteilt wurde. Wir wurden bald enge Freunde. Wenige Monate nach meiner Rückkehr nach Rom wurde Mussolini gestürzt. Im September besetzte Hitler Italien, begannen neue Schrecken, die in den blutigen Verfolgungen der Juden wie der Männer der Resistenza gipfelten. Leiter der Schrecken war der berüchtigte Kappler. Veltheim hat in aller Stille ungewöhnliche Rettungsaktionen eingeleitet und dadurch gefördert, daß er mir alle Blankovollmachten erteilte. Ich bedurfte ihrer dringend. Ohne es zu ahnen, stand ich plötzlich mitten in den Ereignissen, die Rolf Hochhuth in seinem Drama »Der Stellvertreter« von 1963 gestaltet hat. Veltheim und ich hatten uns mit dem Vatikan geeinigt, der uns gebeten hatte, alle kirchlichen Institutionen zu Exterritorien erklären zu lassen. Es gelang nach erheblichen Mühen. So konnten wir entscheidend mithelfen, daß Aberhunderte Verfolgter — Juden, Politiker, Christen,

Sozialisten, Kommunisten, Widerständler aller Provenienz — sich verstecken und retten konnten, bald darauf auch alliierte Offiziere, die bereits heimlich nach Rom gekommen waren.

Doch vermochten wir gerade die Deportation jener Juden durch die SS nicht zu verhindern, die geglaubt hatten, unter den Augen Pius' XII. sicher zu sein, und die sich nicht verstecken wollten. Veltheim hat zu ihrer Rettung das Menschenmögliche versucht — vergeblich. Von den beiden Hauptschuldigen der Tragödie lebt der SS-General Wolf noch heute ungehindert in der Bundesrepublik, und den Kappler hat man nach seiner abenteuerlichen Flucht aus der Festung von Gaeta vor einigen Jahren begeistert in der Bundesrepublik begrüßt. Die Mordstätte dieses Kappler in den Fosse Ardeatine vor den Toren Roms, wo er Hunderte unschuldiger Geiseln hat niedermähen lassen, ist heute ein Nationalheiligtum Italiens.

Sehnsüchtig verfolgten wir 1944 das unaufhaltsame Herannahen der Alliierten in der Richtung auf Rom. Die deutsche Botschaft, deren zwielichtige Gestalten Veltheim und ich mieden, war nach Norden verlegt worden. Ich war als Beauftragter Veltheims in Rom geblieben, um bis zuletzt eifrigen Gebrauch von meinen Blankoformularen zu machen. Ganz kurz vor der Befreiung der Stadt waren die Nazibehörden mir auf die Spur gekommen, doch vermochte ich mich ihrem Zugriff und damit dem sicheren Tode im letzten Augenblick zu entziehen. Am 4. Juli 1944 wurde Rom befreit. Wenige Tage später wurde ich eingeladen, in den Vatikan zu ziehen, wo ich bis 1946 als Sprecher am Rundfunk und nun endlich erneut in der Wissenschaft tätig war; mein zweiter Beruf, der des Historikers, begann. Im Hause von Ludwig Curtius, dem ich bei seinen großen Werken über Goethe und seinen Lebenserinnerungen helfen konnte, begegneten sich nun die Angehörigen aller Völker, die noch fast ein Jahr lang im Kriege liegen sollten. Und wir versuchten, das Entsetzen zu verarbeiten. Kaum beschreibbare Untaten der Nazis in der Provinz wie in der Stadt selber kamen ans Licht. Als ich 1961, nachdem ich den Posten eines Direktors am römischen Goethe-Institut aus Gründen der eigenen Arbeit wieder niedergelegt hatte, mit der

Arbeit an meiner Kulturgeschichte von Latium begann, erneut jedes Jahr länger in Rom lebte und vier Jahre lang die Provinz bis ins letzte Bergdorf durchforschte, fand ich keinen Ort ohne eine Gedenktafel zur Erinnerung an die Opfer von Nazimassakern. Wer dies alles gesehen hat, kann es nie wieder vergessen — das Vergessen bleibt Schuld, bis in die höchsten Spitzen der Politik.

Unter Anspannung der letzten seelischen Kräfte warteten wir auf den Untergang von Nazideutschland, der durch den mißlungenen 20. Juli 1944 erneut verzögert wurde. Die letzten Monate mit den nicht abreißenden Hinrichtungen hielten uns wie in schmerzlich-unentrinnbaren Klammern. Doch ließ mich dabei ein anderer Gedanke nicht los: Hatte ich selber zwischen 1933 und 1945 wirklich alle Möglichkeiten erschöpft, oder hatte ich etwas versäumt? Die Frage verfolgt mich bis heute.

Mein Leben ist seit den furchtbaren Erlebnissen unter und mit der Nazi-Diktatur vom Geiste des Widerstandes geprägt. Seit dem Kriegsende und später nach meiner Übersiedlung in die Schweiz habe ich neben meiner Wissenschaft meine Aufgabe einmal darin gesehen, das Andenken der Märtyrer des deutschen Widerstandes lebendig zu erhalten, zum anderen, dem Widerstand in allen Rechtsdiktaturen wo immer möglich in der Publizistik Stimme zu geben. Ich wurde Mitarbeiter Rudolf Pechels an der »Deutschen Rundschau« und habe mir in der Folge den Rahmen für die angedeutete Tätigkeit in den Medien geschaffen. Bis heute erblicke ich eine vitale Verpflichtung darin, die wachsenden Strömungen des Neonazismus zusammen mit allen rechtsradikalen Tendenzen in der Bundesrepublik aufzuzeigen — auch wenn ich habe einsehen müssen, daß das alles bislang weithin vergeblich gewesen ist. Doch ich habe nicht die Absicht aufzuhören, weil ich innerlich ein Exilierter geblieben bin und weil ich alles das, was Hitler an Tödlichem für Geist, Freiheit und Menschenwürde über Europa gebracht hat, heute hydrahaft in der Welt wiederkommen sehe — eine diabolische Nachfolge, die wir nach 1945 in diesem Ausmaß nicht für möglich gehalten haben.

Ich sehe die drei Elemente des Geistes, der Freiheit und der Menschenwürde in den Linksdiktaturen ebenso bedroht und halte die dauernd zitierte »Schlußakte von Helsinki« für einen Hohn. Rechts wie links gilt nur, was der einzelne selber für die Menschenwürde und die Menschenrechte zu tun gewillt ist und was er für sie leidet. Das Ungenügen, nichts als Schrift und Rede zur Verfügung zu haben, ist schmerzlich.

Während der Jahre, als ich Präsident des Internationalen Schutzverbandes deutschsprachiger Exilschriftsteller gewesen bin, und später im Präsidium des Schweizerischen Schriftstellerverbandes habe ich die Tätigkeit für die Menschenrechte an die erste Stelle gesetzt, mag es auch weithin erfolglos gewesen sein. Es ist mir eine Selbstverständlichkeit, mit Amnesty international zusammenzuarbeiten — im Augenblick vorwiegend für den von der blutrünstigen Militärdiktatur Südkoreas seit Jahren eingekerkerten und gequälten Nationaldichter Kim Chi Ha. Kann man anders handeln, wenn die Schrecken von 1933 bis 1945 nachleben und in allen Ausmaßen und Unmaßen bewußt geblieben sind?

Jedesmal, wenn ich — seit 1968 — zu meiner Arbeit nach Jerusalem komme, gehe ich zur Gedenkstätte Yad Vashem, in die große Halle, in der Asche von Menschen unter den bronzenen Namen der Ausrottungshöllen ruht — nur ein bißchen von der Asche von Abermillionen. Ich habe die Nazihölle überlebt und weiß nicht, warum. Doch sie läßt mich nicht mehr los, so wenig wie der gepeinigte Mensch unserer Tage, der, wo auch immer, Opfer unmenschlicher politischer Systeme ist, wird, bleibt. Ich würde ein Sich-Entziehen als Schuld empfinden, gerade weil ich sehe, wie die Deutschen sich ihrer Vergangenheit seit 1933 entzogen haben und sich in verhängnisvoller Weise auch den Bedrohungen des Heute gegenüber gleichgültig zeigen.

Das Gedenken des deutschen Widerstandes ist längst zur Nebensache geworden, das offizielle Deutschland wird nicht mehr durch die Staatsspitzen vertreten, und die besten Forschungen zum deutschen Widerstand werden in der angloamerikanischen Historiographie, nicht in der Bundesrepublik geleistet. Das jüngste Symbol für die Schizophrenie der Lage ist mir die Tatsache, daß gleichzeitig Anne Frank und die Hymnikerin ihres Mörders Hitler, Agnes Miegel, auf Briefmarken verewigt werden. Wir müssen auch hier die bezeichnenden Faktoren zu koordinieren verstehen, um zu der Einsicht zu gelangen, daß die Diktatur von 1933 und die durch sie verschuldeten, in die Tausende gehenden Exile des geistigen Deutschlands kaum tiefergehende Spuren hinterlassen, kaum weiterreichende Erkenntnisse ausgelöst haben. Der Ton von Goebbels ist schon wieder zu hören. Werden erneut Exile zu erwarten sein?

Fritz H. Landshoff

Fritz H. Landshoff, geboren 1901, ab 1933 in Holland im Exil, förderte im Verlag Querido in Amsterdam emigrierte Autoren. 1940 Flucht in die USA, wo er seine verlegerische Tätigkeit fortsetzte. Lebt in New York und Amsterdam.

Ein Emigrationsverlag

Im April 1933 besuchte mich der damals in Berlin lebende holländische Schriftsteller und Übersetzer Nico Rost im Kiepenheuer Verlag, dessen Leitung ich seit 1926 mit Gustav Kiepenheuer teilte. Ich kannte Nico Rost seit langem — er war ein häufiger und gern gesehener Gast, ein Freund und Übersetzer vieler Autoren unseres Verlages. Herr Querido, Inhaber der Emanuel Querido Uitgeversmaatschappij in Amsterdam, hatte ihn aus Amsterdam angerufen und gebeten, mich aufzusuchen. Er erwog, in seinem Verlag in Deutschland verbotene Bücher in deutscher Sprache zu veröffentlichen, und ließ mich durch Nico Rost fragen, ob ich bereit wäre, einen solchen Verlag für ihn zu leiten. Mein Name war ihm durch Leopold Schwarzschild, den langjährigen Herausgeber des »Tagebuchs«, das in der Emigration als »Neues Tagebuch« eine große Rolle spielen sollte, bekannt.

Herr Querido war nicht nur einer der angesehensten und erfolgreichsten Verleger holländischer Literatur, sondern veröffentlichte auch zahlreiche ausländische Autoren in holländischer Übersetzung, unter anderen Barbusse, Wells, Kafka, Leonhard Frank, Feuchtwanger, Arnold Zweig.

Queridos Vorschlag war mir mehr als willkommen. Als Direktor eines Verlages, dessen Katalog zu mehr als drei Vierteln Namen von Autoren enthielt, deren Werke bereits in den ersten Wochen nach Hitlers Ernennung zum Reichskanzler beschlagnahmt worden waren, zudem als Jude war meine Lage wie die von ungezählten anderen unhaltbar geworden. Ich teilte eine Wohnung mit meinem Freund Ernst Toller, der von einer kurz vor der Machtübernahme angetretenen Reise nach der Schweiz nicht mehr zurückgekehrt war. Ich suchte ihn im Februar für einige Tage in der Schweiz auf. In meiner Abwesenheit war unsere Wohnung durchsucht und unter Beobachtung gestellt worden, so daß ich nach meiner Rückkehr nicht mehr dort verbleiben konnte.

Noch am Abend des Tages, an dem Nico Rost mich aufgesucht hatte, verließ ich Berlin mit dem Nachtzug nach Amsterdam. Um 10 Uhr morgens betrat ich das Büro des Verlags auf der Keizersgracht 333 und wurde durch Herrn Querido und seine enge Mitarbeiterin Alice van Nahuys begrüßt. Ich sah sofort, daß ich hier zwei Menschen gegenüberstand, die aus tiefer Überzeugung einen Versuch machen wollten, von dem sie sich keinerlei materielle Vorteile erwarteten. Andererseits war deutlich zu sehen, daß sie den eigenen Verlag sparsam führten und an dem Experiment, das ein deutscher Verlag in der Emigration darstellte, keine übermäßigen Verluste erleiden konnten, die ihren eigenen Verlag gefährdet hätten. Es war eigenartig, daß Herr Querido einer der wenigen holländischen Intellektuellen war, der sehr mangelhaft deutsch sprach, so daß seine junge Mitarbeiterin — eine vortreffliche Linguistin —, die in vier Sprachen zu Hause war und viele Bücher selbst übersetzt hatte, unsere Verständigung erleichtern mußte. Um 12 Uhr mittags verließen wir drei das Büro als Partner, um unseren Lunch im »Américain«, dem Literatencafé Amsterdams, einzunehmen.

Während der zwei dazwischenliegenden Stunden hatten wir uns über die Ziele und die Arbeitseinteilung des zu gründenden Verlags geeinigt und eine nur wenige Zeilen umfassende Übereinkunft niedergeschrieben, die von diesem Tage an bis zur Besetzung Hollands durch die Nazis im Mai 1940 niemals eine Änderung erfuhr und niemals den Anlaß irgendeiner Auseinandersetzung zwischen uns gab. Wir hatten uns verpflichtet, unter dem Namen Querido Verlag eine AG zu gründen, deren Anteile zu 50 Prozent der Emanuel Querido Uitgeversmaatschappij und zu 50 Prozent mir gehören sollten. Beide Parteien hatten je 7500 Gulden als Kapital einzuzahlen. Der holländische Verlag sollte für die Finanzierung aller Verlagsprojekte, für die Herstellung, Buchhaltung und Auslieferung verantwortlich sein, während die Leitung des Verlags und seine Programmgestaltung in meinen Händen lag. Natürlich behielt sich der holländische Verlag das Recht vor, die zur Verfügung zu stellenden Mittel in gewissen Grenzen zu halten.

Ich muß sagen, daß ich mir in diesen Stunden wenig Sorgen darüber machte, wie ich mir die 7500 Gulden zur Einzahlung meines Beitrages an dem Kapital beschaffen sollte. Ich hatte den sicheren Instinkt — und Herr Querido, den ich Jahre später danach fragte, bestätigte es mir unumwunden —, daß die Gründung des Verlages gescheitert wäre, wenn ich an diesem Tag meine völlige Zahlungsunfähigkeit erklärt hätte. Schließlich ist es mir unter großen Schwierigkeiten gelungen, die Hälfte des Betrages von Freunden zu leihen, während ich die andere Hälfte mir von meinem Gehalt abziehen ließ.

Am selben Abend verließ ich Amsterdam und begab mich auf eine schnelle Rundreise zu einigen der Autoren, die ich für den Verlag zu gewinnen hoffte. Nach einer Woche kehrte ich von dieser Reise, die mich nach Paris, Südfrankreich und in die Schweiz führte, nach Amsterdam zurück und konnte meinen Partnern Verträge mit Heinrich Mann, Lion Feuchtwanger, Arnold Zweig, Anna Seghers, Gustav Regler, Emil Ludwig, Leonhard Frank und Joseph Roth vorlegen. Einige Autoren hatten mir bereits Manuskripte mitgegeben. Auch hatte ich in Paris verbindliche Besprechungen mit Klaus Mann geführt, der die Gründung einer literarischen und kulturpolitischen Zeitschrift plante. Sogleich nach meiner Rückkehr begannen wir mit der Vorbereitung des Herbstprogramms.

Während der holländische Verlag, der jährlich ungefähr vierzig Bücher herausgab, auch nur fünf Mitarbeiter zählte, bestand der deutsche Verlag aus mir und meiner Sekretärin Jetty Weintraub. Klaus Mann verbrachte vom frühen Sommer 1933 an den größten Teil seiner Zeit in Amsterdam. Wenige

Wochen nach unserem Treffen in Paris hatte er für die geplante Zeitschrift, der er den Namen »Die Sammlung« gegeben hatte, ein eindrucksvolles Protektorat — Heinrich Mann, Aldous Huxley, André Gide — und eine vortreffliche Liste von Mitarbeitern zusammengebracht. Auch war es ihm gelungen, die Zusage einer jungen Schweizer Schriftstellerin, Annemarie Schwarzenbach, zu erhalten, das Honorar für die Autoren der Zeitschrift zu stiften. Klaus Mann leistete nicht nur allein die Arbeit als Herausgeber der Monatsschrift — er tippte selbst mit bemerkenswerter Schnelligkeit unzählige Briefe an zukünftige Mitarbeiter —, sondern war mir auch ein unschätzbarer literarischer Berater. Zudem nahm er sogleich seine eigene umfangreiche literarische Arbeit auf. Mit bewundernswerter Disziplin, die der seines Vaters kaum nachstand, arbeitete er in seinem Pensionszimmer vom Morgen bis zum späten Nachmittag. Die Freundschaft mit Klaus — dem zuverlässigsten und treuesten aller Freunde — war für mich der große Gewinn der Emigration.

Schon im Herbst 1933 konnte der Verlag eine Anzahl Bücher erscheinen lassen: Heinrich Manns »Der Haß«, Ernst Tollers »Eine Jugend in Deutschland«, Gustav Reglers »Die Saat«, Lion Feuchtwangers »Die Geschwister Oppenheim und der jüdische Krieg«, Alfred Döblins »Die jüdische Erneuerung«, Anna Seghers' »Der Kopflohn«. Außerdem erschien seit September 1933 monatlich »Die Sammlung«.

Wir waren uns natürlich von Beginn an im klaren darüber, daß keine einzige Publikation unseres Verlages in reichsdeutschen Buchhandlungen vertrieben werden konnte.

Es war schwer vorauszusagen, welche Auflagen auf einem so begrenzten Markt verkauft werden konnten. Zudem war es von Beginn an unsere Absicht, keineswegs nur die außerhalb Deutschlands in ihren Originalausgaben und Übersetzungen bereits bekannten Autoren, sondern auch jüngere Autoren, deren Name selbst in Deutschland noch nicht gefestigt war, zu verlegen.

Ich bin heute noch erstaunt, daß wir nie weniger als 3000 Exemplare drucken und im allgemeinen einen erheblichen Teil der Auflage verkaufen konnten. Daneben gab es schon im ersten Jahr Bücher — Heinrich Manns »Der Haß« und Feuchtwangers »Die Geschwister Oppenheim und der jüdische Krieg« —, von denen wir wesentlich mehr absetzten. Mit Feuchtwangers Roman erreichten wir 25 000 Exemplare, und von einigen anderen Büchern, die in späteren Jahren erschienen, wie Jakob Wassermanns letzter Roman »Kerkhovens dritte Existenz«, Remarques »Drei Kameraden« und Vicki Baums »Das große Einmaleins«, wurden Auflagen von bis zu 20 000 Exemplaren erzielt.

Der Vertrieb der »Sammlung« war in Holland in den Händen eines jungen Emigranten, der sich seinen Lebensunterhalt damit verdiente, mit dem von Klaus Mann verfaßten und von uns gedruckten Prospekt, der die Ziele der Zeitschrift beschrieb und die Mitarbeiterliste enthielt, Buchinteressenten zu besuchen. Kundenlisten waren ihm bereitwillig von sympathisierenden Buchhändlern zur Verfügung gestellt. In wenigen Monaten gelang es ihm, mehr als 500 Abonnenten zu werben. In der Schweiz wurde unschätzbare Arbeit für die Bücher und die Zeitschrift durch das Ehepaar Oprecht geleistet, das als wichtige Verleger und hilfreiche Freunde der Exilierten eine so große Rolle spielen sollte. Ihre Buchhandlung wurde der Treffpunkt der Emigration. In den meisten europäischen Ländern, in denen deutsche Bücher gekauft wurden, besuchten Vertreter die Buchhandlungen und fanden fast überall eine überraschend gute Aufnahme.

Es gelang den Emigrationsverlagen, von denen der Querido-Verlag ja nur einer war, den Absatz der innerdeutschen Verlage außerhalb Deutschlands in solchem Maße zu vermindern, daß die offiziellen deutschen Instanzen versuchten, durch einen fünfundzwanzigprozentigen Exportnachlaß den Verkauf der innerdeutschen Produktion zu stimulieren. Weder diese Maßnahme noch Versuche der deutschen Regierung, die Gastländer zum Verbot oder zur Einschränkung der Aktivität der Exilverlage zu bewegen, hatten den gewünschten Erfolg.

In der gleichen Pension wie Klaus Mann und ich lebten auch

Walter Landauer, mein engster Mitarbeiter in der Leitung des Kiepenheuer Verlags, und — in den vielen Monaten, die er jedes Jahr in Amsterdam verbrachte — Hermann Kesten, den ich 1928 als Autor mit seinem ersten Roman »Joseph sucht die Freiheit« und als Lektor für den Verlag Kiepenheuer gewonnen hatte. Hermann Kesten war durch Allert de Lange ungefähr zur gleichen Zeit wie ich durch Querido zur Gründung der deutschsprachigen Abteilung des holländischen Verlages De Lange aufgefordert worden und hatte, da er sich neben seinen eigenen schriftstellerischen Tätigkeiten auf die literarische Beratung des Verlages beschränken wollte, Walter Landauer als Verlagsleiter vorgeschlagen. Herr Querido und Herr de Lange betrachteten sich als Konkurrenten, die jeden Kontakt miteinander mieden. Nicht so Kesten, Landauer, Klaus Mann und ich. Wir hatten in unserer Pension mehrmals wöchentlich »Verlagskonferenzen«, in denen der jeweilige Posteingang besprochen und oft genug die Entscheidung getroffen wurde, welcher Autor in dem einen oder anderen Verlag erscheinen sollte. Besonders heikel waren die Entscheidungen in den paar Fällen, in denen der Autor bei dem einen Verlag die Grenze der unseren holländischen Freunden und Financiers zulässig erscheinenden Höhe des Vorschusses erreicht hatte. Dann mußte das dem bevorschußten Buch des Autors folgende jeweils dem anderen Verlag überlassen werden, bei dem er noch keinen Vorschuß erhalten hatte. So erschien Joseph Roth mit dem »Tarrabas« im Querido-Verlag, mit dem »Antichrist« bei De Lange, mit dem »Falschen Gewicht« wiederum bei Querido und mit den »Hundert Tagen« bei De Lange. Ähnlich verhielt es sich mit Irmgard Keun. »Nach Mitternacht« erschien bei Querido, »Das Mädchen, mit dem die Kinder nicht spielen durften« bei De Lange. Auch mußten die Erfolgsautoren einigermaßen gerecht zwischen den beiden Verlagen verteilt werden, um beiden Verlagen die Existenzmöglichkeit zu erhalten. So konnten beide Verlage nebeneinander bestehen, ohne daß einer zu unmäßigen Investierungen gezwungen wurde, die eine Gefahr für die Existenz des anderen hätten bedeuten können.

Es ist eine von mir nicht erwartete Entwicklung, daß im letzten Jahrzehnt das Interesse an der Exilliteratur stets zugenommen hat. Von den zwischen dem Herbst 1933 und dem Frühjahr 1940 im Querido-Verlag erschienenen 120 Büchern liegen heute wieder mehr als die Hälfte in Neudrucken vor. War es ein Zufall — oder eine Bestätigung des jahrhundertealten Rufs Hollands als Asyl für Verfolgte —, daß es Holländer waren, die die Initiative zur Gründung dieser Verlage ergriffen?

Ernst Loewy

Ernst Loewy, geboren 1920 in Krefeld, emigrierte 1936 nach Palästina und kehrte 1956 nach Deutschland zurück. Bibliothekar, Publizist und Herausgeber. Ist im Deutschen Rundfunkarchiv Frankfurt am Main tätig.

1

Zwanzig Jahre nach dem Grenzübertritt bei Salzburg erfolgte der Grenzübertritt in umgekehrter Richtung bei Basel. Was uns als erstes auffiel, war die Freundlichkeit des Beamten von der badischen Paßkontrolle. Sie kontrastierte lebhaft mit der Vorstellung, die ich vom Verhalten deutscher Beamten hatte, einer Vorstellung, in der die Erinnerung fortlebte an die frostige Atmosphäre, die mir bei der Aushändigung des Passes auf dem Krefelder Polizeipräsidium entgegenschlug. Der Paß enthielt einen »gebührenfreien« Sichtvermerk, in dem die Formulierung »zur Wiedereinreise *in* das Reichsgebiet« gestrichen und handschriftlich durch die Worte »zur einmaligen Ausreise *aus* dem Reichsgebiet« ersetzt war. Und trotzdem war ich froh, das Dokument in der Hand zu halten. Es war Anfang 1936, ich war noch keine sechzehn. Meine Eltern waren weitsichtig genug, mich — und zwar allein — nach Palästina zu schicken.

Diesmal schien alles anders. Der Beamte wechselte mit uns einige Worte und wünschte uns gute Fahrt. Rega kam aus dem Schwarzwald, und hierher zog es sie zunächst auch zurück. Das kleine Dorf bei Badenweiler, ihr Geburtsort, war unser erstes Ziel. An den Krieg erinnerte hier äußerlich wenig. Die Häuser, meinte Rega, standen noch da wie früher, auch das Rathaus, in dessen Obergeschoß sie zur Welt gekommen war. Es diente gleichzeitig noch immer als Schule. Die erste Wohlstandswelle mußte das Dorf freilich schon erreicht haben, denn ein paar Häuser schienen bereits dazugekommen. Einige der Dorfbewohner konnten sich an Rega noch gut erinnern und zeigten sich überrascht, sie wiederzusehen. Übrigens hatte sie christliche Verwandte im Dorf, denen unser Besuch angekündigt war.

Unähnlich jedoch dem festlichen Empfang, der fast gleichzeitig dem eben aus Spandau entlassenen Großadmiral Dönitz in einem herrschaftlichen Hotel des nahegelegenen Badenweiler bereitet wurde, stand weder die Lokalpresse noch ein Blumenstrauß zu unserer Ankunft bereit. Dabei war Regas Rückkehr schon ein kleines Ereignis hier. Jedenfalls gab sie Stoff für das dörfliche Tagesgespräch. Auch selber mußte Rega sich den vielen Fragern und Fragen stellen, willkommenen und lästigen, rührenden und ärgerlichen, je nachdem.

Den Verwandten war das Schicksal der sechsköpfigen Familie natürlich nicht unbekannt, auch die Tatsache nicht, daß der Vater in Polen von den Nazis ermordet worden war. Wahrscheinlich wußten sie mehr von uns als wir von ihnen. Bei Gesprächen, die Rega mit einem Vetter, Forstarbeiter wie die meisten hier im Dorfe, führte, hatte sie bald gespürt, daß etwas mit ihm nicht stimmte, daß er etwas vor ihr verbarg. Eines Tages, im Suff, kam es heraus: Er war bei der SS und in Buchenwald gewesen. Rega hatte ihn gefragt, was er während des Krieges angestellt habe, denn er muß in französischer Gefangenschaft nicht eben sanft behandelt worden sein. Sofort versuchte er sich zu rechtfertigen, er habe niemandem etwas zuleide getan, im KZ nur Wache geschoben, sich nichts dabei gedacht und nichts von allem gesehen. Wenn es noch einmal Krieg gäbe, dann ohne ihn, es sei denn, es ginge gegen den »Ruß«. Es war eine peinliche Erfahrung, die in dieser oder jener Form einmal zu machen wir allerdings gefaßt sein mußten. Wir waren in Deutschland.

2

Die Reise den Rhein hinunter ließ mein Herz höher schlagen. Dies war eine Gegend, die ich kannte. Ich war als Kind öfters mit den Eltern hier gewesen, meist mit dem Auto. Jetzt hielt ich meine Nase plattgedrückt an die Fensterscheibe des D-Zug-Wagens. Da waren sie noch, die Dörfer, die kleinen Städtchen, aus Fachwerk gebaut und mauerumwehrt, die Burgen, von denen herab einst die Raubritter die vorbeiziehenden Schiffe überfallen hatten. Das allerdings war Geschichte. Die efeuumrankte Idylle aber war Gegenwart jedenfalls für diesen *einen* Augenblick, in dem die Zeit, *meine* Zeit, stehengeblieben zu sein schien. Ich erinnere mich, wie ich Rega und den Kindern all das erklären wollte, was ich sah, wobei ich Ausbrüche des Entzückens nur schwer zurückhalten konnte. Ich weiß nicht, was die Mitreisenden, die das Coupé mit uns teilten, von mir dachten. Vielleicht, ich sei ein amerikanischer Tourist, oder hier fahre einer zum ersten Mal mit der Eisenbahn.

Der eigenen Heimatstadt näherte ich mich mit gemischten Gefühlen. Sie hatte mir nie viel bedeutet. Nichts von alledem, was Rega mit ihrer alemannischen Heimat verband. Das Erinnerte war der Form nach viereckig und der Farbe nach grau: viereckig die schnurgeraden Straßen in dem Rechteck der Wälle, grau die Häuser — ebenso wie die Nebel und der Nieselregen des Niederrheins, aus denen einem die Weidenbäume knorrig und traurig entgegentraten.

Mit welcher Beklommenheit las ich an der Haustür des unzerstört gebliebenen Elternhauses die Namen der Bewohner, von denen mir einige noch geläufig waren wie der des Polizisten Peuyn oder der des Arbeiters Sitzen, der Kommunist gewesen sein sollte. Jedenfalls wußte ich, wie er dachte, ich wußte es von meiner Kindheit her, wußte es von seinen Kommentaren zu den Hitler-Reden am Radio. Denn ich stieg oft die Treppe hinauf zu ihm, ging Radio hören: Wir hatten keines. Auch hatte er meinen Eltern bis zum Tag ihrer Flucht aus Krefeld beigestanden, er hatte ihnen geholfen, die Koffer zu packen, die letzten Gänge für sie gemacht. Jetzt klingelte ich an seiner Tür. Er öffnete. Er wollte es nicht glauben, daß ich es war. Schluchzend nahm er mich in seine Arme: »Was haben *wir* euch angetan!« Dieses Bekenntnis eines Mannes, der ohne Schuld war, wog um ein Vielfaches die unerbetenen Ausflüchte jener auf, die »von alledem nichts gewußt« haben wollten und von denen dann doch jeder »seinen« Juden hatte, natürlich einen guten Freund, der plötzlich (ohne daß sie was merkten?) verschwunden war.

Von dem Haus an der Hubertusstraße, wo meine Großeltern gewohnt hatten, stand nur noch ein Stück der Fassade. Der Geruch von nebenan war süßlich wie immer, dort war eine Niederlassung von Van Houtens Kakao. Mein Großvater war zu Anfang des Krieges gestorben, sein Grab auf dem jüdischen Friedhof nicht auffindbar. Meine Großmutter wurde mit ihren Schwestern nach Theresienstadt deportiert. Keine der Schwestern hat das Lager überlebt.

Von den beiden Schulkameraden, mit denen ich bis zu meinem Weggang befreundet war, traf ich nur einen in Krefeld wieder. Von ihm war ich enttäuscht. Ich glaubte ihm, daß er bei den Nazis nicht mitgemacht hatte, er war aus sozialdemokratischem und mennonitischem Elternhaus, das mag ihn davor bewahrt haben. Jetzt war er ein braver städtischer Beamter und trug jene Art von Selbstzufriedenheit zur Schau, die einen glauben machen mußte, daß das »Dritte Reich« nur ein Betriebsunfall gewesen und daß in diesem Teil Deutschlands nun alles in vollkommenster Ordnung sei. Ich sah meinen Freund nicht wieder. Wir hatten uns nichts zu sagen gehabt.

Ich kannte sonst so gut wie niemanden.

Das neoklassizistische Realgymnasium war nicht zu übersehen. Es stand da in seiner alten Pracht und mit unverkennbarer Herrschaftsgebärde. Die Schule hieß jetzt »Gymnasium am Moltkeplatz«. Sollte mit der Umbenennung etwa ein neuer Geist in die »Anstalt« eingezogen sein? Der Name selbst läßt es nicht unbedingt vermuten.

Die Wälle, denen die Stadt ihren regelmäßigen Grundriß verdankt, waren gradlinig wie ehedem. Schräg gegenüber dem

Elternhaus und ebenfalls gradlinig wie früher die Konturen des Stadtgartens. Hier bin ich als Kind am Sonntag mit meinem Großvater spazierengegangen und lauschte dem Platzkonzert der Polizeikapelle. Wie stolz war ich, wenn ich die einzelnen Teile des Potpourris identifizieren konnte. Die Turmuhr des Amts- und Landgerichts auf unserer Seite der Straße schlug noch alle vollen und viertel Stunden. Es war ein mächtiges Gebäude. Hier mußte wohl schon aus Rentabilitätsgründen viel Recht gesprochen worden sein. Den entsprechend großen Gefängnistrakt hinter dem Hauptgebäude konnte man früher von unserem Garten aus sehen. Wo allerdings einmal die Synagoge gestanden hatte, parkten jetzt Autos. Kein Stein erinnerte mehr an das Gotteshaus.

3

Wollten wir nicht eigentlich — ich hätte es fast vergessen — ganz woanders hin? In ein Land, das uns in den ersten Nachkriegsjahren einmal nahe schien und auf das wir nun ein zweites Mal mit wenn auch leicht gedämpfter Hoffnung blickten? Die Enthüllungen Chruschtschows auf dem XX. Parteitag der KPdSU im Februar 1956 boten, so glaubten wir, die Gewähr dafür, daß dort ein neues Zeitalter begonnen habe. Kurz: Wir wollten nach Ostberlin. Ich spreche nur zögernd davon: Diese Erinnerung ist traumatisch belastet. Widerstände sind hier beiseite zu rücken.

Zu den Dokumenten, die wir mit uns führten, als wir Israel verließen, gehörte ein Einladungsschreiben. Ich hatte dem Aufbau-Verlag ein Manuskript angeboten. Es war ein literaturtheoretischer Text, mit dem ich etwas zu artikulieren versuchte, was ich für materialistische Ästhetik hielt. Die Korrespondenz darüber hatte sich monatelang hingezogen. Sie gipfelte in dem Vorschlag, in die DDR überzusiedeln. Meinen Briefpartner kannte ich bis dahin nur als einen brillanten philosophischen und kulturpolitischen Schriftsteller, als Herausgeber einer philosophischen Zeitschrift sowie einer Heine-Ausgabe. Es war Wolfgang Harich.

Zwischen Planung und Ausführung der Reise waren Monate vergangen. Die Ereignisse in Polen, Mai 1956, ließen uns bereits Böses ahnen. Kurz nachdem wir Ende September in Haifa an Bord der »Jerusalem« gegangen waren, brach der Suez-Krieg aus. Wenige Wochen später kam es zum ungarischen Volksaufstand. Seine Niederschlagung, Anfang November, bedeutete das Ende der kurzen »Tauwetter«-Periode.

Wir hatten inzwischen die Stätten unserer Kindheit wiedergesehen und bereiteten uns auf die Fahrt nach Berlin vor, um an Ort und Stelle das Weitere zu arrangieren. Genauer: Wir warteten ein wenig ab, da wir, wie sich zeigen sollte, mit Recht befürchteten, daß die politische Situation unserem Vorhaben nicht günstig war. Schließlich schien uns die Zeit gekommen, wir hatten die Kinder untergebracht, am nächsten Tag wollten wir aufbrechen, es war der 29. November 1956.

Da ich mir keine Daten merke, habe ich mich in diesem Fall eines der gängigen Nachschlagewerke bedient. Das Datum herauszufinden konnte nämlich nicht schwer sein: Es war der Tag, an dem Harich verhaftet wurde.

Wie allabendlich hatten wir vor dem Radio gesessen, den Nachrichten zu lauschen. Es waren meist unerfreuliche, wir waren es gewohnt. Diese Nachricht aber schockierte uns, sie warf uns nahezu um. Der Boden, sofern wir überhaupt welchen unter den Füßen hatten, schien zu wanken. Mit einem Mal wußten wir, daß wir das Ziel *dieser* Reise nie erreichen würden.

In Israel hatten wir unsere Zelte abgebrochen. Vom Reisegepäck abgesehen, war unsere ganze Habe — Bücher, Regas Zeichnungen und Skulpturen, Kleider, Hausrat — noch in Kisten verpackt. Sie waren in einem Lagerraum in Westfalen untergebracht und warteten darauf, an ihren Bestimmungsort spediert zu werden. Den wußten wir selber nicht.

Was sollten wir tun? Mit wem hätten wir unsere Probleme bereden können? Wem hätten wir uns offenbaren sollen? Wer hätte uns verstanden? Die Verteufelung der DDR war ja noch in vollem Schwange. In sie einzustimmen, waren wir nicht gewillt. Der Antikommunismus war unsere Sache nicht. Wir konnten uns nur verkriechen, wir mußten versuchen zu überwintern. Wir brauchten Zeit zum Nachdenken, nicht zuletzt über die eigenen Irrtümer und Illusionen.

4

Vor allem hieß es Arbeit finden. Ich hatte eine Familie zu ernähren. Ich suchte monatelang, schrieb ein Bewerbungsschreiben nach dem anderen. In Israel hatte ich in den letzten Jahren eine kleine Fachbibliothek geleitet, eine Ausbildung im hier üblichen Sinne gab es dort nicht. Der Begriff »Diplom-Bibliothekar« war mir fremd; als ich ihn hier zum ersten Mal hörte, schwand meine Hoffnung auf eine Anstellung dahin. Auch die buchhändlerische Lehre, die ich in Tel Aviv absolviert hatte, wurde hier nicht anerkannt. Außer ein paar Zeugnissen besaß ich keine Papiere. Nicht einmal die Mittlere Reife hatte ich.

Durch einen glücklichen Umstand lernte ich Hanns-Wilhelm Eppelsheimer, den Gründer der Deutschen Bibliothek und Direktor der Frankfurter Städtischen Bibliotheken, kennen. Er suchte jemanden mit Hebräisch-Kenntnissen, dem er die Leitung der altbekannten Judaica-Abteilung der Frankfurter Stadt- und Universitätsbibliothek anvertrauen konnte. Er engagierte mich ohne Zögern. Und ohne Diplom. An der der Bibliothek angeschlossenen Fachschule könne ich nach einigen Jahren Praxis als Externer die Prüfung nachholen, meinte er.

Praktisch hatte ich mit Eppelsheimer kaum zu tun. Auch sah ich ihn nur selten, zumal er sich ab 1958 nur noch der Deutschen Bibliothek sowie seinen wissenschaftlichen Verpflichtungen widmete. Ich schätzte Eppelsheimer außerordentlich hoch, einmal wegen seiner untadeligen Haltung im Dritten Reich, dann aber auch wegen seiner Verdienste um die Bewahrung des Exilerbes. Daß die Stellung, die ich ihm verdankte, auch etwas Demütigendes für mich hatte, konnte er nicht wissen; es tut mir heute leid, daß ich mich ihm nicht anvertraut habe. Er hätte mich verstanden, dessen bin ich sicher. Die Sache war die: Ich bin — um es einmal so auszudrücken — nicht wegen, sondern trotz meiner Hebräisch-Kenntnisse nach Deutschland zurückgekehrt; sie waren ohnehin nicht die besten. Auch hat es mich nicht wegen, sondern trotz meines Judeseins hierhergezogen.

Ich war Jude, kein praktizierender übrigens, aber kein Judaist. Irgendwie fühlte ich mich mißbraucht. Und zwar für eine Rolle, die ein jüdischer Freund sinnigerweise mit dem Begriff »Berufsjude« versah — wobei er freilich die Sache selbst haarscharf verfehlte. Wiewohl — oder gerade weil — das Arbeitsfeld mich existentiell tangierte, blieb ein innerer Widerstand, der sich nie ganz auflöste, selbst nicht durch die eher beglückende Erfahrung der zahlreichen und fruchtbaren Kontakte, vor allem mit Studierenden, die die Arbeit mir bescherte, Kontakte, die auf andere Weise sich vielleicht nie hergestellt hätten. Es war die Periode der »Vergangenheitsbewältigung«, in der ein fragendes jugendliches Publikum — innerhalb und außerhalb der Universität — sich gern eine wissenschaftliche Einrichtung zunutze machte, wie die Judaica-Sammlung in Frankfurt es war. Die Aufgabe reizte mich deshalb nicht nur, sie forderte und verpflichtete mich — zumal ich sie auch als eine politische erkannte.

In den Kategorien des Apparates, der Bürokratie, hier: der Bibliothekshierarchie, war meine Stellung freilich eine schiere Unmöglichkeit. Die Bezahlung entsprach derjenigen eines »Diplom-Bibliothekars« im »Mittleren Dienst«. Die Tätigkeit jedoch war im wesentlichen die eines wissenschaftlichen Bibliothekars im »Höheren Dienst«. In Wirklichkeit war ich *nur* Bibliothekar, ohne Rang und ohne Titel. Ein Luftmensch, wie er nirgendwo im Buche steht.

Das sollte anders werden! Erst einmal unterzog ich mich in aller Stille, jedoch nach angestrengter Vorbereitung, einer »Prüfung über die Zulassung zum Hochschulstudium ohne Reifeprüfung« (die Kurzbezeichnung »Begabtenabitur« geht mir schwer über die Lippen). Kurz danach trat ich zu der mir vor Jahren zugesagten Prüfung an der Bibliotheksschule an. Ich bestand. Ich erhielt mein Diplom. Ich war kein »bloßer«, kein ungeschützter, kein »Als ob«-Bibliothekar mehr, sondern ein echter, diplomierter, mit Amtssiegel versehener Bibliothekar mit allem, was dazugehört.

So dachte ich. Als ich wenige Tage nach der Prüfung in mein Zimmer wollte — ich traute meinen Augen nicht —, stellte ich fest, daß das Namensschild an der Tür fehlte. Ich wunderte mich. Ich fragte. Ich verstand. Ein Namensschild gehörte anscheinend nicht mehr dazu, so wenig wie das Recht, weiter meine Briefe zu unterschreiben oder auf den Sitzungen der Bibliotheksräte meine Kaufwünsche vorzutragen. All dies sei jetzt vorbei, denn ich sei ja nun ein »richtiger« Diplom-Bibliothekar. Namensschilder an den Türen oder die genannten Tätigkeiten — ich wisse dies doch alles selbst — aber seien dem »höheren Dienst«, den »Räten«, vorbehalten. *Vor* der Prüfung sei alles anders gewesen, aber jetzt müsse es doch wohl endlich seine Richtigkeit mit mir haben. Ich war empört. Ich protestierte. Dann war das Namensschild unversehens wieder da, der Status quo ante wiederhergestellt. Mich für die wissenschaftliche Bibliothekslaufbahn zu qualifizieren, damit sich wenigstens auf dieser Ebene die aus den Fugen geratene Welt wieder einrenken möge — diesen, vielleicht hilfreichen Vorschlag hat in der Bibliothek mir keiner gemacht.

Allerdings wurde mir bald darauf die »Verbeamtung« angeboten. Ich hätte Bibliotheksinspektor werden können. Ich verzichtete. Ich war — aus unterschiedlichen Gründen — längst auf der Suche nach einer anderen Tätigkeit. Als ich eine gefunden hatte, kündigte ich.

5

In die Bundesrepublik waren wir eher durch Zufall als durch Neigung geraten. Dennoch fanden wir uns schnell mit dieser Tatsache ab. Dies fiel uns um so leichter, als wir bald feststellen konnten, daß die Vorstellung, die wir von den beiden deutschen Staaten hatten, nur eine sehr oberflächliche war. Nicht, daß das holzschnittartige Bild, das wir uns vom Nachkriegsdeutschland gemacht hatten, ganz und gar falsch gewesen wäre, aber manches voreilige Urteil erwies sich mit der Zeit doch als handfestes Vorurteil.

Auf die unerfreulichen Seiten der BRD — ihr restauratives Klima, das Überleben alter Strukturen, die Schonung jeder Art von Besitzstand — waren wir vorbereitet. Wir brauchten sie nicht zu suchen, sie waren allgegenwärtig. Ihre positiven Seiten traten langsamer hervor. Vor allem war es die Jugend, deren Aufgeschlossenheit uns beeindruckte, ihr erfrischend undogmatisches Verhalten, das Fehlen nationalistischer Borniertheit, Dinge, die wir — auch im Vergleich mit Israel — als außerordentlich wohltuend empfanden. Unverkennbar war der Wunsch dieser Generation, die Vergangenheit nicht länger unbefragt zu lassen, später auch, der penetranten Einseitigkeit zu begegnen, mit der von Regierungsseite, Schule und Presse die »Vergangenheitsbewältigung« betrieben wurde. Als ob es ausschließlich die Juden gewesen seien, die durch die Nationalsozialisten verfolgt worden sind.

Es war die Zeit, in der die »Frankfurter Schule« unter Horkheimer und Adorno in Deutschland wirksam zu werden begann. Hier wurde ein theoretisches Bewußtsein vermittelt, das den »hilflosen« Antifaschismus der ersten Nachkriegszeit weit hinter sich ließ. Gerne erinnere ich mich an meine Teilnahme als Gasthörer an Seminaren des »Instituts für Sozialforschung« und gedenke der formalen wie inhaltlichen Radikalität einer intellektuellen Bemühung, die — allen Tendenzwenden zum Trotz — die Auseinandersetzungen dieser Zeit entschieden vorangetrieben hat. Sie hat auch mein eigenes Denken nachhaltig beeinflußt.

In einem vielschichtigen Lernprozeß hatten sich Gemeinsamkeiten und Freundschaften zwischen uns und — vor allem — Jüngeren hergestellt. Wir waren in Deutschland, doch waren wir nicht mehr allein.

6

Gedanken liegen meist in der Luft. Darum gibt es für sie auch keinen Prioritätsanspruch. Tatsache allerdings ist, daß ich bereits gegen Ende der fünfziger Jahre in zwei engagierten Artikeln einer Münchner Zeitschrift die in der BRD herrschende Ignoranz gegenüber der Exilliteratur, vor allem innerhalb der für sie zuständigen Wissenschaft, beklagt habe. Gleichzeitig konnte ich auf den breiten Raum hinweisen, mit dem die faschistische Literatur in den gängigen Literaturgeschichten — und zwar unkritisch — noch immer bedacht wurde. Ein Echo fanden diese Artikel nicht.

Damals bereits hatte ich die Idee, durch eine Anthologie, eine Zeitschrift oder eine Buchreihe Interesse für die deutsche Exilliteratur zu wecken und Kenntnisse über sie zu verbreiten. Die Zeit war allerdings nicht reif für solche Gedanken, zumal es die Gedanken eines Unbekannten und Außenseiters waren, der weder die Mittel noch die Beziehungen besaß, die für ihre Realisierung erforderlich gewesen wären.

Zu den Ungereimtheiten meines Lebens gehört das Faktum, daß mein erstes Buch denn auch nicht von der Exilliteratur, sondern gleichsam von ihrem Widerpart, der NS-Literatur, handelt. Es war der allzu früh verstorbene Hans Riepl, Cheflektor der Europäischen Verlagsanstalt in Frankfurt, der mit dem Plan an mich herangetreten war, eine — wie er es nannte — »Anthologie der Schande« zusammenzustellen. Die zünftige Germanistik hatte sich bisher nicht an den Gegenstand herangewagt. Er fragte mich, ob ich dazu bereit sei. Ich sagte ja, obwohl ich — wie auch Riepl wußte — von der Sache wenig Ahnung hatte. Die Zusage bedeutete für mich ein jahrelanges Quellenstudium, das neben meiner regulären Arbeit zu leisten war. Denn mit dem moralischen Verdikt, auf das der Arbeitstitel abhob, war es natürlich nicht getan.

»Literatur unterm Hakenkreuz« ist 1967 in erster Auflage erschienen. Das Buch war ein Erfolg. Auf seinen Gegenstand bin ich nie wieder zurückgekommen.

7

Es gibt erzwungene, freiwillige und freiwillig-erzwungene Grenzüberschreitungen. Die letzteren sind die, die man sich selber auferlegt, die einem weder prophezeit noch nachgesagt werden, hinter denen weder gnadenlose Willkür noch heroische Entschlüsse stehen. Es sind dies die stillen, meist allerdings aus Widersprüchen sich herausdifferenzierenden Optionen jener, die zwischen irgendwelchen Stühlen sitzen, gelegentlich auch zwischen allen, die verfügbar sind.

Nicht im Deutschunterricht, nein, in Israel war mein Interesse an der deutschen Literatur erwacht. Es war im Kibbuz, wo ich als Sechzehn-, Siebzehnjähriger die Gedichte Rilkes, Georges und der Chinesen (in der Nachdichtung von Klabund) entdeckte. Hier lernte ich die Werke Thomas Manns — allen voran den »Tonio Kröger« — kennen und schloß mit ihnen eine bleibende, wenn auch nicht gleichbleibende Freundschaft.

Hier war es auch, wo die Gedanken Nietzsches das jugendliche Bewußtsein gleichsam aufbrachen und alles, was ich bis dahin unbefragt akzeptiert hatte, mit einem Mal in Frage stellten. Zu Brecht fand ich nur wenig später; ich hatte den Kibbuz inzwischen verlassen und eine Lehrstelle in einer deutschsprachigen Buchhandlung in Tel Aviv angetreten. Hier habe ich sowohl die Bekanntschaft mit einer spezifischen Form frühkapitalistischer Ausbeutung machen können als auch mit einer Literatur, die in wesentlichen Teilen die Ausbeutung bekämpfte: der deutschen Exilliteratur. Ich begann selber zu schreiben. Für Schublade und Papierkorb.

Mein Festhalten an der deutschen Sprache war in den Kategorien praktischer Vernunft ein Unding. Die Weichen waren indessen längst gestellt: In den kargen Stunden, die ein anstrengender Arbeitstag mir ließ, befaßte ich mich mit Dingen, die mir beruflich nichts einbrachten, und schob achtlos beiseite, was einem späteren Fortkommen in Israel hätte dienlich sein können. Eine intensivere Beschäftigung mit dem hebräischen Schrifttum etwa oder mit jüdischer Geschichte erfolgte paradoxerweise erst, als ich wieder in Deutschland war. In der widrigsten aller Zeiten blieb ich jener imaginären Heimat verbunden, die die Exilliteratur mir eine Zeitlang täglich vor Augen führte und die mit dem »Prinzip Hoffnung« zu einer so eigenartigen Einheit verschmolzen schien. Die tatsächliche Heimat heute tagtäglich vor Augen, ist es das Exil geblieben, das — um ein Wort von Horkheimer und Adorno aufzugreifen — zwar nicht nach Konservierung verlangt, jedoch an die »Einlösung der vergangenen Hoffnung« gemahnt.

Als der Nationalsozialismus an die Macht kam, war ich noch zu jung, um bereits etwas gelernt oder gar geleistet zu haben, gleichzeitig aber auch schon zu alt, um das bereits Gewordene, an mir Erfahrene verwischen oder gar auslöschen zu können. Ich war geprägt von einer Kindheit, die keine Fortsetzung fand, von einer Adoleszenz, in die Kindheit kaum eingehen konnte. Da war ein Bruch, der viele Narben hinterlassen hat. Sie konnten heilen oder nicht, sichtbar blieben sie allemal. Nicht zu übersehen etwa war der Gegensatz zu den Etablierten hüben (falls sie zurückgekommen) und drüben (falls sie, wie die Mehrzahl, geblieben waren), aber auch zu den endgültig Gestrandeten hier und dort. Ungleichzeitigkeit erwies sich vielleicht als das hervorstechendste Merkmal. Verspätet und/oder verfrüht, den Dingen nachhinkend und/oder sie vorausschauend: So bietet das eigene Spiegelbild sich dar. Grenzüberschreitung ein Leben lang.

Peter de Mendelssohn

Peter de Mendelssohn, geboren 1908 in München, emigrierte 1933 nach England; nach 1950 Londoner Korrespondent für deutsche Redaktionen, 1970 Rückkehr nach München. Romanautor, Essayist, Biograph und Herausgeber.

Bruchstücke aus dem Prolog zu dem unvollendeten Buch

»Den ganzen Weg zurück. Aufzeichnungen aus Deutschland 1945–1949«

Wien, 25. Juli 1934.

An diesem Tag lernte ich Hilde kennen. Wir trafen einander am frühen Nachmittag im Café Schottentor gegenüber der Universität, wo sie studierte, und saßen bis zur Abenddämmerung zusammen im Gespräch. Als wir schließlich auf die Straße traten und ich sie heim begleiten wollte, fanden wir den Ring, den Ballhausplatz und die umliegende Innenstadt abgesperrt, und die bewaffnete Polizei schickte uns auf einen großen Umweg. Es stellte sich heraus, daß ein nationalsozialistischer Umsturzversuch stattgefunden hatte und Bundeskanzler Dr. Dollfuß ermordet worden war, während wir unweit der Missetat im Café saßen und plauderten. Wir hatten nichts davon gemerkt.

Aber wir merkten es uns. Es dauerte noch vier Jahre, bis das Unheil unwiderruflich über Österreich hereinbrach; aber ich glaube, Hilde wußte von diesem Tag an, daß die Stunde des Abschieds von ihrer Heimat kommen mußte, und bereitete sich auf sie vor.

Mich plagte etwas anderes — das Schreckgespenst der Staatenlosigkeit. Ich war, soweit ich wußte, noch nicht offiziell ausgebürgert, und es galt Vorsorge zu treffen, solange dies noch nicht geschehen war. Mein deutscher Paß galt noch ein Jahr. Er war mir 1930, als der vorherige ablief, auf der deutschen Botschaft in Paris ausgestellt worden. Ein Jahr war nichts, bei diesen Zeitläuften. Danach saß ich in der Falle, wo immer ich mich befand, und konnte über keine Grenze mehr.

Ich ersann einen Schwindel. Ich ging in Wien auf die Polizei und erstattete eine Verlustanzeige. Ich erklärte, ich hätte auf ungeklärte Weise meinen deutschen Reisepaß verloren, vermutlich auf einem Ausflug im Wienerwald, auf dem ich den Rock ausgezogen hatte; der Paß, den ich als Ausländer immer vorsorglich bei mir trüge, sei wohl aus der Brusttasche herausgerutscht.

Ich gab meinen Paß einem österreichischen Freund zur Aufbewahrung, damit man ihn keinesfalls bei mir fand, und ging mit der amtlichen Verlustanzeige aufs deutsche Konsulat. Dort erzählte ich, während Hitler mißtrauisch von der Wand auf mich herabblickte, die gleiche Geschichte und ersuchte um Ausstellung eines neuen Passes. Man erklärte mir, man müsse vorerst bei der Stelle, die den verlorenen Paß ausgestellt hatte, die Richtigkeit meiner Angaben nachprüfen. Darauf hatte ich gehofft. Wenn man nur in Paris nachfragte und Paris die Anfrage nicht nach Berlin weiterleitete, konnte die Sache klappen.

Sie klappte. Paris bestätigte, und Wien stellte mir einen auf fünf Jahre gültigen neuen deutschen Paß aus. Der Beamte übergab ihn mir mit einem »Heil Hitler«; ich antwortete: »Besten Dank und leben Sie wohl« und war hinaus. Der zweite hatte zwar einen Hakenkreuzstempel, aber er gewährte mir auf weitere fünf Jahre Bewegungsfreiheit. Er lief am Tag des Kriegsausbruchs, dem 3. September 1939, ab. Das hatte wohl seinen Sinn. Sechseinhalb der vorausgesehenen zehn Jahre waren durchgestanden, und selbst wenn das Weltunheil länger dauerte, wurde für die verbleibenden Jahre kein Paß benötigt.

Wir spürten, daß der Boden des europäischen Festlandes zu wanken begann. Wohin? Wo konnten zwei junge Menschen noch mit einiger Zuversicht ein gemeinsames Leben aufbauen, ohne daß es ihnen augenblicks von Willkür und Rechtlosigkeit wieder zerschlagen wurde?

In Österreich war es unmöglich, sich mit der Schreibmaschine auch nur den bescheidensten Lebensunterhalt zu verdienen; und es lauerte die Gefahr.

In Paris war inzwischen eine französische Ausgabe meines letzten, noch in Deutschland erschienenen Romans »Schmerzliches Arkadien« herausgekommen; aber sie wurde wenig beachtet, und es ließ sich auf ihr keine Existenz aufbauen. Selbst wenn ich damals gewußt hätte, daß zwanzig Jahre später Julien Duvivier das vergessene Buch wiederentdecken und mir für die Verfilmung eine Million Francs geben würde, hätte ich so lange nicht warten können. In Frankreich, sagte mein Freund Eric Dancy, muß man jederzeit darauf gefaßt sein, daß das Straßenpflaster aufbirst und in einer lodernden Flamme der Teufel herausspringt.

In London hatte der Verlag Hutchinson eine englische Übersetzung meines noch in Berlin begonnenen, inzwischen fertig geschriebenen Romans »Das Haus Cosinsky« herausgebracht und einen hübschen Erfolg erzielt. Das war ein kleiner, aber solider Anfang. Doch die Übersetzung des Buches (von einem Ungarn namens Balogh geschustert!) mißfiel mir, und ich sagte zu meinem Freund Geoffrey Halliday von der Agentur Curtis Brown: »Soviel Englisch kann ich auch; das hätte ich selbst gekonnt und besser gemacht.« Er antwortete: »Bestimmt. Aber warum schreibst du dann nicht gleich englisch? Trau es dir zu und versuch's.« Ich hatte wohl nur noch dieses ermutigenden Anstoßes bedurft. Ein solcher Versuch bedeutete natürlich: in der Sprache leben, in England leben. Ich versuchte es.

Dieses neue Buch, ein autobiographischer Roman, war eine Bemühung, mit mir selbst und dem jüngst Erlebten ins reine zu kommen; es schilderte den letzten Winter in Berlin und das erste Exiljahr in Paris. Ich weiß nicht, ob ich dieses Buch auf deutsch zuwege gebracht hätte; der Stoff zerriß mir Herz und Seele. Da half die neue Sprache. Sie nötigte zu äußerster

Direktheit und Simplizität in Wortwahl und Formulierung. Sie erlaubte mir nicht, innere Unsicherheit mit sprachlichem Qualm zu verhüllen, ganz einfach, weil mir in dem neuen Idiom eine »schöne Schreibe« nicht zu Gebote stand. Mein Vater pflegte mir zu sagen: »Was man nicht ausdrücken kann, hat man nicht verstanden.« Für mich galt jetzt das Umgekehrte. Ich konnte nur das ausdrücken, was ich verstanden hatte, und auch das nur so, daß jedes Kind es verstand. Das war gut. Die neue Sprache erzwang Distanz. Die erzwungene Vereinfachung der Ausdrucksmittel objektivierte den Stoff.

Es war schwer, aber es ging. Überall anderwärts wäre es noch schwerer gewesen und nicht gegangen. Amerika? Es kam mir nicht in den Sinn, Europa zu verlassen. Die ersten Kapitel gefielen dem Londoner Verlag; er riskierte eine Vorauszahlung von fünfzig Pfund, und ich konnte weitermachen.

Auf der Insel bot sich fester Boden unter den Füßen. Hilde und ich heirateten am 30. Oktober 1936 in London.

Mit Hilde gab es kein Deutschland-Problem. Sie war Österreicherin und kannte Deutschland überhaupt nicht. Sie sah Deutschland zum ersten Mal auf der Durchreise von Wien nach London. Als sie in München ahnungslos an der Feldherrnhalle vorbeiging, wurde sie wegen versäumten Hitlergrußes scharf angefahren. Dieses Erlebnis sagte ihr genug.

Die Österreicherin in England neutralisierte Deutschland für mich. Je mehr Deutschland mit dem heraufziehenden Krieg zu unser aller Lebensgefahr wurde, desto weniger wurde es für mich selbst zur Seelenqual. Diese Frau war meine Heimat. Sie schenkte mir ein zweites Leben.

Jetzt dachten wir zum ersten Mal an die Möglichkeit Amerika. Die dritte Welle, die tschechoslowakische, rollte heran. Viele unserer deutschen und österreichischen Freunde in London verließen England und wanderten weiter in die weniger bedrohten Vereinigten Staaten. Liesl und Bruno Frank, die allzeit hilfreichen Freunde, waren nicht mehr da. Zuckmayer war gekommen und wieder gegangen. Stefan Zweig hatte sich einen Bart stehen lassen, sah wie ein uralter russischer Großfürst aus und murmelte verstörtes Zeug. Der Robert Neumann war uns geblieben.

Ein amerikanischer Verlag hatte inzwischen »All That Matters« gekauft. Mit dem bescheidenen Vorschuß ließ sich eine rasche Erkundungsfahrt über den Atlantik finanzieren. Ich fuhr Anfang November 1938, zum Erscheinen des Buches, nach New York. Das Buch war ein großer Prestigeerfolg. Ich traf viele alte Freunde wieder, erwarb noch mehr neue; alle beschworen mich, wir sollten nach Amerika kommen, alle boten Hilfe an. Ein Einführungsbrief des väterlichen Freundes Sir Philip Gibbs brachte mich mit Malcolm Johnson und Harry Maule vom Verlag Doubleday zusammen. Ich wechselte zu diesem großen Verlagshaus hinüber, schloß einen Vertrag über ein neues Buch und war eine Woche vor Weihnachten wieder in England.

Hilde hatte von einer ratlosen Freundin einen Brief erhalten: »Wo sollen wir hin? Amerika ist überfüllt ...«

Ich sagte: »Amerika ist nicht überfüllt. Wir hätten dort wahrscheinlich gute Möglichkeiten. Aber ich glaube, Amerika geht nicht. Der Krieg ist unvermeidlich. Wenn er kommt, wird England kämpfen. Wenn England kämpft, dann kämpft es nicht nur für sich selbst, sondern auch für uns. Wenn die Engländer ihrem Schicksal nicht davonlaufen, dann dürfen wir es erst recht nicht. Ob sie uns wollen oder nicht, wir sind ihre Verbündeten. Und wenn wir nichts beitragen können, so sind wir wenigstens dabei gewesen und haben es miterlebt. Wir sind Europäer. Wenn Europa in diesem Krieg untergeht, was wollen wir dann mit unseren gebrochenen Herzen in Amerika? Wenn Europa durchkommt, dann ist der Rückweg zu weit, und wir kommen als Fremde zurück. Man wird uns sagen: ›Ihr könnt nicht mehr mitreden, ihr habt es nicht miterlebt.‹ Wozu aber überleben, wenn man nachher nicht mitreden darf? Wenn wir aber überleben, dann können wir auch ein Kind durchbringen, so wie die jungen englischen Familien ihre Kinder durchbringen werden.«

Hilde sagte: »Ich möchte Österreich einmal wiedersehen.«

Ich antwortete: »Ich auch. Und Deutschland außerdem. Und zwar als erster, nicht als letzter.«

Hilde war siebenundzwanzig Jahre alt, ich dreißig. Wir beschlossen zu bleiben, und wir beschlossen unser Kind.

Im September 1941 fand in London ein Kongreß des Internationalen P.E.N.-Clubs statt. Aufgefordert, namens der in England lebenden deutschen Schriftsteller zu sprechen, hielt ich den Vortrag »Writers without Language« — Schriftsteller ohne Sprache. Darin legte ich den Unterschied dar zwischen »réfugié« und »émigré«, wie er mir damals erschien, und sagte am Schluß: »In der Welt nach dem Krieg werden beide gleicherweise notwendig und unentbehrlich sein — der ›Refugee‹, der in seine alte Heimat zurückgekehrt ist, und der ›Emigrant‹, der in seinem neuen Heimatland geblieben ist. Keiner von beiden wird seine Zeit vergeudet haben. Jeder wird auf seine Weise ein Bolzen oder eine Schraube in der großen Brücke sein, die wird gebaut werden müssen, um die Wasser zu überspannen und die Kontinente und ihre Völker wieder miteinander zu verbinden. In der Arbeit, die nach dem Krieg geleistet werden muß, werden sie einander die Hände über die schmalen Gewässer zu reichen haben, die jetzt solche Ozeane der Trennung sind, und wenn sie es nicht im Geist echter Zusammengehörigkeit tun, wird die Arbeit nicht geleistet werden. Aber sie wird und kann geleistet werden, weil sie sich in einem einig sind: in ihrem Glauben an die Macht des geschriebenen Wortes. Diesen Glauben haben die Mißbraucher des geschriebenen Wortes nur noch bestärkt.«

So waren alle unsere Lebensinstinkte auf Bestand, auf Gültigkeit, auf Endgültigkeit gerichtet. Gewiß, wir hatten anderwärts eine Vergangenheit gehabt, ein bereits gelebtes Stück Leben. Aber Hildes und meine Vergangenheit, unser erstes Leben, waren verschiedene Vergangenheiten gewesen. Eine gemeinsame Vergangenheit außerhalb dieser Insel hatten wir nicht. Alles, was wir zusammen erlebt, hatten wir hier erlebt, in diesem Land, in dieser Sprache, mit diesen Menschen, im Verlauf und nach den Gesetzen ihres Geschicks. Unsere Tochter war hier geboren und würde, so Gott wollte, hier aufwachsen; wir meinten ihr die Gewißheit zu schulden, wo sie daheim war, wo sie hingehörte. Und wir verlangten nach dieser Gewißheit selbst.

Die große Mehrzahl unserer Schicksalsgenossen, vor allem unserer eigenen Generation, dachte und empfand wie wir. (Bei den älteren Menschen, den Eltern, zeigte sich ein charakteristischer Unterschied: Die Österreicher, wie Hildes Eltern und ihre Freunde, hofften auf Heimkehr; den Deutschen schauderte zumeist bei dem Gedanken. Das war, wenn man's überdachte, begreiflich. Für die Österreicher ließ das Geschehene sich rückgängig machen, für die Deutschen nicht.)

So waren Hilde und ich, als Untertanen verschiedener Kaiser geboren, zu Untertanen desselben Königs geworden. Dem König wurde durch ein Mißgeschick meine Existenz zur Kenntnis gebracht.

Ich lebte und arbeitete im Tiefkeller des Ministeriums und wußte nicht immer, was droben zu ebener Erde und im Tageslicht vor sich ging. Eines Tages stand ich im Keller vor dem Aufzug, um in die Bibliothek im achten Stock hinaufzufahren. Der Aufzug schwebte, wie die Lichtzeichen anzeigten, unschlüssig auf halber Höhe herum, und ich drückte ärgerlich mehrmals den Rufknopf. Endlich hatte ich ihn erwischt, er kam herabgesaust. Die Tür öffnete sich, und drinnen standen drei verdutzte Menschen, die ich nichtsahnend in den Keller geholt hatte: der Minister Brendan Bracken, das Gesicht so feuerrot wütend wie sein perückenähnlicher irischer Haarschopf, ein Marschall der britischen Luftwaffe in hellblauer Uniform mit zahlreichen Ordensbändern und eine huldvoll lächelnde Dame. Noch ehe ich eine Entschuldigung stammeln konnte, zischte der Minister mich an: »Was zum Kuckuck soll das heißen? Wissen Sie denn nicht, daß ...«

Der König warf ihm einen kurzen Blick zu, der ihn verstummen ließ, und fragte: »Wohin wollen Sie?«

»In die Bibliothek, Sir. Im achten Stock.« (Später fiel mir ein, daß ich »Your Majesty« hätte sagen müssen; aber »Sir« war nicht falsch.)

»Steigen Sie ein«, sagte der König und trat etwas zur Seite.

Ich stieg ein. Der Minister drückte den Knopf. Der König und die Königin stiegen unterwegs aus. Ich fuhr weiter.

In London gab es zu jener Zeit eine Menge Könige und Königinnen, und es war für einen Journalisten nicht schwer, auf Empfängen und Pressekonferenzen ihrer ansichtig zu werden. Aber sie waren alle exilierte, entthronte, provisorische Könige. Dieser König war der einzige, der regierte. Und er war sein eigener Untertan.

Das Ministerium wurde häufig inspiziert. Eines Tages bemerkte ich im Vorbeikommen in der Haupthalle eine Menschenansammlung. Ein untersetzter, leicht gebeugt gehender Herr mit rosigem Gesicht, Stock und Zigarre schritt eilig vorbei. An diesem Tag vermied ich den Aufzug.

In jenen Sommerwochen 1940 plagte mich ein Traum, der mit geringen Abwandlungen immer wiederkehrte.

Die Deutschen waren gelandet, die Invasion Großbritanniens war gelungen, Nazipanzer und Soldaten kamen in Wimbledon unsere Straße herauf. Wir gaben unser winziges Töchterchen im Ursulinenkloster auf der anderen Straßenseite ab — wo sie später glücklich zur Schule ging —, ohne den Nonnen zu sagen, wer das Kind war. Dann nahmen wir Gewehre und Handgranaten (im Traum hat man ja mit der Handhabung selbst der kompliziertesten Waffen keine Schwierigkeiten, ebenso wie man fließend Chinesisch und Russisch spricht) und kämpften zusammen mit dem britischen Volk gegen die Eindringlinge, im vollen Wissen, daß es keine neutrale Grenze gab, über die man entweichen konnte. Die Nazis rückten vor und drückten die verzweifelt kämpfenden Engländer Schritt für Schritt zurück, die ganze Insel hinauf, bis nach Schottland, und drängten uns schließlich ins Meer. Ich stand mit einem Gewehr in der Hand bis zu den Hüften im Wasser und überlegte, was nun zu tun sei. In weiter Ferne am Horizont sahen wir den Schatten eines Zerstörers, der davondampfte. Jemand sagte uns, er bringe den König und Churchill nach Kanada.

Dann ertranken wir.

Später erzählte ich den Traum Arthur Koestler, der auf abenteuerliche Weise aus Frankreich entkommen war und seine Erlebnisse in »Scum of the Earth« (Abschaum der Menschheit) geschildert hatte. Ich mußte ihm recht geben, daß der Traum wenig bewies. Die Frage ist nicht, wie man sich in einer festgefügten, geeinten und entschlossenen Gemeinschaft benimmt — es bleibt einem kaum etwas anderes übrig, als Teil von ihr zu werden —, sondern wie man, ausgestoßen und schutzlos, inmitten einer entschlußlosen, auseinanderfallenden, halb wahnsinnigen Menschenmenge an sich selbst festhält. Ich bin sicher, daß ich ebenso wie Koestler einen fürchterlichen Frankreich-Komplex davongetragen hätte; aber es wäre wohl ein emotioneller und kein rationaler Kampf gewesen. Ich erinnere mich, daß »Scum of the Earth« einen tiefen Eindruck auf mich machte, als ich es inmitten des Bombenhagels in London las und versuchte, mir auszumalen, was aus meinem Vater geworden sein könne und ob ich ihn je wiedersehen würde. Aber anstatt Abscheu und Empörung in mir wachzurufen, rührte das Buch mich zu bitteren Tränen, um drei Uhr morgens, als die Luftabwehrgeschütze draußen donnerten und das Schrapnell prasselnd auf die Straße fiel.

Warum nur? Ich empfange meine Wunden lieber im Herzen als im Verstand; dort vernarben sie leichter. Aber schließlich, wer bin ich schon, daß ich Klage führe? Ich bin ja durchgekommen.

Hans Sahl

Hans Sahl, geboren 1902 in Dresden, floh 1933 aus Berlin, zu dessen jüngsten Theater-, Film- und Buchkritikern er damals gehörte. Exil in Frankreich, 1941 Flucht aus einem französischen Internierungslager nach New York, wo er heute noch lebt. Hörspiel-, Drehbuch-, Romanautor und Übersetzer.

Aus dem Roman

»Die Wenigen und die Vielen«

(Geschrieben während des Krieges in New York, abgeschlossen 1945, erschienen 1959 bei S. Fischer, Neuauflage 1977 bei Goverts)

Sand. Kiefern. Felder. Ein Bahnwärterhaus. Leere Güterwagen. Lichter.

Der Zug hielt. Der Name einer Station wurde ausgerufen. Uckro in der Mark. Geräusch von tropfendem Wasser und die Hammerschläge des Bahnarbeiters, der die Achsen abklopfte. Eine Gestalt huschte über den Bahnsteig, einen schweren Koffer nach sich schleifend. Eine Tür wurde zugeschlagen. Winkende Hände. Signallampe des Stationsvorstehers und der kurze, bellende Ruf: »Fertig!« Dann setzte sich der Zug wieder in Bewegung, die Lichter verschwanden ...

Ich nahm die Handtasche aus dem Gepäcknetz und öffnete sie. Obenauf lag zusammengefaltet ein kleiner blauer Zettel.

»Die Hemden sind gebügelt«, stand auf dem Zettel. »In der Blechschachtel sind Pfefferkuchen, zwei Tafeln Schokolade und eine kleine Flasche Kognak. Ich umarme dich. Auf Wiedersehen.« Die beiden letzten Wörter waren zweimal unterstrichen. Ich trank und aß und las ein paar Zeitungen, und nachdem ich sie gelesen hatte, versuchte ich zu schlafen.

Da hörte ich ein Gelächter.

Im Zug standen drei Männer in Uniform und rauchten. Der eine hatte den Fuß auf das Schutzblech der Heizung gestellt, und die Art, wie er seine Zigarette im Mund hin und her bewegte, hatte etwas Aufreizend-Obszönes. Er wußte, daß die Frauen, die sich an ihm vorbei durch den Gang zwängten, es sehen mußten, und er legte Wert darauf, daß sie es sahen. Auch die beiden andern sahen es und lachten. Sie waren die Sieger. Sie konnten tun und lassen, was sie wollten. Sie konnten das Gewehr von der Schulter nehmen und auf mich anlegen. Sie konnten mich auch aus dem Fenster des fahrenden Zuges werfen, wenn es ihnen paßte. Niemand würde sie daran hindern. Niemand hatte ein Interesse daran, sich in fremde Angelegenheiten zu mischen.

Der eine, der mit der Zigarette, sah zu mir herüber. Er suchte meinen Beifall. Ich sah das Gewehr und den Dolch, den er im Gürtel trug, und lachte. Und nachdem ich gelacht hatte, sah ich starr vor mich hin, auf das weiße Emailleschild mit der Aufschrift »Nicht in den Wagen spucken!«. Ich las es auf deutsch, auf französisch und italienisch, und von dort ging mein Blick zu der Notbremse und dem Schild »Mißbrauch bei Strafe verboten« und zu dem Heizungshebel mit den beiden Wörtern »Kalt–Warm« und von da wieder zu den drei Männern im Gang zurück. Sie standen noch immer da und lachten. Ich drehte mich zur Wand, und mein Ohr lag auf dem nackten Holz, und ich spürte die Räder unter mir und das Zittern des Zuges auf der langen, endlosen Fahrt durch die Nacht.

Da hatte ich einen Traum.

Drei Männer standen im Zug. Drei Soldaten. Der eine war blind, der zweite hatte keine Arme mehr, der dritte lehnte seinen verbundenen Kopf gegen das Fenster. Ringsum saßen Flüchtlinge aus zerstörten deutschen Städten, Männer, Frauen, Kinder, und starrten hinaus. Dort, in der Richtung auf Berlin, war ein Feuerschein am Himmel. Der Zug mußte mehrmals halten, um die Reisenden aufzunehmen, die auf offener Strecke zustiegen. Es gab keine Bahnhöfe mehr. Die

Schienen waren teilweise aufgerissen. Telegrafendrähte hingen wirr in der Luft oder hatten sich in den Bäumen verwickelt, die mit ihnen zu Boden gestürzt waren.

»Hast du eine Zigarette?« fragte der ohne Arme. Der Blinde griff in seine Tasche, zog eine heraus, brach sie auseinander und steckte die eine Hälfte dem ohne Arme in den Mund, nachdem er dessen Gesicht abgetastet hatte. Die andere Hälfte schob er sich selbst in den Mund. Der dritte, der mit dem verbundenen Kopf, sah durch die Löcher in seinem Verband den beiden zu. Er konnte nicht rauchen. Er hatte keinen Mund mehr. »Ob wir noch über die Grenze kommen werden?« fragte der Blinde. »Ich fürchte, sie werden uns nicht mehr durchlassen.«

»Sie lassen keinen mehr durch«, sagte der ohne Arme. »Und überhaupt: Es gibt keine Grenze mehr. Die Grenze — das sind wir selber. Weiter geht es nicht.«

»Wie ist das nur gekommen?« sagte der Blinde. »Wir waren doch einmal ganz oben. Wir haben ein großes Leben geführt.« Er machte wieder die unzüchtige Bewegung mit der Zigarette.

»Etwas muß falsch gewesen sein«, sagte der ohne Arme. »Aber was?«

Jetzt mischte sich der mit dem verbundenen Kopf ein. Er zeigte auf die Stelle, wo einmal sein Mund gewesen war. Dann zog er ein Stück Kreide aus der Tasche und schrieb etwas an die Wand.

Der ohne Arme las es dem Blinden vor. »Und wir haben doch gesiegt«, las er. »Wir haben zwar keine Arme mehr und keine Augen und keinen Mund. Aber daß wir überhaupt möglich gewesen sind — das war unser Sieg, daran kann niemand mehr etwas ändern.«

Die andern im Zug saßen da und schwiegen. Ihre Gesichter waren leer und ausgeblutet. Sie hatten starre, weit aufgerissene Augen, trotz der tiefen Müdigkeit, die sie umschattete. Mir gegenüber saß ein älterer Mann, der wie mein Vater aussah. Auf seinem Gesicht lag ein Strohhut. Man hörte nur sein Schnarchen und das metrische Geräusch der Räder, die wie eine abgespielte Grammophonplatte immer denselben Refrain wiederholten: »Nicht in den Wagen spucken. Ne pas cracher dans la voiture. Non sputare nella carozza.«

Ich erwachte, als der Zug plötzlich anhielt. In Fensterhöhe sah ich Gewehrläufe und Mützen. Es stiegen viele Leute ein, und fast alle Plätze in meinem Abteil waren besetzt, als der Zug nach einer halben Stunde weiterfuhr.

Wir näherten uns jetzt der Grenze. Türen gingen. Koffer wurden heruntergenommen und für die Zollrevision bereitgestellt. Jemand konnte seinen Paß nicht finden. »Ich habe ihn doch vorhin noch ...« Er klopfte kopfschüttelnd seinen Anzug ab. »Regen Sie sich nicht auf«, sagte ein anderer. »Sie werden ihn schon noch finden.« Die Grenze rückte näher. Plötzlich hielt der Zug. Ich trank den Rest des Kognaks aus und warf die leere Flasche auf die Bahngleise. Ein Herr, der in Dresden eingestiegen war, sagte: »Jetzt kommen sie gleich.« Die Gespräche verstummten. Alle sahen zur Tür. Worauf warteten sie? Sie warteten auf die Grenze. Die Grenze ging durch den Zug. Man hörte sie sprechen. Sie kämmte den Zug durch, von der Lokomotive bis zum letzten Wagen. Sie war sehr höflich. Sie kam auf einen zu und sagte: »Ihren Paß, bitte!« Hinter ihr, in den vorderen Wagen, die sie passiert hatte, war man bereits in einem andern Land. Aber hier war noch Deutschland. Hier konnte man noch erschossen und aus dem Fenster geworfen werden. Aber das würde nicht mehr lange so sein. Deutschland wurde immer kleiner. Jetzt bestand es nur noch aus dem Abteil, in dem ich saß. Gleich würde die Grenze zur Tür hereinkommen. Man hörte sie schon auf dem Gang. Sie trug schwere Stiefel, knarrende deutsche Lederstiefel. In der Hand hielt sie eine Liste, auf der viele Namen standen, Tausende von Namen, alphabetisch geordnet und mit Schreibmaschine vervielfältigt, korrekt, sauber, übersichtlich. Jetzt fiel ihr Schatten über die Tür. »Ihren Paß, bitte«, sagte die Grenze. Sie trug einen dunkelgrünen Lodenanzug und einen kleinen grünen Hut mit einem Gamsbart, wie ihn Forstbeamte zu tragen pflegen. Hinter ihr standen zwei Männer mit Dolchen und Gewehren. Der erste im Abteil gab seinen Paß ab. Der zweite. Der dritte. Dann stand die Grenze vor mir. Es gab nun nichts mehr zwischen uns. Deutschland war nur noch einige Zentimeter lang, so lang wie der Zeigefinger, mit dem sie über die Liste fuhr, um schließlich bei dem Buchstaben K stehenzubleiben. »Wie war Ihr Vorname?« sagte die Grenze. Ich verstand nicht gleich. Die Grenze sprach etwas undeutlich. »Ihren Vornamen«, flüsterte jemand neben mir. »Georg«, sagte ich. — »Wohin fahren Sie?« — »Nach Prag.« — »Was haben Sie dort zu tun?« — »Geschäftlich.« — »Wie lange?« — »Vierzehn Tage.« — »Hm«, sagte die Grenze. Sie konnte sich nicht von dem Buchstaben K trennen. Es gab viele Leute, die mit K anfingen, und die Liste war manchmal nicht vollständig. Immer neue Namen kamen hinzu, und solange sie noch den Finger auf der Liste hatte, war ein Mann, der mit K anfing, noch nicht draußen. Aber dann war der Finger plötzlich nicht mehr da. »Ihren Paß, bitte«, sagte die Grenze. Es war eine Stimme, die mich nichts mehr anging. Sie kam schon aus einem anderen Land. Die Lederstiefel knarrten. Die Grenze bewegte sich an mir vorbei. Sie trug einen grünen Lodenanzug und roch wie die kalte Zigarre meines Vaters.

Der Zug setzte sich wieder in Bewegung, fuhr aus dem Bahnhof hinaus und hielt auf offener Strecke. Zollbeamte in fremden Uniformen stiegen ein. Ich ging auf den Gang und öffnete ein Fenster. Drüben, auf dem Nebengleis, standen Güterwagen mit tschechischen Aufschriften. Die Nacht war schwarz. Irgendwo blökte ein Schaf.

Alphons Silbermann

Alphons Silbermann, geboren 1909 in Köln, studierte in Köln, Grenoble und Freiburg Jura und Soziologie und emigrierte 1940 nach Australien. Heute Professor und Direktor der Abteilung »Massenkommunikation« des Forschungsinstituts für Soziologie der Universität Köln.

Sprache im Exil

Von jeher haben sich Wissenschaftler der Sprache und ihrer Bedeutung im Leben der Gesellschaft zugewandt. Schon in den frühen Stadien des mythologischen Denkens interessierten sich die Menschen für die Sprache, ein Interesse, welches in den abendländischen Kulturen zunächst von der Philosophie aufgefangen wurde, um heute zu einem ausgeprägten Wissens- und Forschungsgebiet der traditionellen Geisteswissenschaften sowie der Sozialwissenschaften geworden zu sein. Vor allem wurde erkannt, wie sehr sich Sozialstruktur, Kultur und Sprache wechselseitig bedingen. Was diese wissenschaftliche Erkenntnis im einzelnen bedeutet und wie sie sich in der Praxis auswirkt, läßt sich sehr wohl an einem Beispiel dartun, welches ich meiner eigenen Lebenserfahrung entnehme.

Unter dem brutalen Hitlerregime wurden viele von uns, die wir in Deutschland geboren, dort seit Jahrzehnten ansässig, in der deutschen Sprache als unserer — wie man sagt — Muttersprache erzogen waren, außer Landes vertrieben. Wir verließen notgedrungen unseren Kultur- und Sprachkreis und suchten Zuflucht irgendwo, sei es in Europa oder fernen Ländern. Wir gingen ganz gleich wohin: solange man uns nur die Grenzen öffnete und uns leben ließ. Ich selbst zum Beispiel fand mich nach Jahren rastloser Wanderung zuerst in Holland, dann in Frankreich, endlich in Australien wieder. Und so mußte es verständlicherweise dazu kommen, daß ich gezwungen war, innerhalb von nur sieben Jahren meinen Lebensunterhalt in drei verschiedenen Sprachen, nämlich Holländisch, Französisch und Englisch, zu verdienen.

Nun weiß man, daß manche Menschen sehr sprachbegabt sind, was eigentlich nur bedeutet, daß sie in der Lage sind, recht schnell eine Sprache zu erlernen. Diese Tatsache hat allerdings nur wenig mit dem von mir hier aufgerollten Problem der Wechselbeziehungen zwischen Sozialstruktur, Kultur und Sprache zu tun. Geht doch diese Problematik weit über das aktuelle Erlernen einer Sprache hinaus, nämlich bis tief hinein in die Psyche, in die Mentalität eines Sprachgebildes und seines Umkreises. Wir können es jedesmal beobachten, wenn beispielsweise französische Schlagersänger uns in deutscher Sprache ein Liedchen von Liebe und Träumen vorplärren. Wie Papageien imitieren sie Sprachklänge — aber ich bin sicher, daß sie niemals in deutscher Sprache, sondern nur in der ihrer Psyche eigenen französischen lieben und träumen werden. Die Wechselbeziehung, von der hier die Rede ist, ist also gar nicht so einfach herzustellen. Sie führt direkt in die Mitte eines Dilemmas, das folgendermaßen aussieht.

Kaum waren wir Emigranten auf australischem Boden gelandet, kam ein gütiger Wohlfahrtsfunktionär auf uns zu, begrüßte uns und sagte: »Sie dürfen hier nur englisch sprechen; in der Öffentlichkeit bitte kein deutsches Wort!« Da standen wir nun wie die begossenen Pudel, vor allem diejenigen, die nicht einmal »guten Morgen« auf englisch sagen konnten. Also schwiegen wir uns in der Öffentlichkeit aus, spielten die Taubstummen und fluchten im Innern auf deutsch. Alte wie Junge stürzten sich in Englischklassen, suchten und fanden »Jobs« anstelle von Arbeit, aßen entgegen allen europäischen Gewohnheiten um 6 Uhr abends ihre Hauptmahlzeit, das Dinner, lebten tagsüber von Butterbroten, den Sandwiches — kurzum, mit den Lebensgewohnheiten der Australier begannen wir auch deren Sprache zu integrieren.

Diese Integration, dieses Verinnerlichen einer Sprache gelang den meisten Emigranten nur teilweise; denn sie pendelten in Wirklichkeit zum einen hin und her zwischen dem ins ferne Land mitgebrachten, untereinander weiterhin gesprochenen deutschen Idiom und dem fremdländischen. Zum anderen war es ein geistiges Hin und Her zwischen dem, was sie um ihrer Existenz willen außerhalb des Hauses im Englischen von sich gaben, aber in Deutsch dachten. Das brachte zwei Folgen hervor. Zunächst einmal entwickelte sich eine neue Sprache, und zwar diejenige, die ich als »Emigranto« bezeichnen möchte. Es ist dies eine Mischsprache, die dadurch entsteht, wenn wie im vorliegenden Fall versucht wird, deutsch Gedachtes in die Fremdsprache Englisch zu übertragen.

Ein Beispiel: Auf der Straße treffen sich zwei Emigranten. Fragt der eine: »Wie geht es dir?«; antwortet der andere: »Ach, man sausaged sich so durch« — womit er sagen wollte: »Man wurstelt sich so durch«, indem er das englische Wort sausage für Wurst zu einem deutschen Verb umformte.

Dieser Vorgang einer Sprachenüberdeckung, um nicht zu sagen: einer Sprachenverhunzung, muß auf die Dauer unweigerlich nicht nur zum Niedergang der Reinheit einer Sprache führen, sondern obendrein auch zum Verlust der Sprache als Kulturgut. Viele von uns haben sich gegen dieses »Emigranto« verwahrt. Sie versuchten um ihrer eigenen Denkkraft willen, wenn schon Deutsch, dann auch reines Deutsch zu sprechen. Jedoch auch dieses »reine Deutsch«, dieses Merkmal einer Kultur, mußte verbleichen; denn es lebte abgeschnitten von seinem früheren Kulturkreis nunmehr in einem anderen, das heißt: Es stagnierte, es begann auszusterben. Während wir auf der fernen Insel im Pazifischen Ozean noch die Sprache eines Arnold Zweig und eines Thomas Mann sprachen, entwickelte sich die Sprache im Nachkriegsdeutschland weiter. Vor allem, so mußten wir feststellen, als wir unsere frühere Heimat aufsuchten, wurde aus dem Schriftdeutsch wie aus dem Unterhaltungsdeutsch ein Americo-Deutsch. Wir essen »Hamburgers«, fahren unsere Autos ins »Parking«, gehen »jobben«, nehmen einen »Snack« zu uns, sprechen mit unserem »Dealer«, kaufen uns ein »Ticket«, gar nicht zu sprechen vom »Feedback«, den uns die Massenmedien vorenthalten. Und da nun mal Sozialstruktur und Kultur der Amerikaner oder der Angelsachsen insgesamt von der unseren recht unterschiedliche sind, wir uns ihnen aber zumindest im Sprachverhalten ihrer auf Effizienz ausgerichteten Praktikabilität angleichen wollen, übernehmen wir allzu willig solch nichtssagende, wenn überhaupt, nur dem Fortlauf einer Unterhaltung dienende Redewendungen wie zum Beispiel »eine Sache im Raum stehen lassen«, sprechen übertrieben von einem »Anliegen«, wenn es sich nur um eine Gefälligkeit handelt, antworten auf jede noch so zweifelhafte Feststellung mit dem unpassenden Wörtchen »genau« oder lassen uns, ohne erst eine Antwort abzuwarten, unsere eigenen Feststellungen dadurch bestätigen, daß wir dumm wie ein Zirkusclown hinter jedem zweiten Satz ausrufen: »Oder wie siehst du das?«

Jedes Volk, jede Gesellschaftsgruppe beschäftigt sich mit ihrer Sprache, indem sie sie benutzt. Denn dadurch, daß sie sie so rein wie möglich benutzt, so differenziert, so klar, so eindeutig wie nur möglich, strukturiert sich nicht nur die Sprache selbst, sondern über und durch sie auch eine jede sie benutzende Gesellschaftsgruppe. Uns deutsche Emigranten hat man zu Sprachnomaden gemacht; an den deutschen Erziehungswissenschaftlern ist es, die deutsche Sprache nicht zu einer Bastardensprache werden zu lassen.

Ulrich Sonnemann

Ulrich Sonnemann, geboren 1912 in Berlin, studierte erst in Deutschland, dann im Exil Philosophie und Sozialwissenschaften. 1934–39 in der Schweiz, danach in Belgien. Flucht in die USA. 1955 Rückkehr nach Deutschland. Philosophische und zeitkritische Essays, Übersetzungen, ein Roman.

Gurs 1941

Geschichte von der Gegenrichtung des Uhrzeigers

Die Geschichte, die ich erzählen will, da sie mich vor ihrer Alternative rettete, die mit tödlicher Gewißheit die Verschleppung nach Polen gewesen wäre, wird demnächst vierzig Jahre alt. Von sieben überschrittenen Grenzen, über die sich mein Exodus aus der Festung Europa vollzog, geht es in ihr nur um eine.

Und diese eine ist noch nicht einmal auf irgendeiner Landkarte zu entdecken; obwohl es gerade doch, das ist daran das Merkwürdige, die politische Geographie war, was das Motiv der Geschichte stellt. Sie widerfuhr mir in Frankreich, wohin ich, der zuletzt in Brüssel gelebt hatte, mit vielen Tausenden von Emigranten in Güterwaggons verbracht worden war, als im Mai 1940 Hitlers Westoffensive begann, seine Armeen sich näherten. Zunächst war das die Rettung vor ihnen: Nach der französischen Kapitulation beließ es uns in den Lagern der noch unbesetzten Teile Südfrankreichs. Über mehrere Zwischenlager, erst im Poitou, dann ein halbes Jahr lang, man durfte sogar baden, am Mittelmeer, waren wir im Spätherbst in eine Barackenstadt der mittleren Pyrenäen verfrachtet worden, die total ungeheizt war.

Die Szene ist Gurs, Département Basses-Pyrénées, nicht weit von Pau; über dreitausend Zivilinternierte, Frauen und

Männer, zum überwiegenden Teile sogenannte rassisch Verfolgte. Aber es gab auch Fahnenflüchtige der deutschen Armee, wie einen Angehörigen der berühmten Zirkusfamilie Wallenda, der untröstlich sich um seinen Seelöwen ängstigte, er hatte ihn, von der Straße weg verhaftet, in einer Brüsseler Hotelbadewanne zurücklassen müssen. Viel effektiver, ich kann es bezeugen, als die Lagerärzte der Infirmerien heilte er Streptokokkeninfektionen buchstäblich über Nacht mit Zitronensaft, ebenso erfolgreich haben wir ihn später in unserer Baracke versteckt, als eine deutsche Offiziersdelegation, die nach Deserteuren fahndete, in die Lager kam. Die Gurser Landschaft ist schön, Ernährung und hygienische Verhältnisse schrecklich, die Todesrate enorm. Wenn man morgens aus der Baracke tritt und den Blick hebt, der von der plötzlichen Helle geblendet ist, wird er nur dann, wie er möchte, auf die schon weiß schimmernde Hauptkette des Gebirges fallen, wenn er zuvor auf die eigenen Füße geachtet hat, daß sie den schmalen Plankensteg nicht verfehlen. Sonst stecken sie schon im Morast, bis über die Knie: Gurs, das erleichtert seine Isolierung gegen die Dorfbevölkerung der benachbarten Täler, ist Rest eines Hochmoors. Aller Verkehr zwischen den Baracken vollzieht sich über diese wackeligen Laufplanken, und vorausgesetzt, man hat einen Passierschein, gilt das weitgehend auch für den zwischen den stacheldrahtumzäunten »Inselchen«, den Ilôts, zu denen außer nach Geschlechtern die Baracken auch nach Herkunftsgruppen geordnet sind. In einem dieser Ilôts, erfahre ich Mitte März 1941, haust der Dichter des »Glühenden«, des »Sfaira« und des »Throns der Zeit«, Alfred Mombert: neunundsechzigjährig, krank, aus der Ruhe seines Heidelberger Hauses gerissen, in diese Sümpfe verschleppt.

Es ist schwierig, nach der geltenden Lagerordnung, von Ilôt J nach Ilôt D zu gelangen, aber es glückt. Auf den Besuch komme ich bald, einiges wenige ist zum Verständnis der Entscheidung, die er beschleunigt, vorauszuschicken. Den Passierschein gibt ein Leutnant Guyot aus, der sich nicht allein in dieser Einöde langweilt, sondern zu den Verhältnissen, die ihn uns bewachen lassen, soviel kritischen Abstand gewonnen hat, daß er manchmal abends zum Schach kommt. Andere seiner Kameraden, die zunehmend ebenfalls kommen, ziehen Bridge und Belotte vor, wieder andere, die er darin bestärkt, die improvisierten Veranstaltungen der in unserem Ilôt organisierten Kulturbaracke, aber die ganze Gruppe von Offizieren, in der er mit zwei andern das Sagen hat, sabotiert die rigiden Anordnungen des Kommandanten, eines petainistischen Martinets. Um so korrekter, was der Geschehnisse wegen dann von einschneidender Wichtigkeit für mich werden wird, hat diese Gruppe keimender Macquisards die Interessen der Internierten geschützt, unter ihnen kleine Differenzen geschlichtet, größeren vorgebeugt. Es gab zwischen den Gefangenen, unter denen sich gerade in meiner Baracke reiche Geschäftsleute und Industrielle befanden, die zum Teil sehr erhebliche, in Säckchen eingenähte Dollarbeträge unter dem Hemd trugen, oft auch untereinander um Geld spielten, riesige Unterschiede der Liquidität, wenn auch einiges davon der internationalen Umstände wegen etwas Zufälliges und Verzerrtes hatte. Mit der Etablierung ambulanter Zusatzküchen durch Internierte, denen Kontakte mit den umliegenden Dörfern gelungen waren, führte das zu einer Ungleichheit der Versorgungslage in den Baracken, die die Offiziersgruppe auf den Plan rief. Als Gegenmittel schlug sie eine Verbrauchssteuer auf solche Käufe vor, deren Ertrag diese Ungleichheit kompensieren sollte. Es klappte nicht, war undurchführbar, stärkte unter den Internierten aber das Gefühl, daß man sich auf diese Gruppe verlassen konnte.

Da ich mit Guyot Schach spielte, öfters mit ihm Gespräche hatte, teilte ich diese Empfindung erst recht. Aber meine eigenen Mittel waren zu Ende, Geldsendungen von meinem Konto in Belgien unmöglich, Kredite, die ich in der Schweiz gehabt hatte, erschöpft, begrenzte Möglichkeiten, die in den USA lagen, für das Affidavit und die Schiffskarte zu reservieren, darüber hinaus unverfügbar; zweifelhaft war schon, ob sie für die genannten Verwendungen reichen würden. In diesem März, kurz bevor ich Mombert besuchte, erreichte mich dann die Nachricht aus den USA, daß ein Nonquota-Immigrationsvisum — Publikationen in der Schweiz hatten mich auf die Liste der spezieller Gefährdeten setzen lassen — für mich bewilligt war, das schon hinübergelangte Freunde im Verein mit meiner Schwester beantragt hatten. Davon Gebrauch machen hieß indessen — und woher hätte ich die Mittel beschaffen sollen, die Kreditgeber waren selbst knapp —, daß ich meine Verlegung in das Auswandererlager von Les Milles zwischen Aix und Marseille betrieb, in Marseille mich, wahrscheinlich wochenlang, um die Unzahl der erforderlichen Papiere bemühte, schließlich noch die Reise nach dem spanischen Hafen bezahlen konnte, von dem aus die Passage Mitte 1941 noch möglich war. Das alles war unmöglich; und nicht weniger unmöglich schien eine bestechende, abenteuerliche Idee zu sein, es doch möglich zu machen, die mir in diesen Tagen gekommen war.

Erst Mombert überzeugte mich, daß sie Aussichten hatte, das Projekt, das da vorschwebte, nicht so phantastisch war, wie es heute noch im Rückblick erscheint. Jedenfalls habe ich es ihm zu danken, daß ich es noch am selben Abend, zurück in meiner Baracke, in Angriff nahm, indem ich gleich hinüber zu Gerson ging.

Gerson war der Reichste in der Vierergruppe, die der Rest von uns die Bankiers nannte. Nicht nur konnte er sich nach allem, was man über ihn wußte, seine Spielleidenschaft wirklich leisten, er bot auch gewohnheitsmäßig bei differierenden Voraussagen Wetten an; aber obwohl die Bedingungen, die er dabei vorschlug, in ihrer vorteilhaften Ungleichheit für den erhofften Kontrahenten verlockend schienen, stieß er kaum je auf Abnehmer. Zu evident, um dagegen zu halten, waren seine eigenen Voraussagen, auf die er solche Wetten bot, das schlicht Einleuchtende, nur hatte dieser Plausibilitätssinn des welterfahrenen Mannes eine schwache Stelle: Drei Abende vorher hatte ich sie in einer Unterhaltung mit ihm wahrgenommen, es bloß selber nicht glauben wollen.

Aber ich eile voraus. Die Wette, die ich ihn dazu brachte *mir* anzubieten und deren Gewinn mich gerettet hat, kann nicht ohne die Dinge verständlich werden, die bei Mombert zur

Hermann Kesten

△ Eröffnung der Bremer P.E.N.-Tagung durch Bürgermeister Hans Koschnick und P.E.N.-Präsident Walter Jens.

▽ Peter de Mendelssohn und P.E.N.-Generalsekretär Martin Gregor-Dellin.

Peter Rühmkorf appelliert an den P.E.N.: »Wir arbeiten nicht für Springer-Zeitungen. Wir schreiben nicht für Springer, weil er die Leser betrügt, wenn er behauptet, überparteilich und unabhängig zu sein. Wir schreiben nicht für Springer, weil seine marktbeherrschende Macht nicht der Ausbreitung von Meinungsvielfalt, sondern ihrer Gängelung und Einengung dient. Wir schreiben nicht für Springer, weil der in seinen Blättern praktizierte Journalismus den Grundsätzen der Demokratie Hohn spricht . . .« Schon in Bremen schlossen sich 61 P.E.N.-Mitglieder diesem Appell als Erstunterzeichner an.

Walter Jens wurde in Bremen erneut zum Präsidenten des P.E.N.-Zentrums Bundesrepublik Deutschland gewählt.

Hilde Spiel

△ Günter Kunert △ Peter Härtling

▽ Bernt Engelmann

△ Peter de Mendelssohn

△ Walter Fabian

▽ Willy Brandt

Die Mitgliederversammlung des bundesdeutschen P.E.N.-Zentrums.

△ Wahl des neuen Präsidiums. Bei der Stimmabgabe: Ingeborg Drewitz, Martin Gregor-Dellin, rechts außen Gerd E. Hoffmann.

▽ Mitglieder des neugewählten Präsidiums, von links nach rechts: Ingeborg Drewitz, Dorothee Sölle, Christine Brückner, Geno Hartlaub.

△ Von links nach rechts: Eberhard Fechner, Horst Krüger, Richard Hey, Martin Gregor-Dellin, Wolfgang Bächler.

▽ Von links nach rechts: Willy Brandt, Rodolfo Caltofen, Ulrich Sonnemann, Walter Jens, Günter Grass.

Fritz Landshoff, der heute in New York lebt, war von 1933 bis 1940 im Querido Verlag, Amsterdam, tätig, wo zahlreiche Werke der deutschen Exilliteratur erschienen.

Ernst Loewy ▷

▽ Ulrich Sonnemann und Ossip K. Flechtheim.

△ Aufmerksame Zuhörer: Hermann Kesten, Martha Marc, Wolfgang Emmerich.

▽ Harry Buckwitz (links) im Gespräch mit dem Präsidenten des P.E.N.-Zentrums DDR, Heinz Kamnitzer.

△ Stephan Hermlin (DDR), einer der Vizepräsidenten des internationalen P.E.N., im Gespräch mit Wolfgang Bächler.

▽ Von links nach rechts: Ingeborg Drewitz, Hilde Spiel, Marcel Reich-Ranicki, Kurt Sontheimer.

Beim Spaziergang durch die Bremer Altstadt: Ingeborg Drewitz und Charlotte Beradt.

Sprache kamen. Mit einiger Sorge bin ich an jenem Märztag, ich meine jetzt nicht die längst chronische Finanzsorge, zu ihm aufgebrochen, nach Erfahrung und Urteil war mein Verhältnis zu seiner Dichtung nicht so widerstandslos, wie ihre Hermetik zu fordern schien. Was für ein Anspruch auf Absolutheit in ihr lag, ein Mombertianer war ich nicht, wenn auch beeindruckt: Oft hatte ich in seinen Werken mehr Beschwörung gesehen als das Beschworene auftreten hören, oft ein sinnliches Gelingen des Wechsels der Töne vermißt, der doch ihr Bauprinzip sein sollte. Das beständig Ekstatische dieses hymnischen Gesangs schien oft fremd, ja es war dann, als habe Terpsichore eine ziemlich unnachsichtige Dauerumarmung zu dulden, an der sie ersticken konnte. Und dann hatte es andere Stunden gegeben, zu denen ich diese Dichtung ganz anders hörte, die Eigenart ihrer Bilder gegen die Bildungsrequisiten, die sich in ihr häuften, sich durchsetzte, ihr prophetischer Zug alles das an ihr durchdrang und verwandelte, was zuvor bloßer Schwall schien.

Dieser Widerstreit der Vorgefühle wurde durch die persönliche Erscheinung Momberts nicht entschieden, sondern schlicht aus dem Weg geräumt. Von seiner Dichtung, wenn es ihn auch freute, daß ihn einer besuchte, der zu wissen schien, wer er war, war gar nicht die Rede.

Anders als sein Antipode George hatte er nichts Feierliches, Huldigungen Heischendes, sondern war leger, freundlich gesprächig, in der Art zu reden von einem federnden, mit Understatements gespickten Humor, den ich von einem deutschen Hymniker nicht erwartet hatte. Der beherrschende Eindruck war der großer menschlicher Wärme und einer solchen Freiheit des Urteils, daß ich mir vornahm, seine Prosa zu lesen, die ich nicht kannte. Mitten in der Gurser Misere, und obwohl man ihm sein Leiden ansah, an dem er ein Jahr später bei seinen Winterthurer Freunden gestorben ist, fand ich ihn zu meinem Erstaunen vergnügt, ja von einer euphorischen Zuversicht. Er erklärte sie selber aus einer allgemeinen und einer besonderen Ursache, letztere war die schon greifbare Aussicht, die sich vom nächsten Monat an dann verwirklicht hat, durch die Bemühungen seines mäzenatischen Freundes Hans Reinhart entlassen zu werden und in die Schweiz einreisen zu dürfen, erstere eine Schutzschicht seines Wesens, mit der der Geist selbst ihn gegen die Unbilden einer Weltgeschichte versehen habe, die des Geistes eigenes Werk sei. Dieser Anspruch auf geistige Alldurchdringung war mir aus seiner Dichtung, die eine Geschichtsphilosophie beherbergt, vertraut, andererseits merkte er schnell, wie sehr das mein eigenes Thema war, wollte dann auch mehr über meine Umstände wissen, das Gespräch war sehr lebhaft. Zur Sternstunde wurde es, als ein folgenreicher Konsens sich herausschälte, daß die Vernunft eher auf eine Erweiterung ihrer szientifisch eingeengten Erfahrungsbasis verwiesen sei, als sie nach Hegelschem Muster noch von einer Ausdehnung ihres eigenen Begriffes Gewinn habe. Wenn sie ihre Abgrenzung gegen das reiche Leben der Sinne, den schönen Überfluß der Phantasie widerrufe, könne das auf Räumliches, Optisches nur nicht länger beschränkt bleiben; die Zeit selbst, sagte Mombert, *Geschichte*, sei unverkennbar in ihren Ordnungen dichterisch, so der Sinnlichkeit zugänglich, daß die Vernunft sie wohl durchdringen könne, mit der Furchtlosigkeit, die sie dafür brauche, aber erst dann, wenn sie ihr eigenes Sinnliches, Dichterisches nicht mehr verleugne.

Diese Bemerkung gab mir das Stichwort. Ich teilte ihm eine Wahrnehmung mit, die ich in der Muße des Lagerlebens an der sinnlich greifbaren Bewegungsfigur des expandierenden Nazireiches gemacht, bisher verschwiegen hatte und auf die, wie mir schien, eine Voraussage über die Aggression, die als nächste fällig war, und über ihren Zeitpunkt ziemlich präzise zu gründen war.

Was ich entdeckt hatte, war etwas sehr Einfaches.

Hitlers Reich schlug nicht nur um sich, sondern dieses Um-sich-Schlagen, das gar nicht wörtlich genug zu verstehen war, war doch nicht regellos, es folgte im geographischen Raum einer einheitlichen planimetrischen Richtung: der *gegen* den Uhrzeiger. Von Wien im März 1938 über Prag ein Jahr später, Warschau noch im September des gleichen, Dänemark und Norwegen im nächsten April zur großen Westoffensive gegen Frankreich und die Beneluxländer wenige Wochen danach war das nicht allein eine klare Kreisbewegung — gegen den Uhrzeiger; eben als Bewegung, raumzeitliche Einheit, konnte sie nur angemessen erfaßt werden, wenn man ihrer Beschleunigung Rechnung trug, der sie in offenbar ebenso strenger, unbewußter Stetigkeit unterworfen war wie der Anziehungskraft fremden Raumes. Für die Voraussagbarkeit der Aggressionen ergab das als perfektionierendes Merkmal, daß ihre Zeitabstände sich beständig verkürzten — nicht allein das jeweils nächste Ziel der Bewegung auf der Landkarte Europas bestimmbar war. Daß sie keineswegs mit der Westoffensive an ihrem Ende war, zeigte sich jetzt schon; mit dem deutschen Eingriff in Libyen — Rommels beginnender Offensive, die seit dem vorigen Monat im Rollen war — hatte diese unverkennbare Kreisbewegung — zur Spirale geworden — abermals den Süden erreicht; ihre nächste Station, unmittelbar bevorstehend, mußte der Südosten sein, Jugoslawien und Griechenland, woraufhin sie, gleich danach, in den Osten wieder zurücklaufen mußte: diesmal *jenseits von Polen* — was hieß, daß sich die Spirale vollendete.

Mombert fand das sehr hörenswert und mit den Fakten der Zeitgeschichte in nicht zu bestreitender Übereinstimmung. Auch daß die Spiralbewegung, die ja selber kaum Absicht der Nazis, sondern Resultat ihrer Blindheit sei, im Gegensinn des Uhrzeigers sich vollziehe, gebe zu denken; der stille Witz dabei sei, daß gegen eine Dämonie, die sich das Sonnenrad unter den Nagel gerissen und es wie alles dabei verfälscht, nämlich verdreht habe, die Wahrheit des alten Swastika aufstehe, der sich nämlich nach links drehe.

Er verabschiedete mich mit viel Herzlichkeit; das Placet für mein Projekt, das er in meiner Situation äußerst einleuchtend fand, war erteilt. Auf dem Weg zurück ins Ilôt J überdachte ich die Abschätzungen des in Frage stehenden Datums für Hitlers Einfall in Rußland genauer. Es war inzwischen Ende März, der Südostfeldzug stand selbst noch bevor, wenn auch nach den Nachrichten, die uns erreichten, seine Vorzeichen sich täglich verdichteten. Aber wenn Hitler noch vor dem

Winter in Moskau sein wollte, mußte er auf alle Fälle noch in der ersten Jahreshälfte auch damit beginnen.

Noch am gleichen Abend verwickelte ich Gerson in ein Gespräch über die weltpolitische Lage. Er fand die Möglichkeit eines Bruches des Stalin-Ribbentrop-Paktes auf die Dauer nicht abwegig, nur für das laufende Jahr, vor dem 1. Juli gar, vollständig lachhaft. Dem entsprach die Wette, die er wie erwartet mir antrug: 800 Dollar — damalige — gegen einen. Guyot protokollierte. Wir unterschrieben vor drei Zeugen, Kameraden von ihm, im Licht — anderes gab es nicht — dreier Kerzen. Es wurde ein sehr würdiger Abschluß, blieb auf Wochen Barackenthema.

Am Nachmittag des 22. Juni hatte ich 800 Dollar; keine Sekunde zögerte Gerson zu zahlen, seine Gratulation selbst klang aufrichtig. Da das Ereignis die Gewißheit samt ihren Konsequenzen für die Verfolgten bedeutete, daß Hitler seinen Krieg schließlich verlieren werde, hatte das seinen guten Grund. Ich reklamierte dann erst mein Visum beim amerikanischen Generalkonsulat in Marseille, der Bescheid lag dort seit Wochen, war nur in dem Andrang von Tausenden von Visumsangelegenheiten verzögert worden, aber der bestätigende Brief, den ich für die Entlassung aus dem Lager, die mit ihr verbundene Verlegung nach Les Milles brauchte, kam zu meiner Freude nun postwendend. Danach ging alles sehr schnell. Einmal aus Gurs heraus, entdeckte ich auch ein Komitee, das beschleunigend bei der Beschaffung der meisten Papiere half, die für die Reise benötigt waren. Noch in den letzten Junitagen war ich in Les Milles, schon in der dritten Juliwoche in Spanien, am 12. September lief die »Navemar« nach mehrfach unterbrochener Überfahrt in New York ein.

Noch vor Jahresende waren die USA im Krieg. Der amerikanischen Landung in Nordafrika folgte sofort die deutsche Besetzung des noch unbesetzt gebliebenen Teiles von Frankreich. Soweit die in den Lagern Zurückgebliebenen nicht entkamen und in der französischen Bevölkerung untertauchten — die in zahlreichen Fällen, von denen ich später hörte, ihnen dabei sehr behilflich war —, wurden sie im Herbst 1942 von den Deutschen nach Polen geschafft. Es waren meistens, außer den Kranken, die vollkommen Mittellosen. Das Schicksal, das sie im Osten erwartet hat, ist notorisch, in einem Fall, wo mir der Betreffende nahestand, wurde es von dessen Witwe, als ich sie 1955 in Aachen besuchte, bestätigt.

Von Gerson habe ich naheliegende Gründe zu vermuten, daß er sich retten konnte.

Soweit die Geschichte, die hier zu Ende ist, sich nicht selbst kommentiert, ist mir heute zweierlei an ihr auffällig: Erstens, die Grenze, die ich an einem entscheidenden Punkt in ihr hinter mir lasse, wurde anders als die anderen sechs gar nicht überschritten, sondern durfte sich auflösen; eine *Entgrenzung* des erkennenden Ichs ist in dem im Spiel, was von Alfred Mombert ermutigt wurde.

Zweitens und komplementär dazu, denn im Grunde ist die Einsicht, die in beidem sich ausdrückt, die gleiche: Die Entdeckung, der ich die gewonnene Wette, mit ihr mein prekäres, gerade noch rechtzeitiges Entkommen verdanke, war eine Frucht reiner Betrachtung.

Zu griechisch »theoria«. Man darf dieses Wort nur nicht so eng und so sterilisiert hören, wie unser Wissenschaftsbetrieb es begreift. Er begreift damit immer weniger, am wenigsten sich selbst und die Verkümmerung des erkennenden Auges und Ohrs, der er Vorschub leistet. Aber diese Klärung vorausgeschickt, hat meine Geschichte von damals, ihr schließlicher Sinn, etwas Unmißverständliches: Theorie ist in jener Lage nicht nur praktisch gewesen, sondern das einzig Praktische.

Freilich bedeutet die Klärung auch, daß man Theorie nicht nach Belieben in Gang setzt. Sie ereignet sich oder läßt es bleiben. Ich hatte Glück.

Hilde Spiel

Hilde Spiel, geboren 1911 in Wien, studierte Philosophie und ging 1936 ins Exil nach London. 1946 erste Rückkehr nach Wien, bis 1963 Korrespondentin in London, lebt seither wieder in Wien. Romane, Essays, Biographien, Kritik.

Ich lebe gern in Österreich

Bekenntnis einer Heimgekehrten

Es geht nicht um Distanz, Erwägung, kühles Urteil, in meinem Fall. Vom Brennendsten und Privatesten ist zu berichten — denn was wäre brennender als eine immer noch nicht ganz geheilte Wunde, was privater als das Gefühl, oder die gelegentliche Abwesenheit eines Gefühls, der Geborgenheit, der Zugehörigkeit, des Zuhauseseins.

Ich ging 1936 ins Exil, weil mir der Ständestaat Übelkeiten machte, weil ich dauernd einen Druck in der Magengrube empfand, ein leichtes Sausen im Solarplexus, einen steten Schwindel im Gehirn. Das war nicht meine Welt: ein bäuerliches Pathos, gepaart mit der Bereitschaft, nach allen Seiten hin zu paktieren, den Satan von rechts zu überholen, die Demokratie lieber selber zu verschenken statt mit ihr unterzugehen. Keine Freiheit mehr, nur schlampige Unfreiheit, die allerdings viele Schlupflöcher offen ließ. Die wollte ich nicht benützen. Ich hatte das Glück, promoviert zu werden, bevor die Mitgliedschaft der Vaterländischen Front dazu nötig war. Selbst die Liebe zu den Vorstadtgassen Wiens, zu den Bergen Tirols, zu den Sommerwiesen Salzburgs wog den Ekel vor den Hahnenfedern am Hut, die nun auch mein Jugendfreund Hans Habe trug, nicht auf. Das so kantig-kühne wie kälberne Sturmscharen-Gesicht, ich wollte es nicht mehr sehen und fuhr im Oktober des Jahres, in dem das Hitler-Schuschnigg-Abkommen unterzeichnet worden war, nach London auf und davon.

Die Ereignisse holten mich ein. Die Heimat, vorerst noch besuchbar, wurde mir unter den Füßen weggezogen. Aber ich hatte den unsäglichen März nicht miterlebt, nicht das selige Einmünden der Nahezu-Nazis ins Dritte Reich, auch nicht das Entsetzen mancher, von verblendetem Idealismus erfüllt gewesener illegaler Parteigenossen ob der schmierigen Wirklichkeit, zu der ihre Idee von jenem Dritten Reich geworden war. Nicht am eigenen Leib verspürt die bodenlose Erniedrigung durch Rüpel und Straßenjungen, das grenzenlose Ausgeliefertsein an Wölfe — homo homini lupus —, der Wurf ins Schlangenloch. Aber es genügte, all dies von fern wahrzunehmen, die eigenen Eltern der Jauche ausgesetzt, die zarte Mutter in ihrer Heimatversessenheit, ihrer Ahnenbindung an Döbling, ihren graziösen Gängen durch die Innere Stadt entwurzelt und verstoßen zu wissen, den tapferen Vater seines Mutes und Stolzes und naturwissenschaftlichen Glaubens an Vernunft, Logik und Ordnung beraubt.

Die Kluft war aufgebrochen, das Band zerschnitten. Aus dem Herzen gerissen, was Kindheit, Jugend, Religion, Anstand, Wohlwollen, Vertrautheit mit Nachbarn und Freunden bedeutet hatte, die schützende Fremde wie einen Mantel um sich gebreitet, darin eingehüllt, die Augen bedeckt, nichts mehr sehen wollen von dem Grauen entmenschter Wesen, mit denen man die Sprache teilte, das Erwachen ins Leben, die ersten Reime und Lieder, Goldregen, Haselnußstauden, Weinstöcke am Nußberg, laß die Wuckerln dir frisiern. Fort, fort und dahin. Es kam der Herbst 1938, in dem man in London die Gasmasken anprobierte, es kamen der Krieg und der Winter und der Blitz und die Wunderwaffen, meine eigenen Kinder sangen »Baa baa black sheep, have you any wool« und spielten auf dem schönen, vielbesprengten und geschorenen Rasen, während eine V 2 ein paar Kilometer weiter, donnernd die Schallgrenze durchstoßend, auf andere englische Kinder niederschoß.

Wie sollte all das aus dem Bewußtsein schwinden, als der gräßliche Zauber in die Erde versunken war? »Bin ich ein Tier«, fragt Hofmannsthals Elektra, »daß ich vergessen kann?« Gewiß, ich war nicht mitten entzwei gespalten worden wie meine Freundin Garda in der Thornton Road, eine deutsche Gräfin, verheiratet mit einem Mann aus großer jüdischer Familie Berlins und mit ihm emigriert, die bei jedem Luftangriff meinen konnte, ihr Bruder sitze oben in der Messerschmitt-Maschine und lasse Bomben prasseln auf ihr Haus. Ich hatte keine Geschwister, mein einziger Onkel war in Spanien gefallen, die nächsten Verwandten nach England gerettet, meine Großmutter, christgläubig und romantisch, verschollen in Theresienstadt. Im ersten möglichen Augenblick, im Januar 1946, fuhr ich nach Wien und sah mich einer erschütternden Realität gegenüber, einem Maß an Elend, an Enttäuschung, an Reue, an Einkehr, an Erleichterung schließlich trotz des Hungerleidens und des Drucks der Besatzer, daß die Verirrung vorüber war wie Titanias Traum — genug immerhin, um jeden Rachewunsch, den ich etwa hätte hegen wollen, im Keim zu ersticken und ganz von Mitleid erfüllt zu sein.

Aber sollte jetzt alles rückgängig gemacht werden, was ein Jahrzehnt lang gegolten hatte? Konnte ich eine Familie verpflanzen, die in Österreich niemals heimisch gewesen war? Kinder entwurzeln — das Beispiel Gardas, ein paar Jahre später, war schrecklich genug. Sie und ihr Mann, unverdrossen deutsch, hatten ihren Sohn und ihre Tochter aus den englischen Schulen genommen und in das westliche Nachkriegsdeutschland gebracht. Der Sohn fügte sich — und ging schließlich doch, als er erwachsen war, nach Großbritannien zurück. Die Tochter, in gefährdetem Alter, konnte den Gesinnungswechsel ihrer Eltern, den unbegreiflichen Umschwung der Feinde in Landsleute, nicht ertragen. Sie weinte, bis man sie in die Schweiz schickte, in ein Pensionat. Dort, immer noch zerrüttet durch den Bruch mit der Londoner Kindheit, erhängte sie sich an dem Pfosten ihres Bettes. Wer wollte riskieren, daß sein eigenes Kind solchem Seelenschmerz, solcher Geistestrübung erlag?

Ich blieb bis zum Jahr 1963 in England. Es gab einen Abend im damaligen Wiener Kellerlokal zur »Linde«, da saßen viele Freunde, Dagebliebene und Zurückgekehrte, in einer zwanglosen Runde, mir innig vertraut, mir wahrhaft zugetan wie Brüder und Schwestern, und beschlossen, jetzt müsse es genug sein an dem Exil. Soll ich wirklich wiederkommen? Nur einer schüttelte den Kopf, kein einstiger Emigrant, und wollte nicht ausschließen, daß mir wieder einmal Harm geschehen könnte, wagte nicht, für seine Mitbürger zu bürgen, denn er hatte sie sieben Jahre in nicht für möglich gehaltenen moralischen Tiefen oder auch nur Zweideutigkeiten, Peinlichkeiten, Bitterkeiten erlebt. Ich kam zurück — unter welchen Umständen, unter Aufgabe welcher Bindungen, mit welchem Zögern, welchen Bedenken, ist hier nicht wesentlich. Ich kam und bereute es nur dreimal, in jedem Fall für kurze Zeit, wohl wissend, daß es nur Trübungen waren, die meinen Entschluß nicht außer Kraft setzen konnten, und daß dieser Entschluß trotz allem richtig gewesen war.

Zweimal waren es flüchtige Kränkungen, mir zugefügt von — warum wohl? — Menschen aus dem Bereich der bildenden Kunst. Der eine ein Maler, der nach reichlichem Weingenuß über jene heimgekehrten Exulanten herzog, die den immer ansässig Gebliebenen, unter den Nazis doch mehr gelitten Habenden, die Gunst der Maßgeblichen entzogen und die einträglicheren Posten und Ehrenämter an sich gerissen hätten. Obwohl ich nicht darunter gewesen war, fast zwei Jahrzehnte mit der Rückkunft gewartet hatte und meinen Lebensunterhalt im Ausland verdiente, war ich sehr getroffen, denn mein edler Freund Franz Theodor Csokor hatte dem Angreifer als Beispiel gedient. Der andere ein Museumsdirektor, schwer betrunken auch er, der sich unter dem Deckmantel der Sympathie und unter Betonung eines seinerzeitigen Widerstandswillens gegen die Machthaber antisemitischer Äußerungen nicht enthielt. Und schließlich kam, 1972, eine Intrige so verabscheuungswürdiger Art und so weitreichenden Ausmaßes auf mich zu, ein solcher Verrat mir befreundet gewesener Zeitgenossen, daß ich lange verstört war und mich nach der

Integrity, der Fairness, dem Good-will englischer Menschen zurücksehnte wie nach einem schützenden Dach, das man allzu leichtfertig aufgegeben hat, obwohl draußen der Gewittersturm noch tobt.

Es ging vorbei. Ich lebe gern in Österreich, in Döbling, in meinem Haus am Bach. Ich bin eins mit der Stadt, der Landschaft, der Musik, der Literatur, nicht immer und unter allen Umständen mit den Menschen. Aber wer braucht Menschen, wenn er den Geruch eines Heiligenstädter Salettls riechen, den Strich der Philharmonikergeigen hören, den Umgang mit Karl Bühl, mit Genia Hofreiter, mit Editha Pastré, mit dem Oberleutnant Silverstolpe pflegen kann? Sie sind mir näher, immer noch näher als die so geliebten ziselierten Glasscheiben der Londoner Pubs und das Sirren der Themse, wo sie Isis heißt, unter den Paddeln der Oxford-Studenten, näher selbst als jene Mrs. Ramsay in Virginia Woolfs »Die Fahrt zum Leuchtturm«, ihrem schönsten Buch. Weil sie mir näher sind, weil man sich von seinem Ursprung nicht für immer entfernen kann, darum bin ich, und ohne Bedauern, wieder in Österreich daheim.

Walter Zadek

Walter Zadek, geboren 1900 in Berlin, Buchhändler, Redakteur, freier Journalist und Pressefotograf, emigrierte 1933 nach Palästina, lebt jetzt abwechselnd in Israel und in Frankfurt am Main.

Hiebe, Massenzelle und Flucht

Am 15. März 1933 wurden die drei großen Wohnblocks der »Künstlerkolonie« am Südwestkorso in Berlin in aller Frühe von einem großen Aufgebot von SA-Leuten und Polizei umstellt. Keiner der dort wohnenden Schriftsteller, Künstler, Theaterleute, Musiker konnte mehr entkommen.

Sieben schwer bewaffnete Jungen des »Kommandos zur besonderen Verwendung« brachen in meine Arbeitsräume ein. Papiere, Bücher, Vervielfältigungsapparat, alles wird durcheinandergeworfen.

Mit Fäusten und Kolben schlagen sie auf mich ein. Mein Gesicht blutet. Dann stoßen sie mich die Treppe hinunter. Wie durch einen Nebel höre ich: »Wirst du Judenschwein wohl schneller laufen!« Trotz meiner Betäubung rauscht mir die Zeitungsüberschrift durch den Kopf: »Auf der Flucht erschossen.« Ich gehe langsamer.

Unten werde ich auf einen offenen Polizeiwagen hinaufgestoßen. Ich falle auf eine Bank. Hinter mir Manès Sperber. Vor mir Theodor Balk, der später in »Das verlorene Manuskript« seine eigene Verhaftung bei mir beschreibt.

Ein entenschnäbeliger Polizeistift spottet: »Hast woll Nasenbluten jehabt, wat? Wisch dir mal det Jesicht ab!« Mein Taschentuch leuchtet rot. Das Foto des Wagens mit den feixenden Bestien davor erscheint am 16. März im »Völkischen Beobachter«, im »Angriff«.

Später erst ging mir auf: Was in jenen Tagen anrollte, das war die zunehmende Verrohung des ganzen Erdballs. Im Dritten Reich entstand sie. Drei Jahre nach jenem 15. März 1933 erzählte mir ein junger Jude: Er war an seinem Zufluchtsort in Palästina unter dem Verdacht staatsfeindlicher Propaganda verhaftet worden. Beim Verhör schlugen ihn die jüdischen Polizeiinspektoren der britischen Mandatsmacht zu Boden. Dann trampelten sie auf ihm herum, bis er zu bluten begann, und riefen ihm dabei zu: »Diese Methode haben wir von euren Nazis gelernt!« Die Opfer des Nationalsozialismus waren zu dessen Jüngern geworden.

Die beiden offenen Polizeiwagen rasen durch die Straßen Berlins. Noch sehe ich vor mir das fassungslose Gesicht Werner Fincks auf einem der Bürgersteige. Im Polizeipräsidium, am »Alex«, wird die intellektuelle Fracht abgeladen. In einen großen Raum getrieben. Nacheinander vernommen. Der Theaterfachmann Curt Trepte kommt schwankend zurück. Entblößt zum Beweis, wie »verhört« wird, seinen Hintern. Er strahlt blau von zahllosen Knutenstriemen. Trepte war kein Jude. Politische Gegnerschaft genügte den losgelassenen Sadisten auch.

Ich bitte einige ältere Polizeikommissare, die für meine Redaktion Artikel geliefert haben, um Rücksprache. Keiner sendet ein Lebenszeichen. Seit der Machtergreifung verleugnen fast alle Nichtjuden ihre »rassisch belasteten« Arbeitgeber und Freunde. Zivilcourage, Rückgrat, Gesinnungstreue — wie wenige haben sie damals bewiesen, werden sie jemals beweisen.

Nach einigen Tagen trennt man die konsularisch geschützten Ausländer von uns wehrlosen Deutschen. Ich werde in das Zuchthaus Spandau überführt, in dem heute der Phantast Rudolf Heß das abgeschlossene Dasein eines sorglosen Pensionärs fristet.

Wieder öffnet sich ein großer Raum. Wieder angefüllt von einer geistig regsamen Gesellschaft. Tonangebend ist der kommunistische Abgeordnete Heuk. Ein mächtiger Bursche,

Pferdehändler. Später wird er in seinem Wahlkreis Kiel von Nazischergen niedergemacht werden.

Fast dreißig Akademiker, Schriftleiter, Arbeiterführer begrüßen mich. Am Nachmittag geleiten zwei alte Wärter den prostatakranken, greisen Justizrat Broh herein. Bedeckt nur mit einem leichten Tuch. Denn sein ganzer Körper ist mit braunen und schwarzen Wunden überzogen, die bei Berührung schmerzen. Mit Brandstellen dazwischen, an denen die Bestien ihre Zigaretten ausgedrückt haben. Sein Kopf ist voller Krusten. Man hatte ihm die Haare mit Zangen büschelweise herausgerissen. Er sollte büßen, daß er gegen die Nazis vor Gericht aufgetreten war. Er, ein Jude.

15. April 1933. Ich werde herausgerufen. »Sie sind entlassen.« Literarische Verbände hatten das durchgedrückt. Meine Arbeitsräume sind noch immer verwüstet. Schreibmaschine und Kleinzeug von den Nazis gestohlen. Mein Paß liegt, beschlagnahmt, bei der Polizei.

Der deutschnationale Anwalt, der ihn wiederzubeschaffen versucht, flüstert mir eines Vormittags zu: »So schnell und so weit wie möglich!« Sonst nichts. Ich begreife sofort: Eine Wiederverhaftung steht bevor.

Am selben Abend verschwinden meine Frau und ich aus Berlin. Auf dem Weg an die westliche Grenze. Jeder hat nur eine Aktentasche bei sich und sehr wenig Geld. Werden wir hinauskommen?

Im Nebenabteil des Zuges sitzen zwei allzu unauffällige, schweigsame Herren. Wir werden beschattet.

Es ist erst sechs Uhr früh, als der Zug in Köln einläuft. Noch dazu ein Sonntag. Ich telefoniere einen Mitarbeiter, den Journalisten Jung, aus dem Bett. Er hat über Fluchtwege der Schmuggler geschrieben. Jetzt, in der kalten Bahnhofshalle, leugnet er, etwas Genaueres zu wissen. Wir stehen übernächtigt da, hoffnungslos.

Ein Unbekannter hat uns im Zionistischen Büro jemand anderes in Köln genannt — falls alle anderen Stricke reißen. Wir schleichen durch die menschenleeren Straßen. In der

Nähe der empfohlenen Adresse drehen wir uns um: In weiter Ferne nähern sich die beiden zugeknöpften Herren aus dem Nebenabteil!

Ich krieche unter der Treppe des Hauses zusammen. Meine Frau läutet an der Tür der »Quelle«. Wie? Was wolle sie?! Das sei ja unerhört! Nie hätten sie dergleichen gewußt!

Die Bittstellerin bricht auf der Schwelle zusammen. Die Inhaber nehmen sie herein. Geben ihr Kaffee. Und den Plan des Fluchtweges. Er hätte gar nicht einfacher sein können.

Mit dem Zug nach Aachen. Vorsichtshalber steigen wir an verschiedenen Haltestellen in die Tram Nr. 7: Alles war umsonst! Auf der hinteren Plattform stehen bereits dieselben gespenstigen Herren.

An der Kreuzung Couvenstraße springe ich ab. Renne zu dem mir genannten Taxistand hinüber. Gerade ist noch ein Platz unbesetzt. Das Auto rattert los.

Ich zahle bis zum Endpunkt. Lasse unterwegs halten. Klettere links aus dem Wagen heraus statt rechts. Bin gerettet!

Diese Landstraße war eine kurze Strecke »staatenlos«, neutral. Rechts liegt das deutsche Städtchen Herzogenrath. Links das holländische Kerkrade. Zwar sperrt dort eine Zollstation den Eingang. Steigt man jedoch hundert Meter davor aus wie ich, so kommt man ungesehen über einen Kohlenweg mitten in den blumenreichen Ort hinein. Und in das, wie der Dichter David Luschnat es benannte, »Asyl für die grausam Verfolgten in dieser guten, blanken, sauberen Schiffskabine Holland«.

Aber von einem Geborgensein war ich hier noch lange, lange entfernt.

April 1933. Amsterdamer Flüchtlingskomitee. Überfüllter Warteraum. Wir Neueingetroffenen werden schon nach einer halben Stunde vor den Allgewaltigen geführt, einen vollkommen zum Holländer gewordenen, sechzigjährigen jüdischen Stoffhändler.

»Weshalb sind Sie nach Holland gekommen?«

»Es drohte uns eine neue Verhaftung durch die Nazis.«

Unfreundlich fährt er uns an: »Weshalb gerade nach Holland?!«

»Wir mußten illegal, ohne einen Ausweis, über eine Grenze flüchten und erfuhren nur von diesem einzigen Weg.«

»Aber bei uns herrscht Arbeitslosigkeit. Sie haben unverantwortlich gehandelt, hierher zu kommen!«

Da ist unsere Beherrschung vorbei: »Man hat uns mißhandelt, ins Gefängnis geworfen. Unter Ängsten sind wir den Verfolgern entkommen. Und Sie, das zur Rettung der Verfolgten geschaffene Komitee, empfangen uns wie Verbrecher?!«

Nur zu bald erkannten wir, wie falsch wir die Aufgaben dieser Nothilfestellen beurteilt hatten. Waren sie doch in allen europäischen Staaten gleichzeitig auch Abwehrorganisationen. Zuerst sollten sie den ungeordneten Strom auffangen und registrieren. Dann den eigenen Arbeitsmarkt vor der verzweifelnden Konkurrenz schützen. Und schließlich Hand in Hand mit der Staatspolizei für ein reibungsloses Abschieben sorgen.

Auch sonst dienten diese Brunnen der Wohltätigkeit für uns mittellos Gerettete oft Zwecken, welche die Exilforscher bisher verschwiegen haben. Man bemühte sich, uns mit Beköstigung, Bekleidung und Behausung zu versorgen. Doch die riesenhaften Geldsummen, die von der holländischen Bevölkerung, besonders der jüdischen, dafür aufgebracht wurden, flossen teilweise in die Taschen der sich meldenden Wohnungsbesitzer und Lieferanten. Und wenn deren Waren »für den guten Zweck« einmal günstiger abgegeben wurden, dann waren es solche minderer Güte. Wir selbst sagten immer: »Danke!« Aber es gab Empfänger, die das unterließen.

Aus dem Westen Deutschlands kamen nämlich vorgeblich Verfolgte herüber, die sich als Juden ausgaben oder es auch waren. Sie erbaten eine Ausstattung, verschwanden mit dieser und verhökerten sie in der alten Heimat. Ich war dabei, als ein solcher »Auswanderer« die ihm ausgehändigte Einkleidung mit Unterwäsche, Socken und Schlips wütend auf die Erde schmiß, weil deren Beschaffenheit verriet, daß der Erzeuger sie anderweitig nicht hätte loswerden können.

Solche Gauner — unter den Gebenden wie unter den Nehmenden — trugen die Schuld daran, daß der anfänglich gute Wille der zumeist freiwilligen Helfer nachließ. Statt zu beraten, brüllte man an. Manche der Mitarbeiter, selbst Flüchtlinge, hatten hier ein dürftiges Auskommen gefunden. Sie erwarteten, durch diesen Platz an der Zentrale die auftauchenden Möglichkeiten für ein Weiterkommen zuerst wahrnehmen zu können. Was eine falsche Hoffnung war, wenn noch andere Einflüsse mitspielten.

So nährte der Anständigste unter den »Beamten«, der junge Dr. S., den Traum, durch ein Einreisezertifikat nach Palästina dem Emigrantenelend entrinnen zu können. Da er — zu Unrecht — als Kommunist galt und da die zionistischen Vertreter Hollands solche Störenfriede von ihrem Aufbauland fernhalten wollten, wurden ihm jedoch stets weniger Belastete bei der Verteilung der wenigen Einreiseerlaubnisse vorgezogen. Während meiner Weiterwanderung hörte ich, daß er daraufhin Selbstmord begangen habe.

So wurde ich bereits nach meinem ersten illegalen Überschreiten einer Grenze (es folgten andere) Zeuge einiger der unzählbaren Tragödien, welche die Verjagung aus Deutschland schon in den ersten Monaten der Barbarei zur Folge hatte. Die Vertriebenen durften ja keine Arbeit annehmen. Eines Tages kam ein junges Mädchen weinend von einer Vorladung zur Fremdenpolizei zurück. Man habe ihr den Paß abgenommen und werde sie morgen bis an die Grenze bringen, weil sie eine Arbeit als Kindermädchen angenommen hatte. Es gebe wohl in Holland nicht genug weibliche Arbeitslose, die das auch könnten.

Ich fragte, woher man denn von ihrer Stellung erfahren habe. Hatten die Arbeitgeber sie dummerweise angemeldet? »Nein, das Komitee hat mich verpetzt!« Jenes Komitee, das Menschen retten sollte und statt dessen den Todesstreich gegen solche führte, die sich in Anbetracht seines Versagens selbst durchzubringen suchten. Sie waren Denunzianten im Dienst der Polizei.

In den Räumen der Flüchtlingskomitees aller Staaten nisteten sich Spitzel ein. Natürlich auch die der Nazis auf den

Fußspuren künftiger Opfer. Daneben aber die anerkannten der Landesbehörden. Ich fragte einen jüdisch aussehenden Bürger im Amsterdamer Warteraum, woher er gekommen sei. Er sei von hier. — »Worauf warten Sie dann?« — »Ich warte nicht, ich bin Beamter der Fremdenpolizei.«

Bald, sehr bald schneite auch mir kalt die Vorladung der Fremdenpolizei ins Zimmer. Der empfangende Zivilist machte mich darauf aufmerksam, daß das Komitee mich nicht ewig unterstützen könne. Ich würde gern weiterziehen, erklärte ich, besäße nur keinerlei Ausweise. Zwar bestünden Aussichten dafür in Brüssel. Aber ohne ein Papier käme ich ja nach Belgien gar nicht hinein.

Der Mann lächelt. Fertigt ein kleine Skizze an. Ich solle über Maastricht bis zum Grenzort E. fahren. Die Hauptstraße nach Süden laufen. Bei den Schildern, die das Zollamt ankündigen, zweige rechts ein schmaler Fußpfad ab. Auf ihm käme ich ungesehen am Zollhaus vorbei und nach Belgien hinein.

Und so veranlaßte mich ein Hüter des Gesetzes, die Gesetze zu verletzen. Denn wenige Tage später hatte ich braver Preuße zum vorerst zweiten Mal illegal eine Landesgrenze überschritten.

Der Verfasser dieses Beitrags wird 1981 unter dem Titel »Sie flohen vor dem Hakenkreuz. Ein Lesebuch für Deutsche« eine Sammlung bisher unbekannter Flucht- und Exilberichte herausgeben. Der Band erscheint in der Reihe »rororo aktuell« des Rowohlt-Taschenbuchverlags, Reinbek.

Vermächtnis und Anspruch der Exilliteratur

Willy Brandt

Willy Brandt, geboren 1913 in Lübeck, ursprünglich Journalist, emigrierte 1933 nach Norwegen. 1940–45 publizistische Betätigung in Schweden in engem Kontakt mit dem deutschen und norwegischen Widerstand. Seit 1949 Mitglied des Deutschen Bundestags, seit 1964 Vorsitzender der SPD, seit 1974 Mitglied des P.E.N., Bundeskanzler 1969–74.

Literatur und Politik im Exil

Ich komme von einer Diskussion in der Hamburger »Fabrik«. Und es ist für mich gar nicht so leicht, in diesen Wochen über anderes zu reden, als worüber in diesen Wochen geredet werden muß.

Aber eine solche Abwechslung kann in diesen grobschlächtigen Zeiten nicht schaden. Und so will ich denn einige Bemerkungen zum heutigen Thema des Clubs machen, in den mich aufzunehmen Sie vor einigen Jahren die Freundlichkeit hatten. Wenn es dann doch nicht ganz ohne aktuelle Bezüge abgeht, bitte ich um Ihre Nachsicht. Es ist ja ohnehin kein unpolitisches Thema, das hier behandelt wird.

Die Legitimation, auch etwas über den damals tragischen Zusammenhang zwischen Literatur und Politik zu sagen, leite ich nicht daraus ab, daß ich selbst »draußen« war und geschrieben habe. Weniger wäre dabei vermutlich mehr gewesen. Aber das glaubte ich mir nicht leisten zu können. Denn ich lebte von journalistischer Tagesarbeit. Und was dem Volumen nach darüber hinausging, geriet selten zu mehr als kartoniertem Journalismus

Wer miterlebte, was damals war, kann gut verstehen, daß Alfred Döblin — in einem Pariser Vortrag über die Emigrationsliteratur — das »klägliche Nebeneinander« verwünschte. Aber der allesbeherrschende, Geist und Moral betreffende Haß der Nazis hatte eben sehr verschiedene Leute getroffen.

Auf dem Scheiterhaufen wurden Brechts Bücher so zu Asche wie die Kestens oder Grafs oder Roths; und Kurt Tucholskys Worte zerfielen mit denen des jungen Klaus Mann in eins. Wie also sollten die, die einander in Berlin nicht gemocht hatten, in Paris oder in Prag oder in New York plötzlich zum gedeihlichen »Nebeneinander« finden? Es ist nicht gerecht, von Literaten, gewissermaßen professionellen Individualisten, zu erwarten, wozu Politiker nicht fähig waren.

Und die waren durchweg zur Selbstbesinnung ebenso wenig fähig wie zur nüchternen Zusammenarbeit gegen den — und was für einen — Feind. Einer, der damals nicht zu den Großen gehörte, schrieb über die Hitleremigration, sie sei »wohl die in sich heterogenste und beziehungsärmste« gewesen, die je in die Welt gejagt wurde.

Dies ist den Jüngeren kaum noch ganz verständlich zu machen: wie demoralisierend die kampflosen Niederlagen von 1932/33 nachwirkten — bei denen, die hier blieben, und bei den »Ratten«, die weggingen — wenn sie es noch konnten. Wie schrecklich das Sektierertum der Linken und der Antinazis überhaupt mit deutscher Gründlichkeit kultiviert wurde. Wie groß der mitgebrachte Name zu sein hatte. Und selbst dann mußte man Glück haben, wenn sich nicht bald — für manche lange — bittere materielle Not einstellen sollte. Die seelische Not läßt sich an Selbstmorden ablesen.

Was mich im nachhinein erstaunt, sind nicht Elend und Ohnmacht, sondern bemerkenswerte bis erstaunliche Einzelleistungen und nachwirkender Gesamteinfluß unseres schreibenden Exils. Wo sich aus der desolaten Situation derer draußen etwas ergab, was später — in anderem Zusammenhang — Einigkeit der Einzelgänger genannt wurde, war es freilich die Frucht großer Mühen.

Ich will ein besonderes Beispiel nennen: die Kampagne, die bewirkte, daß Carl von Ossietzky im Herbst 1936 den Friedens-Nobelpreis und der Braunauer eine Ohrfeige erhielt. Das war keine Sache von Parteien und Apparaten, sondern von einer Reihe einzelner. Ich kann das ganz gut beurteilen, weil ich als Einundzwanzig-, Zweiundzwanzigjähriger daran beteiligt war — nicht ohne Einfluß auf den Erfolg, wie andere bestätigten.

Schriftsteller waren nicht vorschlagsberechtigt, nicht einmal, wenn sie Thomas Mann hießen. Wissenschaftler ebenso wenig, auch dann nicht, wenn sie vom Rang eines Albert Einstein waren. Aber weder Einstein noch Thomas Mann haben sich entzogen, als man sie um ihre Unterstützung bat. Sie und viele andere, die verstreut waren und eher isoliert voneinander lebten, haben dieses einen Mannes wegen — und der Mann stand für die Sache — zusammengewirkt. Sie haben Einfluß ausgeübt.

Das war eine Erfahrung, die mich für spätere, ganz andere Zeiten ermutigte: Das geistige Deutschland braucht nicht eigentlich organisiert zu sein; es braucht nur im gegebenen Augenblick seinen Einfluß zu bündeln, um Wirkungen zu erzielen. Wenn es darüber hinaus Formen für die Zusammenarbeit findet, »Strukturen« sagt man wohl heute — um so besser.

Nun hat — mit einiger Verspätung, aber immerhin — die Bundesrepublik Deutschland ein nicht kleines Stück zivilisierter und welterfahrener Literatur zurückerhalten. Zunächst war es wohl eher eine Sache vor allem jener, die von Beruf lesen, um zu schreiben, weniger von Verlagen und Öffentlichkeit.

Es gibt mehr als einen Grund dafür, daß in der ersten Phase der Bundesrepublik vom Exil nicht viel die Rede war. Die prägenden Erlebnisse der Jahre nach 33 und vor 45 lagen für viele zu weit auseinander. Manche, die draußen waren, fanden zum Nachkriegsdeutschland keinen Zugang mehr. Einige scheiterten auch an eigener Rechthaberei. Die These von der Kollektivschuld andererseits zeigte verstockende Wirkungen. Und, was erst sukzessiv richtig bewußt wurde, auf den Holokaust folgte eine nur zu verständliche Sprachlosigkeit.

Aber es gab eben auch eine dumm-freche Attitüde einiger derer, die im Staat hoch angesiedelt waren. Einer, der noch immer mehr werden will, als er ist (und der damals Verteidigungsminister war), hat vor zwanzig Jahren allen Ernstes auf

Wahlversammlungen gesagt, der Brandt solle gefälligst berichten, was er draußen gemacht habe — »wir wissen, was wir getan haben«. Das — immerhin — ist heute wohl aus jener Ecke kaum noch möglich. Aber die Versuchung, unterschwellig böse Emotionen zu schüren, die dauert an. Davon hat man sich erst kürzlich wieder bei Strauß im Fernsehen überzeugen können.

Ich war immer der Meinung: Es wäre extrem unvernünftig, dem deutschen Landser oder dem zum Hierbleiben verurteilten Normalbürger anlasten zu wollen, was sie nicht zu tragen haben. Aber noch widersinniger wäre es, nachträglich eine Pflicht zum Nichtweggehen stipulieren zu wollen. Hätten denn die Mann und Zweig, hätten denn Feuchtwanger und Brecht und Seghers wirklich bleiben sollen? Ihr Bleiben hätte sie das Leben gekostet, soviel ist fast gewiß. Wissen die, die sich über das Fortgehen empören, was sie tun?

Sie proklamieren eine kümmerliche, verengte Spielart deutschen Nationalgefühls. Französische Patrioten haben sich weder durch Zola noch durch Malraux belästigt gefühlt. Italienischer Stolz wurde durch Silone nicht verletzt. Auch nicht der chilenische durch Pablo Neruda. Warum also bei uns der bedrückende Gegensatz von nationalem Selbstverständnis und kritischem Geist, der sich nicht knechten läßt?

Dabei hat doch das politische und gerade auch das schreibende Exil — nach Heinrich Mann »die Stimme eines stumm gewordenen Volkes« — einen nicht geringen Anteil daran, daß der Name Deutschlands nie nur mit Hitler identifiziert wurde. Daß das Bild vom anderen Deutschland nie völlig verdunkelt werden konnte. Aber das geht wohl immer noch über das Fassungsvermögen derer hinaus, die meinen, sie hätten deutsche Freiheit für sich gepachtet. Freiheit, die sie meinen ...

Wahr bleibt, daß die Deutschen im Exil — auch nachdem sie über die eigene Schande von 1933 ein wenig hätten weg sein können — nicht die Kraft fanden, das andere Deutschland als eine Einheit im Wesentlichen darzustellen. Auch die Schriftsteller nicht.

Das Thema verdient, daß andere, die tiefer bohren mögen, es nicht liegen lassen. Als Richard Löwenthal und ich vor fünfundzwanzig Jahren unsere Biographie über Ernst Reuter schrieben, sind wir auf beschwörende Briefe gestoßen, in denen Thomas Mann gebeten wurde — es war die dritte Phase des Zweiten Weltkriegs —, sich dem Vorsitz einer Vertretung der freien Deutschen nicht zu entziehen. Ich kenne andere, deren Wünsche in diese Richtung gingen und die in ihm den ersten Reichspräsidenten der schweren Nachkriegszeit sahen. Nein, ich habe mich nicht versprochen, man hat Reichspräsident gesagt, weil man die deutsche Einheit noch nicht für verspielt hielt.

Der »Zauberer« konnte sich nicht dazu durchringen. Und wer, der sein Werk kennt, wollte ihn schelten? Er war eben Künstler und nicht Politiker. Bruder Heinrich — immer mehr republikanisch und mehr politisch, dabei, wie er sagte, »weniger radikal« als Thomas — hatte 1935/36 seinen Beitrag zu leisten versucht.

Er, der in Nizza lebte und am »Henri IV« schrieb, kam oft nach Paris und führte den Vorsitz, als man — beeinflußt durch das französische Geschehen — daran ging, eine Art deutscher Volksfront im Exil zu bilden. Es waren viele und viele gute Namen dabei, Schriftsteller und Politiker, unter diesen eine noble Erscheinung wie Rudolf Breitscheid. Aber die Arbeitshypothese stimmte nicht. Als ob man eine Volksfront ohne Volk machen könnte. Und als ob die Menschen im Reich »in ihrer erdrückenden Mehrheit«, wie es hieß, nur darauf gewartet hätten, Hitler und »das undeutsche System der Willkür« loszuwerden. Die Wirklichkeit war komplizierter — kompliziert und deprimierend zugleich.

Mein Name steht unter einigen der Dokumente, die unter dem Vorsitz von Heinrich Mann verabschiedet wurden. Sogar als ich Ende 1936 »illegal« in Berlin war, hatte ich — mit Ernst Bloch, Arnold Zweig, Oskar Maria Graf und anderen — unterschrieben — besser: ich hatte Vollmacht gegeben, insoweit über mich zu verfügen. Insofern ist in bezug auf mich etwas dran an dem Volksfront-Gebell jener, die offenbar gar nicht auf den Gedanken kommen, den positiven, antifaschistischen Inhalt in Anschlag zu bringen, den der Begriff ja historisch auch hat.

Frankreich und Spanien, Front populaire und Frente popular, in beiden Ländern bedeutete die Umgruppierung der Kräfte Anfang 1936, daß der politische Liberalismus, die bürgerlichen Linksparteien mit den Arbeiterparteien zusammenarbeiteten. Das war gewiß nicht unvernünftig. Ich habe nicht bedauert, daß diese Versuche unternommen wurden, sondern vielmehr, daß sie so rasch scheiterten.

So kam es, daß ich Heinrich Mann im Präsidium erlebte, als es nichts mehr zu präsidieren gab. Es war im Oktober 1938, nach dem Münchner Abkommen. Es war am Boulevard Raspail im Hotel Lutétia, das während der Besatzung schreckenerregende Berühmtheit erlangen sollte. Von den Einheitsbemühungen war so gut wie nichts übrig geblieben. Die Ulbricht-Leute — wie man damals sagte — hatten zerschlagen, was sich zerschlagen ließ, Münzenberg war weg, Breitscheid kam nicht mehr, das Aufgebot an Intellektuellen und an »freiheitlichem Bürgertum«, wie man es nannte, war zusammengeschrumpft. Ich hatte den Eindruck, Heinrich Mann werde mißbraucht. Er las vor, was ihm aufgeschrieben worden war. Vielleicht hat er etwas davon gemerkt? Im wesentlichen wollte er es nicht merken, weil er — zumal in Paris — vom Glauben an das linke, republikanische Deutschland nicht lassen konnte.

Bevor jene Zusammenkunft im Hotel Lutétia begann, wurde ich dem Vorsitzenden vorgestellt: ein knapp fünfundzwanzigjähriger Lübecker, der aus Oslo kam, Berlin kannte und in Spanien starke Eindrücke davon gewonnen hatte, wie man die Freiheit nicht nur von außen erdrücken, sondern auch im Innern zertrampeln kann. Heinrich Mann war am Lübecker interessiert. Wen kann es wundern? Es war, wie gesagt, unmittelbar nach »München«. Die Tränen kamen ihm in die Augen, als er meinte: »Die sieben Türme werden wir wohl nie mehr sehen.« Ich habe daran gedacht, als ich im September 45 — aus Bremen kommend — die Stadt meiner jungen Jahre wiedersah; die sieben Türme waren ihr abhanden gekommen.

Heinrich Mann hat noch an anderem als an solchen Bildern leiden müssen. In der Bundesrepublik begegnete ihm — und nicht ihm allein — eine Verschwörung des Schweigens. Und wenn ich mich recht erinnere, haben die Tonangebenden in seiner, unserer Geburtsstadt nicht einmal seines hundertsten Geburtstages gedenken mögen. Andere, minder bekannte, haben nicht weniger, eher noch mehr unter dem Gefühl gelitten, daß sie bei uns totgeschwiegen würden.

Wenn ich es recht verstehe, vollzieht sich hier in diesen Jahren ein nicht unerheblicher Wandel. Die durch diese Tagung öffentlich dokumentierte, wachsende Beschäftigung mit der Exilliteratur ist wohl nicht nur eifriger Themensuche im germanistischen Seminar zuzuschreiben. Mir scheint mehr dahinter zu stecken: Mit für manchen überraschender Nachdrücklichkeit widmen sich junge Leute dem Problem ihrer »nationalen Identität«. Zu jung, selber schuldig sein zu können, ist ihnen die besondere geschichtliche und moralische Belastung, die sich an den Namen ihrer Nation knüpft, wohl bewußt. Elend und Ohnmacht in der Zeit finsterer Macht, großartige Einzelleistungen und eine wohl doch kollektive Würde des schreibenden Exils machen es manchen der Jungen vielleicht nicht einfacher, aber erträglicher, sich mit Deutschland zu identifizieren.

Es gibt das Bedürfnis nach der *guten* Tradition. Die beste Tradition des eigenen Landes, freilich in der Situation der Schmach und der Verhöhnung, der Niederlage, des Leidens an Deutschland (um ein Wort zu benutzen, mit dem man nicht spielen sollte), in Verbindung mit Weltoffenheit, das mag *ein* Schlüssel sein.

Das andere ist vielleicht das Gefühl, es sei noch etwas gut zu machen an denen, die es sich ja so gar nicht — wie mancher Repräsentant der sogenannten inneren Emigration zu denken vorgab — gut gehen ließen, lassen konnten: Die Zeugnisse brauchen nicht aufgeführt zu werden.

Im Kampf gegen den Faschismus, einem Kampf, dessen

erster Streit immer ums Überleben ging, haben die zivilisatorischen Ideale der Literatur keinen hohlen Klang. Was allenfalls erschreckt, neben der Not, das ist die Machtlosigkeit. Und für die »Erniedrigten und Beleidigten«, um dieses Wort eines Dichters einmal auf die Dichter anzuwenden, empfindet wohl doch mancher mehr Sympathie, als sich jene ausmalen mögen, die, so dreist wie dumm, sich nazistischen Assoziationen hingeben und sie auch noch ausplaudern, wenn sie die deutsche Literatur von heute würdigen.

Vielleicht also mußte eine neue Generation heranwachsen, um wirklich nachempfinden zu können, was das Exil für sich reklamiert hatte: wenn nicht das eigentliche, so doch wenigstens das bessere Deutschland zu sein. Der Muff von tausend Jahren roch nicht nur aus Ornaten, sondern auch aus Regalen, teils als Masse, teils als Lücke. Die junge Generation hat keinen Grund mehr, die Dinge anders zu sehen, als sie liegen: Fast alle deutschen Literaten von Gewicht erlebten die Nazizeit im Exil oder im KZ. Schon der bedeutende Anteil der jüdischen an der deutschen Intelligenz machte im großen das Arrangement einer »inneren Emigration« nahezu unmöglich.

Und daß Karl Kraus nicht ganz recht hatte, wenn er das einst so populäre Wort vom Volk der Dichter und Denker durch die Veränderung der ersten Buchstaben abwandelte — so daß »Richter und Henker« daraus wurden —, verdanken wir weniger Zeitgenossen vom Schlag eines ehemaligen besonders selbstgerechten südwestdeutschen Ministerpräsidenten als dem deutschen Exil und dem Widerstand.

»Eine deutsche Emigration, die sich behauptet, wird ihre leidvolle und kämpfend erworbene innere Zucht einst übertragen auf ihr ganzes Volk«, sagte Heinrich Mann 1934 in Paris. Verhaltene Hoffnung ist erlaubt. Eine, wenn auch qualitativ ganz andere, »zweite bayrische Machtergreifung«, vor der — der gerade in Sachen Heinrich Mann so selbstlose — Alfred Kantorowicz warnte, bleibt uns wohl erspart, letztlich auch als späte Wirkung der Literatur des deutschen Exils. Auf daß nicht die Parole Freiheit zum »Losungswort der Despotie selbst« werde, wie Goethe es ausdrückte.

Peter Härtling

Peter Härtling, geboren 1933 in Chemnitz, war 1962–70 Mitherausgeber des »Monats«, 1967–73 Cheflektor des S. Fischer Verlags. Seither freier Schriftsteller. Lebt in Mörfelden-Walldorf.

Die Macht der Verdränger

Ich werde eine Geschichte erzählen, die mit der Reintegration wenig, mit Vergangenheit und Vergessen viel zu tun hat. 1947 gab es in der schwäbischen Kleinstadt Nürtingen zwei Bibliotheken, die der amerikanischen Besatzungsmacht und die der Arbeiterwohlfahrt. Ich war vierzehn Jahre alt, lesewütig und bediente mich beider mit Eifer und Neugier. Bis heute erinnere ich mich beinahe buchstabengenau an drei Bücher, die ich als erste auslieh.

Es waren:

der 1945 bei Aufbau erschienene Gedichtband »Heimatfern« von Max Herrmann-Neisse,

die 1946 in der Schweiz veröffentlichte zweibändige Ausgabe des großen und schon wieder vergessenen Erinnerungsbuches »Geheimnis und Gewalt« von Georg K. Glaser

und ein dünnes rostbraunes Pappbändchen, in dem ich wieder und wieder las, das ich ständig bei mir trug und das mir die Bibliothekarin schließlich schenkte: Joseph Roths Geschichte vom »Leviathan«, herausgekommen 1947 bei Querido in Amsterdam.

Ich geriet lesend in eine Welt, die mir neu war; ich erfuhr von Aufruhr und Widerstand, Verfolgung und Mord, von der Einsamkeit in der Fremde und erhielt auf alle meine Fragen nur ausweichende Antworten. In der Schule kamen solche Dichter nicht vor. Die Lehrer kannten nicht einmal ihre Namen. Aber auch von Hitler, dem Todfeind dieser Dichter, wurde nicht mehr gesprochen. Wir lasen Raabes »Else von der Tanne« und meditierten stundenlang über Carossas Brunnen-Gedicht. Noch Jahre danach weigerte sich ein Lehrer, eine Erzählung Thomas Manns durchzunehmen. Er denke nicht daran, uns jemanden nahe zu bringen, der feige geflohen, sein Land beschimpft und besudelt habe. Als wir ihm widersprachen, verhöhnte er uns als Unwissende.

Ich war dennoch nicht allein. Die junge Bibliothekarin der Arbeiterwohlfahrt ging ernsthaft auf meine Fragen, meine Zweifel ein und machte mich, als sie selber nicht mehr weiter wußte, mit ihrem Mann bekannt, dem Maler Fritz Ruoff, einem Freund Grieshabers. Er konnte aus eigener Anschauung berichten: Man hatte ihn zu Beginn der Nazizeit in das Lager auf dem Heuberg verschleppt, und danach mußte er die Straßen Nürtingens kehren. Bescheiden und wortkarg machte er nicht viel daraus; er sei im Gegensatz zu Unzähligen noch gut davongekommen. So ließ er die andern sprechen, reihte Namen zu einer Litanei von Wut und Klage, stapelte Bücher vor mir auf, Zeitungen und Zeitschriften, die er versteckt gehalten, mit denen er sich getröstet und gestärkt hatte. Nein, die Kolbenheyer, Blunck, Vesper, Jelusich, Grimm und Dwinger seien nie, wie man uns weiszumachen versucht hatte, die wahren Vertreter der deutschen Literatur gewesen. Wir seien betrogen worden um einen großen Reichtum. Den breitete er in Fragmenten aus, drängte mich, Stück für Stück in der Zitatensammlung »verboten und verbrannt« von Drews und Kantorowicz zu lesen, und gab mir René Schwachhofers Anthologie »Vom Schweigen befreit« mit nach Hause. In Ruoffs karger Malerstube erfuhr ich den Literaturunterricht, den die Schule unterließ. Ich zürnte, litt, weinte, lachte, schrie, schwebte mit Sätzen. Sie trafen mich manchmal wie Geschosse und verwundeten mich. Ruoff hatte ein ausgefranstes Zeitungsblatt vor mir ausgebreitet und zärtlich glattgestrichen. Es sei eine Zeitung, die »der Gries« im Krieg gedruckt habe. Er zeigte auf ein Gedicht. »Des muesch läse. Des isch schö.« Das Gedicht hieß »Der Bücherkarren«. Als sein Verfasser war Jakob Haringer genannt. Eine Zeile sprang vom Blatt, setzte sich in meinem Kopf fest: »Aber des Herzens verbrannte Mühle tröstet ein Vers.« Ich trug sie mit. Sie stand als Motto vor meinem ersten Gedichtbändchen.

In der Schule blieben wir beim Alten. Die gepflegte Zeitlosigkeit schloß Krieg, Verbrechen, Exil aus. Dichtung und Politik hatten nichts miteinander gemein. Das Edle und der Schmutz wurden peinlich geschieden. Die schwarzen Balken in den Lehr- und Lesebüchern standen fürs Verschweigen. Das nahm zu, begleitete, erzog uns.

Ich habe die Stunde Null nicht als Purgatorium, als Beginn, als Ausgangspunkt für neue Sprache, neues Denken erfahren. Ich gewöhnte mich an das Schweigen, die Sprachlosigkeit der Älteren. Sie waren Geschöpfe einer fabelhaften Metamorphose, Artisten des Vergessens. Nicht um die schauderhafte Vergangenheit dürfe man sich kümmern, bleute man mir ein, sondern um eine bessere Zukunft. Es schien, als habe man den Strang der Geschichte einfach gekappt. Und damit war man nicht nur Hitler losgeworden, sondern auch alle, die sich gegen ihn gewendet, die ihn bekämpft hatten. Das schlechte Gewissen der Mitläufer trieb die Gemarterten im nachhinein mit ihren Schergen zusammen.

Über die Ära Adenauer, in die ich hineinwuchs und in der ich berufstätig wurde, kann ich im Grunde nur schreiben wie über einen Traum, in dem sich alle heftig bewegten und dennoch sonderbar still hielten. Im keuchenden Aufstieg war es nützlich, nicht zurückzudenken. Adenauers Politik war eine des unmittelbaren Jetzt, des erfolgreichen Selbstvergessens.

Es war ein geschlossenes System der Amnesie, in dem, wenn auch von unverbesserlichen Erinnernden angegriffen, Männer wie Globke oder Vialon wieder ihren Platz fanden, eben weil sie keine Geschichte mehr hatten. Wie konnte man unter diesen Umständen den Emigranten die Tür öffnen, die mit ihrer Erinnerung, die unsere nicht sein durfte, den schönen Bau des ökonomischen Wunders in Frage gestellt hätten?

So mußte aus dem Innern das Gedächtnis aufgerissen werden. Den jungen Schriftstellern, die sich 1947 zum ersten Mal trafen, die den »Ruf« herausgaben, ist ihre Distanz zu den

Kollegen im Exil vorgeworfen worden. Es ist nun tatsächlich ein Abstand, den Zeit und Politik geschaffen hatten, dem sie sich, meistens Soldaten in Hitlers Wehrmacht, nicht hatten entziehen können und mit dem sie sich nun aus eigener Erfahrung und in ihrer Sprache auseinandersetzen mußten. Es ist die Sprache Borcherts, Richters, Eichs, Bölls, Anderschs, Schnurres, Weyrauchs, Koeppens. Als ich sie las — »Draußen vor der Tür«, »Sie fielen aus Gottes Hand«, »Abgelegene Gehöfte«, »Die Kirschen der Freiheit«, »Die Rohrdommel ruft jeden Tag«, »An die Wand geschrieben«, »Tauben im Gras« —, kannte ich mich aus, mußte nicht nachlernen, fühlte mich in meiner Renitenz bestärkt. Sie erzählten auch von mir. Und wenn die Hüter der neuen Ordnung sie Störenfriede schimpften, trafen sie auch mich.

Denn das Literaturverständnis der fünfziger Jahre wurde erst einmal von den Bestätigenden geprägt, die bezeichnenderweise die »Stillen im Lande« genannt wurden. Stille Bücher, aus denen der Schmutz der Vergangenheit gekehrt war, in denen auf allen Dingen allenfalls ein feiner Silberstaub lag. Das Gute, Schöne, Wahre mußte zeitlos sein, durfte nicht ärgern. Diese Literatur hatte in den wenigen Nachkriegsjahren bereits ihre Tradition. Sie hatte sich, zugunsten der Verdränger, wie ein Bollwerk gegen die Exilierten gestellt. Der Teil des Landes, der Bundesrepublik Deutschland heißen würde, verscherzte bewußt einen Zuwachs an politischer Einsicht, an historischer Revision. Ein fataler Begriff brüstete sich, kaum ruhten die Waffen, kaum waren die Häftlinge aus den Konzentrationslagern befreit: »Innere Emigration«. Ihr Apologet war der Schriftsteller Frank Thieß. Walter von Molo hatte, wie man weiß, am 8. August 1945 in einigen deutschen Zeitungen einen offenen Brief veröffentlicht, in dem er Thomas Mann »mit aller, aber wahrhaft aller Zurückhaltung, die uns nach den furchtbaren zwölf Jahren auferlegt ist« bat, in das geschlagene Land heimzukehren. Thomas Mann antwortete am 7. September ausführlich und hinhaltend: »Ich vergesse nicht, daß Sie später viel Schlimmeres durchgemacht haben, dem ich entging; aber das haben Sie nicht gekannt: das Herzasthma des

Exils, die Entwurzelung, die nervösen Schrecken der Heimatlosigkeit.« Das Zaudern des Berühmten empörte besonders jene, die mit der Beschwichtigung ihres angerauhten Gewissens beschäftigt waren. Thieß spielte selbstgerecht die »innere« gegen die »äußere« Emigration aus: »Wir erwarten dafür keine Belohnung, daß wir unsere kranke Mutter Deutschland nicht verließen. Es war für uns natürlich, daß wir bei ihr blieben.« Nur wenigen verschlug solche Verlogenheit die Sprache. Nur wenige polemisierten gegen eine scheinheilige Metaphorik, die noch einmal tünchte, was ohnedies kaschiert war. Wer wollte noch wissen, daß diese kranke Mutter gemordet hatte, wer mochte sich noch an den Lohn erinnern, den die Nazis ihren poetischen Vorrednern ausgezahlt hatten. Unterschwellig wird auf Treue und Mut gepocht; das alte Vokabular hat plötzlich neuen Glanz. Unter diesen Auspizien kann man sich ungeschoren rechtfertigen. Und insgeheim hofft man, die unbequemen Erinnerer, die schon wieder geächteten Kommunisten, die bürgerlichen Antifaschisten blieben draußen, ließen sich abweisen.

Die Saat der Stillen ging auf. Als der »Doktor Faustus« erschien, fielen die Neudemokraten über das Buch her, von Thieß bis Holthusen. Und ein Satyrstück folgte: Ein Heimgekehrter pflichtete ihnen schrill bei. Alfred Döblin ließ in seiner Zeitschrift »Das goldene Tor« keinen guten Faden an dem Buch. Der widersinnige Pakt half ihm nicht. Die feinen Wiedergutmacher verachteten im Grunde den Berliner Doktor in französischer Uniform, den »Renegaten«, den zum katholischen Glauben übergelaufenen Juden. Er mußte noch einmal seinen Widerstand bezahlen. Sein letzter Roman, »Hamlet oder die lange Nacht nimmt ein Ende«, eine inständige Prüfung des faschistischen Ungeists, fand keinen Verleger in der Bundesrepublik und erschien 1956 in der DDR. Die Hoffnung trog. Die lange Nacht hatte noch kein Ende.

Die Geschlagenen jedoch genossen bereits wieder das Licht. Die Republik nahm wirtschaftlich einen gewaltigen Aufschwung. Und die Literatur hinkte ihr nach. Wagte sie zu zweifeln, kratzte sie am Lack, wurde sie von Besserwissern niedergebetet. Ein so hellsichtiges, warnendes Buch wie Koeppens »Treibhaus« wurde damals niederträchtig seiner Wirkung beraubt und wird bis auf den heutigen Tag als eine Art Geheimschrift gelesen. Die Verdränger übten sanft, doch erfolgreich ihre Macht aus. Als Thomas Mann, der unerbittliche Patriot, 1949 zum ersten Mal wieder, um Goethe zu feiern, deutschen Boden betrat und in Frankfurt wie in Weimar sprach, mußten ihm die abweisenden Klischees vertraut klingen. Er wurde als Kommunist entlarvt, er zählte nicht mehr zur »Gemeinschaft«. In seinen Antworten steht ein Satz, der die qualvolle Geschichte, die ich zu beschreiben versuche, erregt und genau zusammenfaßt: »Das ist nicht Literaturkritik mehr, es ist der Zwist zwischen zwei Ideen von Deutschland, eine Auseinandersetzung, nur anläßlich meiner, über die geistige und moralische Zukunft des Landes.«

Der Zwist setzte sich fort, hinterließ seine Spuren. Die des Unwillens gegen die Geschichte zum Beispiel (der sich 1968, zum Schaden der Jungen, erneut ausdrückte), die der konstanten Beschönigung, die der Furcht vor intellektueller Schärfe. Die Literatur der fünfziger Jahre war also nicht, wie es zu wünschen gewesen wäre, beherrscht von einer moralischen Debatte zwischen Heinrich und Thomas Mann, Hermann Broch, Alfred Döblin, Anna Seghers und den Daheimgebliebenen, sondern von den Bewahrern eines Erbes, das aus guten Gründen immer wolkiger beschworen und besungen wurde. In den Bücherschränken versammelten sich die Werke von Bergengruen, Thieß, Hausmann, Edzard Schaper, Friedrich Georg Jünger und anderen. Gegen den Kahlschlag wurde die heile Welt gesetzt. Und die zunehmende Abstraktion, das Spiel mit dem Surrealismus, ohnedies alles politferne Fluchtbewegungen, wurden als Zumutung empfunden und als »Verlust der Mitte« beklagt. Das waren die wahren Erfolge der fünfziger Jahre. Nicht die Werke Brechts (es sei nur an die jahrelangen Kampagnen gegen ihn erinnert), Feuchtwangers, Arnold Zweigs, Heinrich Manns wurden wieder entdeckt, sondern scheinbar unpolitische Werke wie das von Kafka oder wie »Das Glasperlenspiel« von Hermann Hesse. Hesse bestätigte, ohne es zu wollen, sogar noch die gedächtnislosen Schönredner, indem er das Zeitalter des Feuilletonismus verächtlich machte, alle jene, die sich auf den Tag einließen, der Politik nicht auswichen, desavouierte. Das klang gut im vergoldeten Gehörgang der Restauration.

Zehn Jahre nach der Niederlage war kaum ein namhafter Emigrant in die Bundesrepublik zurückgekehrt. Nach Europa wohl. Sie siedelten sich außerhalb der Grenzen an und schauten durchaus besorgt auf das immer mächtiger werdende Land. Sie wohnten in der Schweiz, in Frankreich, in Italien. Und in der DDR. Die hatte es den Rückkehrern mit ihrem antifaschistischen Anspruch leicht gemacht. Doch auch dort sollten sie ihre Schwierigkeiten mit ihrer nun einbrüstigen Mutter Deutschland haben. Andere.

Was folgt, greift schon in die Gegenwart. Obwohl sich Literaturwissenschaftler von Walter A. Berendsohn bis Hans-Albert Walter in ihren Schriften leidenschaftlich und kenntnisreich bemühten, obwohl Ausstellungen Erinnerungen wachriefen, Gestalten und Werke verdeutlichten, hat die Bundesrepublik die deutsche Emigration nicht in ihre Geschichte integrieren können. Aber sie hat, vielleicht, aus diesem Verlust gelernt. Lernen müssen. Die Schriftsteller, die der Generation von Andersch und Böll folgten, diesen bitteren, ausdauernden Widergängern, die Autoren, die nicht in dem Maße wie Schnurre oder Weyrauch bis in die Sprache hinein durch den Nazismus verwundet waren, suchten, verspätet, unter den großen Entfernten Muster und Meister. Günter Grass bekannte sich zu seinem »Lehrer Döblin«. Da nahm einer den gerissenen Faden wieder auf. Die rebellierenden Söhne und Enkel wiederum fanden über die Phalanx der schweigenden leiblichen Väter hinweg intellektuelle Väter wie Adorno, Horkheimer und Marcuse. Plötzlich regte sich, was man gedämpft, gefürchtet hatte. Und es erwies sich, daß die stummen Erfolgreichen dieser Sprache nicht mächtig waren.

Läßt sich womöglich doch unsere ganze Geschichte erzählen? Ich bin nicht sicher, ich zögere. Ich denke, welche Verdächtigungen laut wurden, als Willy Brandt, ein heimgekehrter Emigrant, Kanzler wurde: einer, der abgehauen war. Einer, der eine fremde Uniform trug ... Noch immer haben die Weißwäscher aus schlechtem Gewissen, die Verdrängungskünstler, die Geschichtsfälscher aus Eigennutz ihre Gefolgschaft. Noch immer traut ihnen die Mehrheit mehr als denen, die ihre Heimat aufgaben, aufgeben mußten, um sie nicht zu verlieren.

Je anschaulicher wir erklären und erzählen, daß Hitler nicht nur ein Unfall war, sondern ein Produkt der deutschen Geschichte, daß die Bundesrepublik nicht nur ein ökonomisches Wunder vollbrachte, sondern auch eines an Erinnerungsverlust, daß die Demokratie nicht nur Bewahrer, sondern auch Zweifler braucht, um so selbstverständlicher werden wir auch auf die Erfahrungen, die Sätze, die Dichtungen des deutschen Widerstands und der Emigration zurückgreifen können.

Dokumente

Mitgliederverzeichnis des »Deutschen P.E.N.-Clubs« im Exil vom 22. Juni 1939

Heinrich Mann, Präsident

Jacob Altmaier
Vicki Baum
Johannes R. Becher
Ludwig Berger
R. A. Bermann (Arnold Höllriegel)
Georg Bernhard
Walter A. Berendsohn
Ernst Bloch
Bertolt Brecht
Willi Bredel
Bernard von Brentano
Ferdinand Bruckner (Theodor Tagger)
Hermann Budzislawski
Friedrich Burschell
Elisabeth von Castonier
Alfred Döblin
Karl Federn
Lion Feuchtwanger
Bruno Frank
Leonhard Frank
Rudolf Fuchs
Manfred Georg
Hellmuth von Gerlach
Maria Gleit
Oskar Maria Graf
Sammy Gronemann
E. I. Gumbel
Arnold Hahn
Walter Hasenclever
Ludwig von Hatvany
Werner Hegemann
Max Herrmann-Neisse
Wieland Herzfelde
Wilhelm Herzog
Franz Hessel
Kurt Hiller
Max Hodann
Arthur Holitscher
Ödön von Horváth
Heinrich Eduard Jacob
Hermann Kantorowicz
Alfred Kerr
Kurt Kersten
Hermann Kesten
Egon Erwin Kisch
Annette Kolb
Walter Landauer
Fritz Landshoff
Felix Langer
Leo Lania
Joe Lederer
Rudolf Leonhard
Hubertus Prinz zu Löwenstein
Emil Ludwig
Erwin Magnus
Klaus Mann
Thomas Mann

Karl Mannheim
Valeriu Marcu
Ludwig Marcuse
Walter Mehring
Peter von Mendelssohn
Willi Münzenberg
Alfred Neumann
E. E. Noth
Balder Olden
Karl Otten
Alfred Polgar
Ludwig Renn
Roda Roda
Walther Rode
Joseph Roth
Paul Roubiczek
Anselm Rüst
Hans Sahl
Gerhard Schacher
René Schickele
Franz Schönberner
Bruno Schönlank
Leopold Schwarzschild
Anna Seghers
Willi Schlamm
Helene Stöcker
Felix Stössinger
Heinz Stroh
Gabriele Tergit (Elise Reifenberg)
Ernst Toller
Walther Victor
Herwarth Walden
F. C. Weiskopf
Paul Westheim
Friedrich Wolf
Alfred Wolfenstein
Theodor Wolff
Leon Zeitlin
Arnold Zweig

Rudolf Olden, Sekretär

Thomas Mann

Brief an Rudolf Roeßler

Los Angeles – Brentwood
30. VII. 40

Sehr verehrter Herr Roeßler,

es ist schön, daß Sie an Heinrich denken. Ich denke beinahe an nichts anderes, als an ihn und an meinen zweiten Sohn, der sich ebenfalls in Frankreich befindet, wo er [illegible] auf seiner [illegible], irgendwo in Marseille oder bei Toulon. Ich hatte unter der Hand Bemühungen im Gange, seinen [illegible] [illegible] entbehrlich zu machen und ihn auf einem überseeischen Dampfer zu verschiffen. Ich selbst habe keinen Laut von ihm, und ebenso wenig hat ihn mein Bruder. Diese [illegible] müssen sich [illegible] [illegible] [illegible] verhalten. Golo hat man in Marseille [illegible] [illegible]. Von meinem Bruder Verbleib weiß ich überhaupt nichts. Ich frage mich, ob er sich vor den französischen Behörden, vielleicht der Gestapo, versteckt hält, oder ob er gar ruhig in seiner Nizzaer Wohnung still und fatalistisch den Lauf der Dinge abwartet. Wäre er ergriffen worden, so hätte man das doch wohl erfahren. Von der Schweiz [illegible] [illegible] [illegible] [illegible] [illegible] [illegible]. Für Amerika [illegible] [illegible] hinübergesandt, Geldmittel sind aufgebracht, um den Meistgefährdeten zur Flucht zu verhelfen. Bei Heinrich aber zweifle ich, ob [illegible], der fast 70jährige, überhaupt hat will. In Amerika kann man ihn sich schwer vorstellen, und ich vermute fast, daß er es vorzieht, sein Leben in Schweden so oder so zu beschließen.

Bermann-Fischer ist von Stockholm, wo er Wochen lang im Gefängnis gesessen hat, über Rußland-Japan hier eingetroffen, nach abenteuerlicher Reise, mit Frau und Kindern. Das Merkwürdigste sind seine Schilderungen von dem unbeschreiblich freundschaftlichen Rußland.

Über und vor Allem ist zu wünschen, daß England den fürchterlichen Sturm besteht, der ihm jetzt droht.

Ihr sehr ergebener

Thomas Mann

Umschrift mit Erläuterungen:

Los Angeles – Brentwood
30. VII. 40 [1]

Sehr verehrter Herr Roeßler [2],

es ist schön, daß Sie an Heinrich [3] denken. Ich denke beinahe an nichts anderes, als an ihn und an meinen zweiten Sohn [4], der sich ebenfalls in Frankreich befindet, wie es scheint auf freiem Fuß, irgendwo in Marseille oder bei Toulon. Es sind unter der Hand Bemühungen im Gange, seinen genauen Aufenthalt ausfindig zu machen und ihn mit einem überseeischen Visum zu versehen. Er selbst gibt keinen Laut von sich, und ebenso wenig tut das mein Bruder. Diese Menschen müssen sich wohl äußerst still verhalten. Golo hat man in Marseille wenigstens gesehen. Von meines Bruders Verbleib weiß ich überhaupt nichts. Ich frage mich, ob er sich bei französischen Freunden, vielleicht im Gebirge, versteckt hält, oder ob er gar einfach in seiner Nizzaer Wohnung sitzt und fatalistisch den Lauf der Dinge abwartet. Wäre er gegriffen worden, so hätte man das doch wohl erfahren. Von der Schweiz sowohl wie von hier aus wird geforscht. Ein Amerikaner ist hinübergesandt, Geldmittel sind aufgebracht, um den Meistgefährdeten zur Flucht zu verhelfen. Im Grunde aber zweifle ich, ob Heinrich, der fast 70jährige, überhaupt fort *will*. In Amerika kann man ihn sich schwer vorstellen, und ich vermute fast, daß er es vorzieht, sein Leben in Europa so oder so zu beschließen.

Bermann-Fischer [5] ist von Stockholm, wo er Wochen lang

[1] Hitlers Frankreich-Feldzug war bereits zu Ende, deutsche Truppen hielten den größten Teil Frankreichs besetzt und bereiteten sich auf eine Landung in England vor.
[2] Dr. Rudolf Roeßler, Leiter des Vita-Nova-Verlags in Luzern.
[3] Thomas Manns Bruder, der Schriftsteller Heinrich Mann, geboren 1871, dem dann noch die Flucht aus Frankreich in die USA gelang, wo er 1950 in Santa Monica, Kalifornien, starb.
[4] Golo (eigentlich Gottfried) Mann, geboren 1909, Historiker, der sich 1940 aus Frankreich nach Amerika retten konnte.
[5] Gottfried Bermann Fischer, geboren 1897 in Gleiwitz, Leiter des Berliner S. Fischer Verlags, den er 1936 nach Wien, 1938 nach Stockholm verlegt hatte. Nach dem deutschen Überfall auf Norwegen im April 1940 war er in Schweden zunächst interniert worden, dann über Sowjetrußland und Japan in die USA geflüchtet.

im Gefängnis gesessen hat, über Rußland, Japan hier eingetroffen, nach abenteuerlicher Reise, mit Frau und Kindern. Das Merkwürdigste sind seine Schilderungen von dem unbeschreiblichen Elendszustand Rußlands.

Ihnen und uns allen ist zu wünschen, daß England den fürchterlichen Sturm besteht, der ihm jetzt droht.

Ihr sehr ergebener
Thomas Mann.

Traumstadt eines Emigranten

Ja, ich bin recht. Es ist die alte Gasse.
Hier wohn ich dreissig Jahr ohn Unterlass.
Bin ich hier recht? Mich treibt ein Irgendwas,
Das mich nicht freigibt, mit der Menschenmasse.

Dort! Eine Sperre starrt! Eh ich mich fasse,
Packt's meine Arme: Bitte Ihren Pass!
Mein Pass? Wo ist mein Pass?! Von Hohn und Hass
Bin ich umzingelt, wanke und erblasse.

Kann soviel Angst ein Menschenmut ertragen?
Kasernen pfeifen, die mich werden schlagen.
Ich spür noch, wie ins Knie ich plötzlich brach...

Und während Unsichtbare mich bespeien:
– „Ich hab ja nichts getan" – hör ich mich schreien,
„Als dass ich meine Sprache sprach."

Franz Werfel

Capri, 4. Januar 1938

Umschrift:

Traumstadt eines Emigranten

Ja, ich bin recht. Es ist die alte Gasse.
Hier wohn ich dreissig Jahr ohn Unterlass.
Bin ich hier recht? Mich treibt ein Irgendwas,
Das mich nicht freigibt, mit der Menschenmasse.

Dort! Eine Sperre starrt! Eh ich mich fasse,
Packt's meine Arme: Bitte Ihren Pass!
Mein Pass? Wo ist mein Pass!? Von Hohn und Hass
bin ich umzingelt, wanke und erblasse.

Kann soviel Angst ein Menschenmut ertragen?
Stahlruten pfeifen, die mich werden schlagen.
Ich spür noch, wie in's Knie ich plötzlich brach …

Und während Unsichtbare mich bespeien:
— ›Ich hab ja nichts getan‹, — hör ich mich schreien,
›Als daß ich eure, meine Sprache sprach.‹

Franz Werfel
Capri, 4. Januar 1938

Fritz von Unruh

Fritz von Unruh (1885–1970), Schriftsteller, im ersten Weltkrieg Offizier, wurde durch seine Kriegserfahrungen leidenschaftlicher Pazifist, emigrierte 1933 nach Frankreich, konnte von dort 1940 nach Amerika flüchten.

Aufzeichnung aus dem Frühsommer 1940, vor der Flucht aus Frankreich

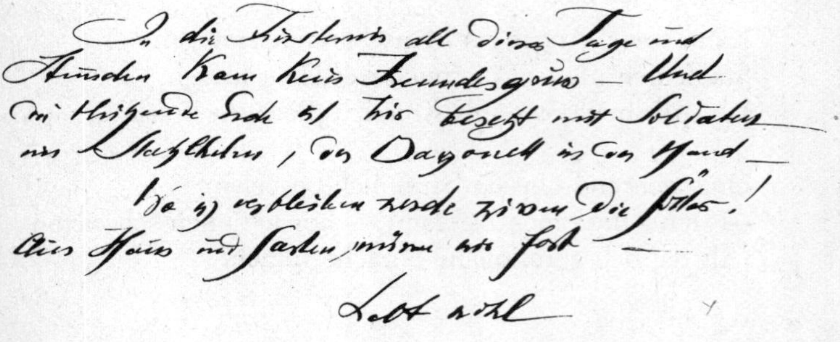
In die Finsternis all dieser Tage und
Stunden kam kein Freundesgruss — Und
die blühende Erde ist wie besetzt mit Soldaten
im Stahlhelm, das Bayonett in der Hand —
Wo ich verbleiben werde wissen die Götter!
Aus Haus und Garten müssen wir fort —
Lebt wohl

Umschrift:

In die Finsternis all dieser Tage und Stunden kam kein Freundesgruss — Und die blühende Erde ist wie besetzt mit Soldaten im Stahlhelm, das Bayonett in der Hand —

Wo ich verbleiben werde wissen die Götter! Aus Haus und Garten müssen wir fort —

Lebt wohl

Hier spricht New York

Von FRITZ VON UNRUH

Hier spricht
aus New York
ein Sohn preussischer Generäle —
der Bruder gefallener Soldaten,
ein Kämpfer von Verdun:
Fritz von Unruh.

*

Als ich 1932 im Sportpalaste Berlin
zum letztenmale vor Euch stand,
da weckte Wort —
und Antwort
in Euch, Deutschen,
den Willen zur Eisernen Front
gegen diesen Menschenschinder
aus Oesterreich!

*

Seid Ihr seiner Mordtechnik erlegen?
Damals, wie heute —
rufe ich Dich,
Du heimliche Seele,
meines Volks!
Dich, hinter zugezogenen Gardinen..
Dich! in den Konzentrationslagern—
Dich! kommandiert zu verfluchtem Dienst
in Prag, Polen, Norwegen — an der Dordogne —
oder oben auf dem Olymp!

*

Fasse Mut!
Lasse Dir nicht länger
Dein klares Weltenauge
von perversen Sadisten
verdunkeln —
durch Lebensangst
und Rassenangst . .
Germania!
wie lange noch willst Du verblendet
Rechtsbruch und allgemeine Verödung
für Herrschaft halten?
Und das Gemetzel
von kleinen Völkern
Dir aufputschen zum Sieg
und gigantischen Schlachtfest!

*

Dein Stillschweigen
auf der Oktoberwiese
dieser Gangsterrotte
wird Dir gar bald
im Imperialen Raume der Freiheit
zum Nessushemd werden —
Abbrennen Deinen Dünkel
Stück um Stück . .
schauervoll!
bis auf die Knochen!

*

Denn dem lechzenden Eroberertraum
ergrauter Kadetten —
steht heute wieder entgegen . .
eine Eiserne Front!

*

Und hat gestern
die Jammerfeigheit der Bonzokratie —
diesen Bräuhauskrakehler aus Braunau
gross gemacht — —
so wird ihn übermorgen der Herzmut
der Demokratie
wieder — — kleinhauen!

Gesprochen im PEN-Club 15. Mai 1941. Zugebilligte Sprechzeit: 1 Minute 40 Sekunden.

Aus dem »Aufbau«, New York, vom 23. Mai 1941, Titelseite.

Pressestimmen zur Bremer Tagung des P.E.N.-Zentrums Bundesrepublik Deutschland

»Bremer Nachrichten« vom 18. September 1980

Treffpunkt literarischer Elite

Heute beginnt in der Hansestadt die Jahrestagung des P.E.N.-Zentrums

In Bremen beginnt heute die »wahrscheinlich größte Jahrestagung« in der Geschichte des westdeutschen P.E.N.-Zentrums. Martin Gregor-Dellin, Generalsekretär des P.E.N. in der Bundesrepublik, kündigte gestern während einer einleitenden Pressekonferenz die Teilnahme von 110 der insgesamt 458 westdeutschen P.E.N.-Mitglieder bei der Mitgliederversammlung an, die am Freitag im Festsaal des Rathauses stattfinden wird. Außerdem haben sich 20 ausländische Gäste zur P.E.N.-Tagung angekündigt, darunter die P.E.N.-Präsidenten der DDR, Heinz Kamnitzer, und Österreichs, Erik G. Wickenburg.

Die deutsche »Literatur des Exils« steht, wie mehrfach berichtet, im Mittelpunkt der Bremer Tagung. Dieses Thema, so Gregor-Dellin vor der Presse, sei »überfällig«. Vielleicht aber sei zur kritischen Aufarbeitung der Zeit zwischen 1933 und 1945 der »Abstand einer Generation von den historischen Ereignissen« notwendig. Dabei solle in Bremen aber auch die unterschiedliche Schwerpunktgebung bei der Beschäftigung mit Exilliteratur in Ost und West diskutiert werden. Insgesamt stehe die Würdigung jener Exilschriftsteller im Mittelpunkt, die »seit 30 Jahren vernachlässigt, vielleicht sogar vergessen worden sind«.

Eine öffentliche Veranstaltung in der »Glocke« am Sonnabend, 20 Uhr, ist ausschließlich diesen Autoren gewidmet. Prominente zeitgenössische Schriftsteller (unter ihnen Günter Grass, Carl Amery, Ernest Borneman, Peter Härtling und Martin Gregor-Dellin) lesen dann u. a. aus Werken von Alfred Döblin, Lion Feuchtwanger, Walter Benjamin, Oskar Maria Graf und Alfred Kerr. Neben der Joseph-Roth-Ausstellung in der Uni-Bibliothek wird im Schnoor-Packhaus ab heute, 18 Uhr, die »Geschichte des deutschen P.E.N.-Clubs im Exil — 1933 bis 1948« dokumentiert.

Zwei weitere öffentliche Abendveranstaltungen zur Literatur des Exils: Heute, 20 Uhr, berichten deutsche Emigranten über ihre Erfahrungen »Beim Überschreiten der Grenze«; am Freitag, 20 Uhr, diskutieren Literaturwissenschaftler unter dem Thema »Glanz und Elend einer Literatur« den Stand der Exilforschung. Nebenher gibt es elf weitere Lesungen in Schulen, Stadtbibliotheken und in der Justizvollzugsanstalt Oslebshausen.

Mit »Dank und Respekt« will das P.E.N.-Zentrum der Bundesrepublik nach den Worten seines Generalsekretärs Gregor-Dellin auch jener Emigranten gedenken, die aus dem Exil nicht zurückgekehrt sind. Stellvertretend für diese Gruppe nannte Gregor-Dellin den mit Adressen in Rom und in den USA ausgestatteten Hermann Kesten, dem die Veranstaltung am Sonnabendabend gewidmet ist und der selbst nach Bremen kommen wird. Zu einem nichtöffentlichen Seminar am Sonnabend hat sich auch der SPD-Vorsitzende Willy Brandt angesagt. Weitere prominente Gäste der Bremer P.E.N.-Jahrestagung sind der Vizepräsident des Internationalen P.E.N., Stephan Hermlin (DDR), und der Präsident des P.E.N.-Zentrums »Schriftsteller im Exil«, Gabriel Laub (früher ČSSR).

Nach Angaben von Generalsekretär Gregor-Dellin zählt der Internationale P.E.N. gegenwärtig 500 verfolgte, inhaftierte oder »verschwundene« Schriftsteller in der ganzen Welt. Die meisten dieser Fälle seien aus Südamerika (hier vor allem aus Argentinien), aus Vietnam und aus der Sowjetunion bekannt. Vor dem Hintergrund dieser Statistik sei die Situation der Schriftsteller in der Bundesrepublik zu »relativieren«. Gleichwohl werde der P.E.N. sich nachdrücklich vor die während des gegenwärtigen Wahlkampfs angegriffenen Künstler und Schriftsteller in Westdeutschland stellen und weiterhin »die Zensur im eigenen Land bekämpfen«.

Auf die Möglichkeiten eines Regierungswechsels in Bonn und eine Kanzlerschaft Franz Josef Strauß' (CSU) angesprochen, sagte Gregor-Dellin, in der Bundesrepublik müsse man »Zustände herstellen, damit kein deutscher Autor eines Tages wieder exilieren muß«. Es sei ihm jedoch bekannt, daß es bereits jetzt bei einigen staatlichen Behörden »schwarze Listen« über mißliebige Künstler und Schriftsteller gebe, die allerdings »nicht lebensbedrohend« seien.

Zur Frage der zahlreichen Schriftsteller, die von der DDR in die Bundesrepublik übergewechselt sind, erklärte Gregor-Dellin lediglich, die Kontakte zwischen den P.E.N.-Zentren in der Bundesrepublik und in der DDR hätten in letzter Zeit vertieft werden können. Das sei »auch von Vorteil für die betroffenen Autoren«.

Ellen Leykam und Ursula Siefken-Schulte
im »Weser-Kurier«, Bremen, vom 20. September 1980

Kampf für die Freiheit des Wortes

P.E.N.-Mitglieder wehren sich gegen »diskriminierende Äußerungen« von Franz Josef Strauß

»Sie haben einen Präsidenten gewählt, der nach Meinung von Franz Josef Strauß zum politischen Untergrund, zur Subkultur gehört.« Mit diesen Worten kommentierte der Tübinger Germanist und Autor Professor Walter Jens seine Wiederwahl zum Präsidenten des deutschen P.E.N.-Zentrums. Er machte damit auf der P.E.N.-Mitgliederversammlung im Bremer Rathaus gleichzeitig deutlich, daß bei der Jahrestagung mit dem Thema »Exilliteratur« nicht nur ein Stück Vergangenheit aufgearbeitet werden soll, sondern — eng mit dem Komplex des Exilierens verbunden — die gegenwärtigen Schwierigkeiten deutscher Schriftsteller im eigenen Lande zur Diskussion stehen.

Wenn Strauß Kanzler wird, so fürchtet Walter Jens, fürchten mit ihm die versammelten Mitglieder des deutschen P.E.N.-Zentrums, dann kann sich Poesie nur noch im Untergrund entfalten, kann sich Kunst nur noch in der Subkultur abspielen. Dies jedoch wäre letztendlich nichts anderes als der Zwang ins Exil. Mit ihrem Engagement gegen die Diskriminierung von Autoren, gegen eine Einschränkung der Möglichkeit der freien Meinungsäußerung nahmen die Schriftsteller Bezug auf Erklärungen des Kanzlerkandidaten der Union. Die in diesem Zusammenhang mit einer Enthaltung von der Mitgliederversammlung verabschiedete Resolution ist im folgenden in ihrem Wortlaut wiedergegeben:

»Das P.E.N.-Zentrum Bundesrepublik Deutschland nimmt mit Empörung zur Kenntnis, daß Franz Josef Strauß seine Angriffe gegen kritische Autoren fortgesetzt hat, indem er am 11. September von ›Schreibtischtätern‹ und ›Mikrofonhetzern‹ sprach, ›mit denen Schluß gemacht werden‹ müsse. Dies ist die Sprache der Gewalt und brutaler Einschüchterung. Der P.E.N. erklärt: Wer, auf rationale Auseinandersetzung mit Andersdenkenden verzichtend, Menschen in ihren Lebensrechten bedroht, zerstört die Grundlagen der Demokratie.«

Strauß habe, so erläuterte Jens der Versammlung, die zitierten Äußerungen im Rahmen einer Wahlveranstaltung in Mössingen bei Tübingen gemacht, dabei Bezug nehmend auf eine Berliner SPD-Rede des Tübinger Professors.

Generalsekretär Martin Gregor-Dellin, von der Mitgliederversammlung ebenfalls in sein Amt wiedergewählt, sprach von einer »Relativierung der Lage in der Bundesrepublik« angesichts der bestürzenden Einengung von Autoren und Künstlern in anderen Ländern, betonte jedoch nachdrücklich, daß »der Druck von außen« nicht den Blick verstellen dürfe auf Mißstände im eigenen Land. Gregor-Dellin berichtete über Hilfsaktionen des internationalen P.E.N., der beispielsweise in Argentinien — neben Vietnam und der Sowjetunion eines der drei Länder, »in denen es in jüngster Zeit am schlimmsten war, ein Schriftsteller zu sein« — 16 inhaftierte Autoren unterstützen konnte. Der Generalsekretär bedauerte die Lethargie der Weltöffentlichkeit, ihre Gleichgültigkeit gegenüber der Einschränkung freier Meinungsäußerung und der Verfolgung Andersdenkender. Er hob dabei besonders ab auf den Fall eines Schriftstellers in Südkorea, der dort trotz schwerer Krankheit und ungeachtet zahlreicher Bemühungen von seiten verschiedener Hilfsorganisationen seit langer Zeit inhaftiert ist. Er appellierte an die Mitglieder des deutschen P.E.N.-Zentrums, sich verstärkt für politisch verfolgte Kollegen einzusetzen.

Ein weiteres zentrales Thema der Jahrestagung des deutschen P.E.N.-Zentrums, eng verknüpft mit der Situation von

Autoren in nicht demokratischen Ländern, ist die Frage des Asylrechts. Auch in diesem Zusammenhang verabschiedete die Mitgliederversammlung mit einer Stimmenthaltung eine Resolution:

»Das P.E.N.-Zentrum Bundesrepublik Deutschland stellt besorgt fest, daß in unserem Land, geschürt durch unverantwortbare Parolen, Fremdenhaß um sich greift. Das P.E.N.-Zentrum erinnert daran, daß zahllose deutsche Demokraten auf das Asylrecht bei anderen Nationen angewiesen waren. Das im Grundgesetz verankerte Recht auf politisches Asyl darf nicht angetastet werden.«

Präsident Walter Jens und Generalsekretär Martin Gregor-Dellin sehen die Aufgaben des P.E.N. vor allem ausgedrückt in dem Ziel, in der Öffentlichkeit eine Haltung von Humanität, ein selbstverständliches Bewußtsein von Toleranz gegenüber Wort und Meinung zu wecken. Sie finden nicht nur in diesem Punkt Unterstützung der Mitglieder des P.E.N.-Zentrums — Walter Jens sprach von einer grundsätzlichen internen »Windstille«, einer zufriedenstellenden Einigkeit unter den Angehörigen des P.E.N.

Neben Walter Jens und Martin Gregor-Dellin wurde auch Gerd Hoffmann in seinem Amt als Schatzmeister bestätigt. Als Vizepräsidenten wurden gewählt beziehungsweise bestätigt: Ingeborg Drewitz, Peter Härtling, Christine Brückner und Bernt Engelmann. In das Amt des Beisitzers wurden berufen: Walter Fabian, Johannes Poethen, Geno Hartlaub, Dorothee Sölle und Gert Kalow.

Ellen Leykam

Die Lesung von Erfahrungsberichten deutscher Emigranten auf der ersten öffentlichen Abendveranstaltung der P.E.N.-Jahrestagung war Wiederbegegnung mit einem fast jahrzehntelang verdrängten Kapitel deutscher Geschichte und Kulturpolitik. Die Literatur der deutschen Exilschriftsteller wurde bis vor einigen Jahren in Verlagsprogrammen und Presse kaum zur Kenntnis genommen. Schon gar nicht fand sie einen Niederschlag im Bewußtsein der literarisch interessierten Öffentlichkeit.

Mit dem diesjährigen Thema des P.E.N.-Zentrums »Literatur des Exils« wird nachgeholt, was längst zur Bewältigung und genauen Erforschung durch Schriftsteller und Literaturwissenschaft anstand und im Hinblick auf die heutige Situation der engagiert und mit politischem Verantwortungsbewußtsein Schreibenden von besonderer Aktualität ist.

Ausgangspunkt der Diskussionen ist die Übermittlung der Erfahrungen, »wie es wirklich gewesen ist, damals, was ein unbekannter Schriftsteller empfand, der kein Thomas Mann oder Feuchtwanger war, sondern gerade erst zu schreiben begann, ein Jude, Sozialist oder einfach ein Autor, der auf sich hielt und die Verantwortung gegenüber der deutschen Sprache nicht aufgeben wollte — was einer empfand, wie es ihm erging und unter welchen Zeichen er, wenn überhaupt, zurückkehren konnte« (Walter Jens).

Auf die Frage des Vermächtnisses an heutige Autoren, die sich der Gefahr möglicher Wiederholungen signifikanter Momente von Unliebsamkeit und Diskriminierung widersetzen, läuft der Komplex der diesjährigen Veranstaltung, zu der namhafte Referenten ihren Beitrag leisten, hinaus.

In knappen Worten umriß Martin Gregor-Dellin das Ziel der Zusammenkunft vor der Lesung am Donnerstagabend. Die Exil-Autoren Walter Fabian, Ossip K. Flechtheim, Charlotte Beradt, Ulrich Sonnemann, Peter de Mendelssohn, Ernst Loewy und Hilde Spiel lasen ihre Berichte infolge der für jeden einzelnen unzureichenden Zeit zum Teil etwas herausgelöst aus ihrem Kontext. Das schränkte die Nachvollziehbarkeit der dargestellten Situation von seiten des Publikums ganz erheblich ein. Eine Moderation, die kurzgefaßt die biographischen Daten einschließlich der Vorgeschichte zu den Lesungen wiedergegeben hätte, wäre hier sinnvoll gewesen.

Was sich vermittelte, waren die Schwierigkeiten, das Erlebte in eine dafür adäquate Sprache zu fassen, und waren die unterschiedlichen Hervorhebungen jener für den einzelnen gravierenden Symptome des Leidens im und nach dem Exil.

Unmöglich, an dieser Stelle auf die Vielzahl der Eindrücke einzugehen oder Gemeinsamkeiten in der Bewältigung der damaligen Schrecknisse zu benennen. Ein Beispiel für einige interessante Aspekte der sprachlichen Darstellbarkeit des als unfaßbar Erlebten waren die Ausführungen von Peter de Mendelssohn, der während seines Exils aufgefordert wurde, in Englisch zu schreiben, sich daraufhin auch nach England begab und feststellen mußte, daß ihm in diesem Idiom plötzlich keine »schöne Sprache« mehr zur Verfügung stand. Die Bedingung der Distanz und die Forderung zur Simplizität als Voraussetzung der Erfahrungsübermittlung. Dieses und das die Ratio ergänzende Gefühlsmoment, das Hilde Spiel in dem Zitat aus der Hofmannsthalschen »Elektra« ausdrückte: »Bin ich ein Tier, daß ich vergessen kann?«,waren Signale für heutiges Bewußtsein gegenüber damaligem Exil.

Ursula Siefken-Schulte

»Bremer Nachrichten«
vom 20. September 1980

Ergreifende Lebensbilder aus dunkler Zeit

Sieben Exilautoren gaben Erfahrungsberichte vom »Überschreiten der Grenze«

Was das Thema »Literatur des Exils« bedeutete, als es noch nicht Literaturgeschichte geworden war, sondern sich erst mit Not, Flucht, Tod und realem Schrecken in die Wirklichkeit einschrieb, wurde am ersten Tag der P.E.N.-Tagung noch einmal ganz gegenwärtig. Sieben deutschsprachige Exil-Autoren der Hitlerzeit hatten sich bereit gefunden, im kleinen Saal der »Glocke« — er war bis auf den letzten Platz besetzt — über Erfahrungen von ihrer Grenzüberschreitung ins Exil zu berichten.

Das ergab ebenso bewegende wie kompetente Zeitbilder aus den Jahren nach 1933, obwohl weder der Senior Walter Fabian (Jahrgang 1902) noch die ihm folgenden Referenten Ossip K. Flechtheim, Charlotte Beradt, Ulrich Sonnemann, Peter de Mendelssohn, Ernst Loewy und Hilde Spiel erlittene Schrecken und Ängste ausmalten, sondern vielmehr das Glückhafte ihres Entkommens und Durchkommens betonten.

Der Publizist und Autor historischer Schriften Walter Fabian erinnerte sich an die Solidarität von völlig Unbekannten, die ihn in einem lebensentscheidenden Augenblick 1942 über die grüne Grenze von Frankreich aus zur Schweiz entkommen ließen. Mit der Autorität des von ihm selbst Erlebten warnte er vor dem höchst gefährlichen Haß auf Fremde, der sich heute in Deutschland wieder rege. »Wir dürfen dazu nicht schweigen«, ermahnte er seine Zuhörer.

Ossip K. Flechtheim, Politologe und Historiker, hatte als gebürtiger Russe zwar keine Paßschwierigkeiten und konnte 1939 legal in die USA einreisen, aber auch dort war das Leben für einen Immigranten »nicht immer eine reine Freude«. Besonders vermißt hat er die Verbindung zur Friedensarbeit und den europäischen sozialistischen Bewegungen. Als er 1951 endgültig nach Deutschland zurückkehrte, sei es eine Entscheidung zwischen einem kleinen Ort in den USA und Berlin gewesen. Er ging nach Berlin.

Mit Charlotte Beradt — alle Berichterstatter haben heute bereits das 60. Lebensjahr überschritten — kam eine der weniger bekannten Emigranten zu Wort. Sie und ihr Mann erreichten das letzte Passagierschiff, das von Europa nach Amerika fuhr. »Ein dunkles Schiff floh vor deutschen Schiffen über den dunklen Ozean.« In New York eröffnete Frau Beradt, Autorin von »Das Dritte Reich des Traumes« (Traumaufzeichnungen von Gegnern und Befürwortern des Dritten Reiches), einen Haarfärbesalon. Zu ihren Kundinnen gehörte Vera Chagall. Für die Haarfarbe mußte erst die Billigung von Marc Chagall eingeholt werden. Der primitive Salon avancierte bald zum Treffpunkt für Gleichgesinnte. Martin Beradt schrieb weiter »autobiographisch« — wie oft bei Exilautoren.

Um die eigentliche Überwindung von Grenzen kreiste der Bericht Ulrich Sonnemanns. Er gewann bei einer Wette mit einem wohlhabenden Internierten im Frankreich der Vichy-Regierung die 800 Dollar, die er für die Überfahrt brauchte. Gewinnen konnte der völlig mittellose Politologe und Psychologe die Wette damals nur, weil er das militärische Vorgehen der Deutschen richtig beurteilt hatte. »Die Grenze löste sich auf. Meine Entdeckung war eine Frucht der reinen Betrachtung, der Theorie. Theorie war in dieser Lage das einzig Praktische«, pointierte der Gelehrte.

Peter de Mendelssohn nannte seine Emigrationserinnerungen »einen ungeschriebenen Roman«. Der Romancier, Essayist und Thomas-Mann-Biograph gehört zu den wenigen, die rasch in der fremden Sprache zu schreiben vermochten und anerkannt wurden. Sein Bericht wurde zu einem Bekenntnis zu Europa.

Zur Abrechnung mit der Bundesrepublik, wie sie sich dem heimkehrenden Ernst Loewy 1956 darbot, wurde dessen Bericht von der Grenzüberschreitung nach Deutschland. Er sprach den wichtigen Satz: »Auch Emigranten müssen eine Vergangenheit bewältigen.« Ihm habe die heutige Jugend sehr viel Hoffnung gegeben. Dem in Frankfurt lebenden Bibliothekar und Politologen folgte die Romanschriftstellerin, Publizistin und Kritikerin Hilde Spiel. Ihr literarisch zugeschliffener Bericht fragte mit Hofmannsthals Elektra: »Bin ich ein Tier, daß ich vergessen kann?« Sie erinnert sich des Wiens von 1936, als Österreicher begannen, »den Satan rechts zu überholen«, bekannte aber auch, daß sie den ersten möglichen Moment nach 1945 zu einer (zunächst vorübergehenden) Rückkehr nach Wien benutzt habe. Mitleid mit den irregeleiteten Menschen habe damals alle Rachewünsche übertönt.

Die Betroffenheit des Publikums durch die ungeheuerlichen Erfahrungsberichte war spürbar groß. Gerade in ihrer bewußten Schmucklosigkeit, in ihrer Bereitschaft, auch Anekdotisches einzubeziehen, in ihrer Ehrlichkeit und Dankbarkeit gegenüber Glückhaftem, das es auch in dieser dunklen Zeit gegeben hat, wurde die Lebenswirklichkeit des Exils greifbar. Nun hofft man, daß die sieben Berichte bald und ungeschönt gedruckt werden.

Kurt Sontheimer
in der »Süddeutschen Zeitung«, München,
vom 22. September 1980

Produktive Windstille

Die Bremer Jahrestagung des P.E.N.-Zentrums der Bundesrepublik

Im P.E.N.-Zentrum der Bundesrepublik Deutschland ist es still geworden. [...] Bei der diesjährigen Tagung des Zentrums, die von Donnerstag bis Samstag vergangener Woche in der Hansestadt Bremen stattfand, sprach der seit vier Jahren amtierende Präsident Walter Jens sogar von Windstille. Er hielt es für nötig, die Club-Kollegen und Journalisten darauf aufmerksam zu machen, daß auch die Windstille einer leidenschaftlichen Berichterstattung wert sei.

Das galt gewiß für das Rahmenthema »Literatur des Exils«, kaum jedoch für die Mitgliederversammlung. Deren Verlauf bestätigte von neuem, daß es Jens zusammen mit seinem Generalsekretär Martin Gregor-Dellin gelungen ist, den westdeutschen P.E.N.-Club in ruhigeres Fahrwasser zu steuern. »Der Krisenberg liegt hinter uns«, sagte Jens nicht ohne Befriedigung, und in der Tat haben die Querelen von einst völlig aufgehört. Zwei Gründe, so vermute ich, haben diese Entwicklung ermöglicht: Die von links kommende Fronde hat ihr Ziel, im P.E.N.-Club angemessen vertreten zu sein und für ihre Anliegen Gehör zu finden, weitgehend erreicht. Sie hat darum der klugen Politik des amtierenden Präsidenten, bei den Zusammenkünften des Clubs wieder mehr literarische Akzente zu setzen, keine Schwierigkeiten bereitet und ihre frühere Neigung, diese Versammlung von Literaten durch teilweise provozierende Resolutionen herauszufordern und zu politisieren, unterdrückt.

Zum andern hat Jens seine Absicht, nach der Zerreißphase der Politisierung eine harmonisierende Phase der Literarisierung einzuleiten, so konsequent und überzeugend durchgeführt, daß auch diejenigen, die in ihm einen Repräsentanten der ehemaligen linken Fraktion vermuteten, sich durch ihn repräsentiert fühlen konnten. So war es ganz natürlich, daß die Bremer Versammlung die Führungsmannschaft des Präsidiums — Jens, Gregor-Dellin und den Schatzmeister — einstimmig für zwei weitere Jahre in ihren Ämtern bestätigte und ansonsten auch fast alle übrigen Mitglieder des Präsidiums erneut wählte. Erst im Frühjahr 1982 soll es einen Führungswechsel geben.

Nur die zwei verstorbenen Präsidiumsmitglieder Walter Schmieding und Thaddäus Troll mußten ersetzt werden. Für sie kamen zwei Frauen zum Zuge: die Romanschriftstellerin Christine Brückner und die Theologin Dorothee Sölle. Zusammen mit Geno Hartlaub und Ingeborg Drewitz bilden die Frauen in der Führungsspitze des deutschen P.E.N. jetzt eine fast so starke Gruppe wie die Männer. Die übrigen Mitglieder des Präsidiums sind: Peter Härtling, Bernt Engelmann, Walter Fabian, Johannes Poethen und Gert Kalow.

Angesichts dieser Eintracht und im Bewußtsein dankbaren Respekts für die verantwortungsvolle und pazifierende Tätigkeit der Führungsspitze war es nicht minder selbstverständlich, daß die Versammlung einstimmig zwei Resolutionen verabschiedete. In der ersten wandte sich das P.E.N.-Zentrum gegen Franz Josef Strauß, der nach einem verläßlichen Bericht einer württembergischen Zeitung unter direkter Anspielung auf Walter Jens am 11. September auf einer Wahlkundgebung im schwäbischen Mössingen nahe Tübingen erklärt hatte, mit den »Schreibtischtätern« und »Mikrophonhetzern« müsse »endlich Schluß gemacht« werden. Der P.E.N.-Club erklärte hierzu: »Dies ist die Sprache der Gewalt und brutaler Einschüchterung. Wer, auf rationale Auseinandersetzung verzichtend, Menschen in ihren Lebensrechten bedroht, zerstört die Lebensgrundlagen der Demokratie.«

Die zweite Resolution wandte sich gegen den um sich greifenden Fremdenhaß in der Bundesrepublik und erinnerte daran, daß zahllose deutsche Demokraten in den Jahren der Verfolgung auf das Asylrecht bei anderen Nationen angewiesen waren. Das Grundrecht auf politisches Asyl dürfe deshalb nicht angetastet werden.

So zügig und problemlos verlief die Mitgliederversammlung, daß die angesetzte Nachmittagssitzung entfallen konnte. Dies war Pech für den später kommenden Peter Rühmkorf, der in Erinnerung an die Anti-Springer-Resolution der Gruppe 47 aus dem Jahre 1967 eine diese Absicht bekräftigende Erklärung hatte einbringen wollen, weil, wie er fand, die seinerzeitige Absichtserklärung deutscher Schriftsteller, nicht für Springer-Zeitungen arbeiten und in ihnen veröffentlichen zu wollen, ungenügend beachtet werde, obwohl sich die Verhältnisse bei diesen Blättern (»der dort praktizierte Journalismus spricht der Demokratie Hohn«) nicht geändert hätten. Die deutschen Schriftsteller, meinte Rühmkorf, seien heute weniger Protestschriftsteller als Festschriftsteller.

Rühmkorf konnte sein Anliegen am nächsten Tag zwar vortragen und Unterschriften dafür sammeln, aber diskutiert, geschweige denn verabschiedet wurde sein Beitrag nicht mehr, da die Mitgliederversammlung schon beendet war. Schade, denn die Diskussion dieses Antrags hätte vielleicht einen tieferen Einblick in die gegenwärtige politische Bewußtseinslage der anwesenden Schriftsteller gestattet. So kam es nur zur selbstverständlichen Solidarität mit einem Präsidenten, der nach seiner unangefochtenen Wahl unter Anspielung auf die Strauß-Rede voller Genugtuung erklären konnte: »Sie haben soeben einen Präsidenten gewählt, der zum ›politischen Untergrund‹ und zur ›literarischen Subkultur‹ gehört.«

Das literarische Rahmenthema des Kongresses war diesmal die Exilliteratur. In einer Serie von gut besuchten Veranstaltungen versuchte man, die in Deutschland nach 1945 (von einigen großen Ausnahmen abgesehen) nicht mehr so richtig zum Zuge gekommene Exilliteratur dem Publikum nahezubringen. Es begann mit einem etwas unausgeglichenen, gleichwohl bewegenden Abend, auf dem Exilschriftsteller Erfahrungsberichte »beim Überschreiten der Grenze« vortrugen; es setzte sich fort mit einer Podiums-Veranstaltung, auf der Literarhistoriker und Archivare über den gegenwärtigen Stand der Exilforschung zu informieren versuchten, und es fand seinen würdigen Abschluß in einer dem anwesenden Hermann Kesten (Ehrenpräsident des deutschen P.E.N.) gewidmeten Veranstaltung, in der deutsche Gegenwartsautoren Texte von weniger bekannten Exilschriftstellern vortrugen. Der Abend wurde zu einer großen Hommage der deutschen Gegenwartsliteratur an die Exilliteratur.

Der wissenschaftlichen Erforschung der Literatur des Exils stehen heute in Deutschland zwar alle Wege offen, auch an Mitteln fehlt es nicht, aber sie scheint dessen ungeachtet weitgehend eine Domäne von einigen wenigen Einzelkämpfern wie Hans-Albert Walter geblieben zu sein. Diese Wissenschaftler sind offenbar in der Gefahr, aus ihrer Beschäftigung mit der Exilliteratur eine Ideologie zu machen, indem sie sie zu einer spezifischen Gattung stilisieren und vorwiegend politisch interpretieren. Auffällig, zumindest bei den anwesenden Vertretern dieser Forschungsrichtung, war die Tendenz zu einer rein politischen (im Sinne der Faschismustheorie) und historiographischen Verarbeitung des Themas, während literarische oder ästhetische Maßstäbe kaum Gewicht zu haben scheinen.

So war es denn auch nicht überraschend, daß Marcel Reich-Ranicki einer Betrachtung der Exilliteratur unter politischen Gesichtspunkten oder »aus der Mitleidsperspektive« mit Entschiedenheit entgegentrat und endlich literarische Kriterien in die Beurteilung eingeführt wissen wollte. H. A. Walter demonstrierte übrigens bei seinem überlangen Vortrag zu Arnold Zweigs im palästinensischen Exil geschriebenen Deutschlandbuch »Das Beil von Wandsbek« ganz ungewollt, wie unfruchtbar eine selbstgefällig in sich kreisende, wenn auch noch so akribische Forschungsarbeit zum Deutschlandbild des Exils sein kann. Für die Erforschung der Exilliteratur kommt es künftig vor allem darauf an, daß sie nicht im Stile eines Sonderforschungsbereichs betrieben, sondern in die allgemeine Geschichts- und Literaturforschung eingeholt wird.

Während man sich in der Tat fragen kann, warum Franz Josef Strauß es darauf anlegt, die schwierigen und langjährigen Bemühungen seiner Parteifreunde, wie Helmut Kohl, Bernhard Vogel, Richard von Weizsäcker, mit den deutschen Schriftstellern zu einem besseren Einvernehmen zu kommen, mit Erfolg zu torpedieren, wurde Willy Brandt, selbst ein Exilschriftsteller, am Samstagnachmittag herzlich willkommen geheißen. Es ging um das Problem der mehr oder weniger versäumten Re-Integration der Exilliteratur in beiden Teilen Deutschlands (anwesend war übrigens auch der Präsident des P.E.N.-Zentrums der DDR, Professor Kamnitzer). Diese wichtige Thematik erneut ins öffentliche Bewußtsein gehoben zu haben ist ein großes Verdienst des deutschen P.E.N.-Clubs, dessen nächstes literarisches Arbeitsthema (Anfang Mai 1981 in Freiburg) kaum weniger attraktiv ist: Literatur und Geschichte.

Ursula Siefken-Schulte
im »Weser-Kurier«, Bremen, vom 22. September 1980

Vergessenes wieder wachgerufen

Gegenwartsautoren lasen in der »Glocke« Exilliteratur

Nicht nur der Zugkraft des Namens Günter Grass war es zu verdanken, daß die Abschlußveranstaltung des P.E.N.-Zentrums im großen Saal der »Glocke« einen starken Zulauf hatte. Es gibt in Bremen ein literarisch interessiertes Publikum, das über eine bislang weitgehend nur in Fachkreisen bekannte Literatur informiert sein möchte.

In einer Eröffnungsansprache faßte Präsident Walter Jens die Erfahrungen der Gegenwartsschriftsteller und die ihrer literarischen Vorgänger des Exils zusammen. Es sei für die deutsche Kulturpolitik bezeichnend, wie sie mit engagierten Schriftstellern — republikanisch und radikaldemokratisch gesinnten — gestern und heute verfahre, wie Exilschriftsteller, je entschiedener sie sich gegen den Nationalsozialismus zur Wehr gesetzt und Alternativen für ein anderes Deutschland entwickelt hatten, desto langsamer re-integriert wurden. Und schließlich, wie diese Emigranten bis zum heutigen Zeitpunkt in eine Außenseiterposition gedrängt worden seien, die eine grundlegende Auseinandersetzung mit ihnen verhindere.

Die Lesung von Exilliteratur durch Mitglieder des P.E.N. war als Zeichen und Versuch einer Rehabilitierung des weithin Vergessenen oder Nichtbeachteten zu verstehen. Dem Schriftsteller Hermann Kesten, der 1933 nach Paris emigrierte, 1940 nach New York flüchtete, Emigrantenkollegen förderte und einigen von ihnen das Leben rettete, war dieser Abend zugedacht. Ihn ehrten Günter Grass mit der Lesung »Die Ermordung einer Butterblume« aus dem ersten

Erzählband Alfred Döblins (1911 erschienen), Eberhard Fechner mit der Erzählung »Wollstein« aus Lion Feuchtwangers unveröffentlichtem Band »Venedig-Texas«, Manfred Franke mit einer Passage aus den 1974 von Jean Améry verfaßten »Örtlichkeiten«, die die Wiener Situation des Jahres 1934 widerspiegeln, Wolfgang Bächler mit vier Gedichten Theodor Kramers, Horst Krüger mit den zwischen 1920 und 1930 entstandenen »Gebrauchsgedichten« der Mascha Kaléko, Dieter Kühn mit Ausschnitten aus Briefen Walter Benjamins (aus dem Jahre 1933), Margarethe Hansmann mit Gedichten Else Lasker-Schülers, Peter Härtling mit einem Gedicht von Max Herrmann-Neisse (»Ein deutscher Dichter bin ich einst gewesen«) und Martin Gregor-Dellin mit einem Abschnitt aus dem Tagebuch Alfred Kerrs, geschrieben wenige Tage vor seinem Tod.

Marcel Reich-Ranicki
in der »Frankfurter Allgemeinen Zeitung«
vom 23. September 1980

Exilliteratur – immer noch unbewältigt?

Zu der bemerkenswerten Tagung des P.E.N.-Zentrums in Bremen

Eine liberale Schriftstellerorganisation, in der es demokratisch zugeht und in der die Literatur im Mittelpunkt steht — so präsentiert sich heute das einst an heftigen politischen Spannungen leidende und von Cliquenkämpfen bedrohte P.E.N.-Zentrum der Bundesrepublik Deutschland. Die Scharfmacher, meist der DKP nahestehende Autoren, die den P.E.N. als Forum für politische Agitation mißbrauchen wollten, bleiben jetzt den Tagungen fern oder richten, wenn sie doch kommen, keinen Schaden mehr an.

Wem diese entscheidende Änderung zu verdanken ist, weiß im P.E.N. jedermann: dem Präsidenten Walter Jens und dem Generalsekretär Martin Gregor-Dellin, die seit Mai 1976 die Geschicke des bundesdeutschen Zentrums dieser weltweiten Organisation leiten. Daß sich die auch jetzt noch mitunter zerstrittenen Mitglieder des Zentrums in dieser Hinsicht einig sind, zeigte sich, als auf der am letzten Wochenende in Bremen veranstalteten Jahrestagung die Neuwahlen des Präsidiums fällig waren: Jens und Gregor-Dellin (und auch der Schatzmeister Gerd E. Hoffmann) wurden einstimmig wiedergewählt.

Und während in früheren Jahren die von der jetzt nicht mehr existierenden militanten Linksfraktion des P.E.N. eingebrachten Anträge fast die ganze zur Verfügung stehende Zeit in Anspruch nahmen und die Resolutionen schon durch ihre große Zahl entwertet wurden, standen diesmal nur zwei Anträge zur Debatte, die beide in wohltuender Sachlichkeit erörtert und einstimmig beschlossen wurden.

So stellt das P.E.N.-Zentrum in einer Resolution besorgt fest, »daß in unserem Land, geschürt durch unverantwortbare Parolen, Fremdenhaß um sich greift«. Es wird daran erinnert, daß zahllose deutsche Demokraten auf das Asylrecht bei anderen Nationen angewiesen waren. Fazit: »Das im Grundgesetz verankerte Recht auf politisches Asyl darf nicht angetastet werden.«

In der anderen Resolution geht es um neue und wieder einmal gegen Schriftsteller gerichtete Angriffe von Franz Josef Strauß. Auf einer Wahlversammlung am 11. September hat Strauß, unwidersprochenen Zeitungsberichten zufolge, im Zusammenhang mit Walter Jens von »Schreibtischtätern« und »Mikrofonhetzern« gesprochen, »mit denen Schluß gemacht werden« müsse. Dazu erklärt der P.E.N.: »Dies ist die Sprache der Gewalt und der brutalen Einschüchterung. Wer, auf rationale Auseinandersetzung mit Andersdenkenden verzichtend, Menschen in ihren Lebensrechten bedroht, zerstört die Grundlagen der Demokratie.«

Schon etwas früher hatte sich Strauß über den jetzt wiedergewählten Präsidenten des bundesdeutschen P.E.N. auf bemerkenswerte Weise geäußert. Jens gehöre — sagte Strauß dem amtlichen Protokoll des Bundesparteitags der CDU zufolge — zu jenen, die »aus der politischen Unterwelt und schriftstellerischen Subkultur kommen«. Auf diese Worte des Kanzlerkandidaten reagierten die versammelten Autoren nicht empört oder zornig, sondern heiter.

Jens, der bürgerliche Demokrat, der sich republikanischen und protestantischen Idealen verpflichtet weiß, ein Repräsentant der politischen Unterwelt? Der Tübinger Altphilologe und Rhetoriker ein Mann der schriftstellerischen Subkultur? Sollte man darauf überhaupt antworten? Sicher ist, daß sich hier ein Politiker mit der Konsequenz eines Amokläufers die Schriftsteller dieses Landes zu Feinden macht.

Gibt es denn niemanden in der Umgebung von Strauß, der

ihn vor solchen peinlichen Pannen bewahren könnte? Jedenfalls wäre er gut beraten, sich von einem gebildeten Menschen, etwa von dem bayerischen Kultusminister Hans Maier, einem hervorragenden Literaturkenner, über die wissenschaftlichen Werke und literarischen Arbeiten von Jens unterrichten zu lassen. Ein Privatissimum bei Professor Maier könnte Strauß die Lächerlichkeit derartiger Äußerungen bewußt machen.

Doch hat man sich auf der P.E.N.-Tagung mit aktueller Politik fast überhaupt nicht befaßt. Das Thema der Tagung lautete: »Literatur des Exils«. Man mag es kaum glauben, und doch ist es so: Erst fünfunddreißig Jahre nach Kriegsschluß hat sich der bundesdeutsche P.E.N. entschlossen, eine Tagung jenen Schriftstellern zu widmen, die von Hitler vertrieben wurden.

Ist denn, was diese Autoren einst unter schwierigsten Umständen geschrieben haben, inzwischen in Deutschland zur Kenntnis genommen worden? Haben ihre Bücher den ihnen gebührenden Platz im Bewußtsein der lesenden Zeitgenossen? Man kann auf eine Fülle von Buchausgaben und Verfilmungen, auf wissenschaftliche Werke und unzählige Zeitschriftenbeiträge verweisen, man kann mit gelegentlich hohen oder beachtlichen Auflageziffern aufwarten — und schon hätten wir eine befriedigende Antwort auf die heikle Frage.

Aber man kann auch die umgekehrte Rechnung aufmachen und viele triftige Fakten anführen, die beweisen, daß man sich in der Bundesrepublik zu wenig oder zu spät um die Einbürgerung der Exilliteratur bemüht hat. Und wer dies tut, geht rasch zur generellen Anklage über und landet in der Regel beim nationalen Lamento.

Die Argumente beider Seiten haben viel für sich, doch vergißt man oft, daß das literarische Werk vergänglich ist und, von Ausnahmen und Meisterwerken abgesehen, kaum länger als dreißig, vierzig Jahre lebt. Nichts vermag den Flugsand der Zeit aufzuhalten, auch keine Wiedergutmachung. Manch ein Buch, das im Exil entstanden ist, hätte vielleicht 1950 oder 1960 hierzulande gefunden, was ihm heute versagt bleiben muß: ein Publikum.

Überdies drängt sich die Frage auf, ob die Verwendung des Begriffs »Exilliteratur« zulässig ist. Was hatten denn die emigrierten Schriftsteller miteinander gemein? Es war ja nur der Haß gegen jene, von denen sie ihrer Heimat beraubt wurden, der sie vereinte. Es war einem Politiker vorbehalten, daran auf der Bremer Tagung zu erinnern: Willy Brandt, der ehemalige Emigrant, jetzt Mitglied des P.E.N.-Zentrums, zitierte Döblins Wort vom »kläglichen Nebeneinander« der Exilschriftsteller und meinte hierzu: »Wie sollten die, die einander in Berlin nicht gemocht hatten, in Paris oder in Prag oder in New York plötzlich zum ›Nebeneinander‹ finden? Es ist nicht gerecht, von Literaten, gewissermaßen professionellen Individualisten, zu erwarten, wozu Politiker nicht fähig waren.«

Weil es eben nur ein Nebeneinander gab, weil sich die vertriebenen Schriftsteller trotz gemeinsamer Exilnot nicht unter ein gemeinsames Dach zwängen lassen, war es richtig, in Bremen den Akzent auf das Individuelle zu setzen. Das gilt ebenso für die in der Universitätsbibliothek gezeigte Joseph-Roth-Ausstellung wie für die öffentlichen Abendveranstaltungen. Unter dem Titel »Beim Überschreiten der Grenze« berichteten deutsche Emigranten über ihre persönlichen Erfahrungen. Wenn allerdings bei manchen Zuhörern der Eindruck entstehen konnte, hier werde mitunter Privates nicht ohne Larmoyanz ausgebreitet, so mag dies mit dem Umstand zusammenhängen, daß es auch Schriftstellern schwer fällt, ihre schmerzhaftesten Erlebnisse mit Distanz zu schildern.

Auf einer anderen Veranstaltung, dem herzlich begrüßten achtzigjährigen Ehrenpräsidenten des P.E.N.-Zentrums, Hermann Kesten, gewidmet, lasen Schriftsteller unserer Tage — von Günter Grass bis Horst Krüger und Dieter Kühn — Texte exilierter Autoren, darunter auch einige besonders schwache. So drängt sich der Verdacht auf, man habe dem Bremer Publikum die großen Qualitätsschwankungen, denen die Literatur im Exil unterworfen war, vorführen wollen. Gerade unter den Bedingungen der Emigration sind häufig auch oberflächliche, mißglückte Arbeiten entstanden — und wen könnte dies wundern? Nur darf man es auf keinen Fall verschweigen.

Damit wären wir bei der dritten öffentlichen Veranstaltung, einem Symposium, das sich mit dem Stand der Exilforschung befassen sollte. Aber was ist denn das eigentlich — die Exilforschung?

Werner Berthold, Direktor der Abteilung Exilliteratur in der Deutschen Bibliothek, ließ die Kirche im Dorf und gab eine vernünftige Definition: Was sich da großspurig »Exilforschung« nennt, sei bloß »eine Hilfswissenschaft auf Zeit« und sollte nach einer Weile, etwa nach einem Jahrzehnt, ihre Aufgabe erfüllt haben und in die allgemeine Literaturforschung integriert werden.

Ähnliches hörte man von dem Historiker Werner Röder, der das Archiv des Instituts für Zeitgeschichte in München leitet: Die Geschichte des politischen Exils sei doch, meinte er, nur als ein Teil der politischen Geschichte zu verstehen. Mit anderen Worten: Ob es sich um Literatur oder um Historie handelt — die Exilforschung sei nur ein Provisorium und müsse ihre eigene Selbstauflösung anstreben. Davon wollten jene, die sich als »Exilforscher« verstehen, zumal Helmut Müssener von der Stockholmer und Hans-Albert Walter von der Hamburger Universität, nichts hören.

Ihren Worten mußte man entnehmen, daß die Werke der emigrierten Schriftsteller in der Bundesrepublik auf schändliche Weise ignoriert oder zumindest vernachlässigt werden — die angeführten Beispiele stammten immer nur aus den fünfziger Jahren — und daß erst die Exilforschung diesen Teil der Literatur zwischen 1933 und 1945 erkunde und ins Bewußtsein hebe. Es sei die Aufgabe dieser Forschung, so sagte Walter, zu untersuchen, ob und in welchem Maß die Exilliteratur den Faschismus erfahrbar gemacht habe.

Wie aber, wenn Romane oder Gedichte der vom Nationalsozialismus vertriebenen Autoren auf den Faschismus nur indirekt oder überhaupt nicht eingehen und wenn es gleichwohl Meisterwerke der deutschen Literatur sind? Wie ist es um die ästhetischen Kriterien bestellt? Zur höchsten Verblüffung des Auditoriums erklärte Walter, im Vordergrund hätten rein gesellschaftliche Aspekte zu stehen, und die ästhetischen dürften erst aus diesen abgeleitet werden. Das sei aber jetzt noch nicht möglich und offenbar nicht einmal nötig: »Wir sind nicht so weit, auf ästhetische Fragen antworten zu können.«

Wie sich Walter eine derartige Literaturbetrachtung vorstellt und wohin sie führt, das konnte man am nächsten Tag erfahren, als er über das »Deutschlandbild der Exilliteratur« referieren sollte, statt dessen jedoch eine Stunde lang über Arnold Zweigs »Beil von Wandsbek« sprach. Der 1943 publizierte Roman, der zu den schwächeren Werken Zweigs gehört, ist immerhin insofern von Interesse, als er von den Illusionen jener emigrierten Schriftsteller zeugt, die statt der Realität im »Dritten Reich« eher ein Wunschbild skizzierten.

Statt aber diesen Aspekt zu untersuchen, lieferte Walter kaum mehr als eine mit vielen (meist überflüssigen) Zitaten versehene Inhaltsangabe. Die zeitgeschichtlichen und gesellschaftskritischen Elemente zufrieden ausbreitend, war er überhaupt nicht imstande, die künstlerischen, die formalen und sprachlichen Aspekte des Romans auch nur wahrzunehmen. Sollte Walters Vortrag beispielhaft sein für das, was sich »Exilforschung« nennt, dann ließ er einen Zustand augenscheinlich werden, gegen den man energisch protestieren muß.

Um es kurz zu machen: Wir brauchen keine Literaturbetrachtung, die sich nur mit dem Inhalt und nicht mit der Form befaßt. Im literarischen Kunstwerk bedingen sich Form und Inhalt gegenseitig, und wer das eine vom anderen reißt, mißversteht das Wesen der Literatur und kann nur Schaden anrichten. Das weiß jeder Germanist, jeder Literarhistoriker, der sein Fach versteht.

So gibt es denn auch eine Fülle beachtlicher Arbeiten über die Werke der bedeutenderen Exilschriftsteller — also über Thomas und Heinrich Mann, Brecht, Döblin, Roth, Horváth, Musil, Lasker-Schüler, Broch, Anna Seghers, Feuchtwanger, Arnold Zweig und viele andere. Diese Schriftsteller von der allgemeinen Literaturbetrachtung und von der Wertung gleichsam auszuschließen und einer »Exilforschung« zu überlassen, die das Kunstwerk bloß als Zeitdokument behandelt, wäre töricht, ja absurd.

Die einst Deutschland verlassen mußten, gehören längst zur Geschichte der deutschen Literatur, sie sind integriert — wenn auch in manchen Fällen mit einiger Verspätung. Daß es diesen oder jenen Autor gibt, der noch zu entdecken ist, soll nicht bezweifelt werden. Das rechtfertigt aber nicht die Existenz eines literaturwissenschaftlichen Ghettos namens »Exilforschung«. Man hüte sich, jenen Schriftstellern, denen einst ein großes Unrecht angetan wurde, nun ein weiteres Unrecht anzutun.

Ist also diese »Exilforschung« überflüssig? Nicht unbedingt. Sie kann der Literaturbetrachtung Hilfsdienste leisten — etwa im Bereich der Bibliographie und der Archivierung oder bei der Darstellung der in der Emigration existierenden Verlage und Zeitschriften.

Daß die Germanistik in der Bundesrepublik sehr wohl emigrierte Schriftsteller auf einem angemessenen Niveau untersuchen kann — davon konnte man sich ebenfalls auf der P.E.N.-Tagung überzeugen: Wolfgang Emmerich, Professor für Neue Deutsche Literatur an der Universität Bremen, sprach über die Exillyrik Johannes R. Bechers und wies einleuchtend nach, daß die vom Kommunisten Becher besungene Vision einer deutschen Volksseele in vielerlei Hinsicht, zumal im Wortschatz, mit nationalsozialistischen Vorstellungen übereinstimmt.

Dem letzten Thema — »Re-Integration der Exilliteratur in beiden Teilen Deutschlands« — konnte sich die P.E.N.-Tagung nur noch in großer Eile widmen. Warum dieser Prozeß in der Bundesrepublik während der Adenauer-Zeit nur in sehr begrenztem Maße in Gang kam und oft gebremst wurde, legte Peter Härtling in einem virtuosen Referat dar: »Es schien, als habe man den Strang der Geschichte einfach gekappt. Das schlechte Gewissen der Mitläufer trieb die Gemarterten im nachhinein mit ihren Schergen zusammen. Wie konnte man den Emigranten die Tür öffnen, die mit ihrer Erinnerung, die die unsere nicht sein durfte, den schönen Bau des ökonomischen Wunders in Frage gestellt hätten?«

Am Ende der Tagung standen zwei konkrete Informationen: Der P.E.N.-Club, teilte Martin Gregor-Dellin mit, werde dafür sorgen, daß in Zukunft in den bundesdeutschen Schullesebüchern die Exilliteratur stärker berücksichtigt werde. Man werde überdies Briefausgaben exilierter Schriftsteller finanzieren. So hat es sich wieder einmal erwiesen, daß das P.E.N.-Zentrum eine nützliche Institution ist.

Michael Kück
in der »Hannoverschen Allgemeinen Zeitung«
vom 23. September 1980

Stimmen eines stumm gewordenen Volks

Jahrestagung des P.E.N.-Zentrums über »Literatur des Exils« in Bremen

Auf der Seite des Notizbuches, das in der sehr informativen Ausstellung »P.E.N. im Exil« im Bremer Packhaus fotokopiert ausliegt, hat Heinrich Mann für den Abend des 21. Februar 1933 noch einen Besuch in der Oper vermerkt; als nächster Termin folgt am 24. Februar lapidar die Eintragung »Abreise«. Der Schriftsteller, dessen Werke auch bald auf den Scheiterhaufen der nationalsozialistischen Bücherverbrenner verkohlten, ahnte bei seinem noch relativ bequemen Grenzübertritt nach Frankreich wohl nicht, was für eine schmerzreiche Odyssee ihn erwartete. Aber den Worten seiner haßerfüllten Feinde folgten ja schnell die Taten.

Der P.E.N.-Club im Exil, von Heinrich Mann dankbar als Forum genutzt, bot ihm und vielen anderen Schriftstellern aus dem Heer der Vertriebenen in den folgenden bitteren Jahren die Gelegenheit, der Stimme des anderen Deutschlands Gehör zu verschaffen, jene Verschwörung des Schweigens zu durchbrechen, mit deren Hilfe die Nationalsozialisten Deutschland in eine Konzentrationslagerlandschaft verwandelt hatten. Das war wenig und doch viel in einer Zeit, als sich das Volk der Dichter und Denker als ein Volk der Richter und Henker entlarvte, wie es Karl Kraus voller Sarkasmus formuliert hat.

Über die Arbeit des P.E.N.-Clubs im Exil, über Glanz und

Elend dieser stets um ihre bloße Existenz ringenden Organisation, über die verschiedenen Kampagnen, über politische Zerreißproben, persönliche Querelen und vor allem über den alltäglichen Kleinkram wissen wir wenig. Die Lücken sind groß. So gesehen, hat das P.E.N.-Zentrum der Bundesrepublik auch Wiedergutmachung in eigener Sache betrieben, als es das Thema »Literatur des Exils« in den Mittelpunkt der Bremer Jahrestagung vom Wochenende gestellt hat. Der Rahmen sollte und konnte sich dabei aber nicht nur auf die Aktivitäten des P.E.N.-Clubs beschränken. Hier ging es auch darum, so Walter Jens, der wiedergewählte Präsident der Organisation, aufzuzeigen, wie das wirklich gewesen ist, was ein unbekannter Schriftsteller etwa empfunden hat, unter welchen Vorzeichen er, wenn überhaupt, später zurückkehren konnte.

Freilich kommt das ein wenig spät. Mittlerweile hat die Wissenschaft von dem im Gefolge der Studentenbewegung recht gefragten Themenbereich vehement Besitz ergriffen. Den Interpreten eine Gasse: Die Art, in der Historiker und Germanisten um den mit profunder Kenntnis ausgestatteten Exilexperten Hans-Albert Walter von der Uni Hamburg mit professoraler Akribie das Seziermesser ansetzen, bewegte sich ziemlich eng in jenem Bereich, in dem persönliche Erfahrungen nur mühsam durch den akademischen Filter tröpfeln. Das von Walter eher beiläufig eingeräumte Eingeständnis, daß die Exilforschung sich noch auf einer Ebene abmühe, die Fragen nach den ästhetischen Kriterien dieser Literatur eigentlich nicht zuläßt, brachte einige Zuhörer beim Symposium über »Glanz und Elend einer Literatur — Zum Stand der Exilforschung« auch prompt in Harnisch. Marcel Reich-Ranicki sieht nicht ganz grundlos die Gefahr, daß solch eine Einschätzung mit einer Haltung einhergehen kann, die Exilliteratur als die Literatur unglücklicher armer Vertriebener definiere, bei der man auf ästhetische Kriterien leider Gottes und aus Menschenfreundlichkeit verzichten müsse.

Ein wenig Unrecht hat Reich-Ranicki dem Wissenschaftler mit dieser Attacke vielleicht getan. Doch Polemik kann auch mal über das Ziel hinausschießen. Bei Walters Bemühungen, das Deutschlandbild der Exilliteratur durch eine Gegenüberstellung von Arnold Zweigs Roman »Das Beil von Wandsbek« und Johannes R. Bechers Gedichtband »Deutschland« auszuloten, flossen literarische Wertungen natürlich mit ein.

Beide Werke bilden einen denkbar starken Kontrast: Während Arnold Zweig die Geschichte eines Hamburger Fleischermeisters, der sich aus Angst vor dem drohenden Ruin den Nazis als Henker verdingt, mit einer facettenreichen Reflexion über den Faschismus verknüpft, wo Theorien sich ergänzen, widersprechen und zum Teil bestätigen, während dieser Autor des Exils also aus der Position des Suchenden eine monokausale Interpretation strikt meidet, wagt sich Johannes R. Becher in seinen Gedichten über die von der Komintern mit den Dimitroffschen Faschismusthesen streng abgesteckte Grenze nie hinaus. Hier wird Parteilichkeit letztlich zur Barriere, mit der ein Schriftsteller sich selbst den Zugang zu lebenswichtigen Erkenntnissen versperrt, und stilistisch schlägt sich das durchaus nieder: Während Arnold Zweig Ängste und Hoffnungen da in Symbolen und Allegorien äußert, wo er selbst sich noch unsicher vortastet, klammert sich Johannes R. Becher an pathetische Metaphern, ohne dadurch an Überzeugungskraft zu gewinnen. Kriterien, da widerlegten sich die Koryphäen ein wenig selbst, gibt es also doch.

Arnold Zweig und Johannes R. Becher: Das sind auch zwei Seiten einer Medaille. Das Deutschlandbild der exilierten Schriftsteller, so ziemlich übereinstimmend die Literaturwissenschaftler und der Historiker, blieb oft im Bereich der Vermutungen stecken. Die unmittelbaren Erfahrungen mit dem Dritten Reich endeten ja meist mit dem Überschreiten der Grenze, den Schriftstellern fiel es mit wachsender Distanz immer schwerer, anhand authentischer Informationen ein Spiegelbild des Lebens unter dem Nationalsozialismus herzustellen. Die These etwa, daß Hitler nicht mit Deutschland identisch sei, war empirisch nicht zu belegen, für das Exil selbst jedoch lebenswichtig.

»Der Exilroman über Deutschland«, so eine Schlußfolgerung des Historikers Werner Röder, »ist keine Geschichtsquelle.« Oft sage er mehr über die Empirie des Exils aus als über die Lage in der verlorenen Heimat; wobei die Exilliteratur selbst ja nur ein Konglomerat verschiedener, oft mit herzlich wenigen Gemeinsamkeiten ausgestatteter Literaturzweige gewesen ist. So kann die Exilliteratur eben nicht schlechthin als antifaschistische Literatur firmieren. »Thomas Manns ›Lotte in Weimar‹«, hatte Marcel Reich-Ranicki beim Symposium festgestellt, »macht den Faschismus nicht erfahrbar. Doch wenn es etwas gibt, worauf das schreibende Exil stolz sein kann, dann ist es auch ›Lotte in Weimar‹!«

Das, was nach dem Überschreiten der Grenze auf den Schriftsteller im Exil zukam, die ganz persönlichen Erlebnisse also, stand im Mittelpunkt einer Veranstaltung mit Erfahrungsberichten deutscher Emigranten und einer den Exilschriftstellern gewidmeten Lesung. Bei der Tagung selbst spielte Selbsterlebtes leider eine etwas untergeordnete Rolle. Peter Härtling bildete die Ausnahme. Sein Rückblick auf die eigene Jugend machte auf erfrischend anschauliche Weise deutlich, was Re-Integration in der Bundesrepublik der fünfziger Jahre praktisch hieß: nämlich weitgehend Desinteresse an der Literatur des Exils, weitgehend Nichtachtung, oft sogar Verleumdung, klammheimlich Bestätigung des infamen Verdachts, daß nicht der Mörder, sondern der Ermordete die Schuld trägt. [...]

Walter Neumann
in der »Neuen Westfälischen Zeitung«, Bielefeld,
vom 23. September 1980

Literatur des Exils – Mahnung und Warnung

Nicht nur der Nationalsozialismus, auch die durch ihn ausgelöste deutsche Emigration gehört zu jenem Komplex deutscher Geschichte, dessen Aufarbeitung oder »Bewältigung« bis auf den heutigen Tag nur unzulänglich erfolgte. Licht in die Epoche zu bringen, wo in der Heimatlosigkeit des Exils die Tradition deutscher Kultur und Literatur bewahrt und weitergeführt wurde, Versäumnisse und Schuld ihr gegenüber bewußt zu machen war das Anliegen der Jahrestagung des P.E.N.-Zentrums Bundesrepublik Deutschland in Bremen, die unter dem Thema »Literatur des Exils« stand. Und da das Phänomen »Exil« zu einer der bittersten Realitäten auch unserer Gegenwart gehört, konnte es nicht ausbleiben, daß die historische Retrospektive politische Aktualität gewann.

So etwa, wenn Walter Jens in seiner Eröffnungsrede zur Ausstellung »Geschichte des deutschen P.E.N.-Clubs im Exil, 1933–1945« es einen »nicht unbewegenden Augenblick« und einen »möglichen Beitrag zur Versöhnung« nannte, daß er zum erstenmal in der Geschichte des P.E.N. im geteilten Deutschland zwei Vertreter des P.E.N.-Zentrums der DDR begrüßen konnte. Der DDR-Schriftsteller und Vizepräsident des Internationalen P.E.N., Stephan Hermlin, und der Präsident des DDR-P.E.N., Heinz Kamnitzer, beide selbst Emigranten der Hitlerzeit, waren der Einladung nach Bremen gefolgt.

Gekommen war auch der SPD-Vorsitzende Willy Brandt, nicht als Politiker, sondern als Mitglied des P.E.N., wie es hieß. Sein Referat, das, gestützt auf eigene Emigrationserfahrung, Bedeutung und Wirkung der Exilliteratur klarer und genauer einschätzte als so manche auf dieser Tagung zu Gehör gebrachte literaturwissenschaftliche Darstellung, sparte den Wahlkampf gleichwohl nicht aus. Das in Bremen dokumentierte Interesse an der Literatur des Exils sei ein Signal für das neu erwachende Bedürfnis der jungen Generation, sich ihrer nationalen Identität zu vergewissern, sagte Brandt. Nicht zuletzt dank der Kenntnis dieser Literatur werde uns »eine zweite Machtergreifung in Bayern wohl erspart bleiben«.

Um eben diese Zentralfigur einer solchen möglichen »Machtergreifung«, den CSU-Kanzlerkandidaten Franz Josef Strauß, ging es in der Mitgliederversammlung, an der über hundert Angehörige des zur Zeit 458 Autoren zählenden Clubs teilnahmen.

Gegen eine neuerliche, durch die Veröffentlichung im »Schwäbischen Tagblatt« bekannt gewordene Diffamierung von Schriftstellern durch Strauß setzte sich die Versammlung in einer einstimmig gefaßten Resolution zur Wehr. Sie lautet: »Das P.E.N.-Zentrum Bundesrepublik Deutschland nimmt mit Empörung zur Kenntnis, daß Franz Josef Strauß seine Angriffe gegen kritische Autoren fortgesetzt hat, indem er am 11. September von ›Schreibtischtätern‹ und ›Mikrofonhetzern‹ sprach, ›mit denen Schluß gemacht werden‹ müsse. Dies ist die Sprache der Gewalt und brutalen Einschüchterung. Der P.E.N. erklärt: Wer, auf rationale Auseinandersetzung mit Andersdenkenden verzichtend, Menschen in ihren Lebensrechten bedroht, zerstört die Grundlagen der Demokratie.«

P.E.N.-Präsident Walter Jens, der, wie der gesamte Vorstand, wiedergewählt wurde, sagte: »Sie haben soeben einen Präsidenten gewählt, der nach Meinung des Kanzlerkandidaten Franz Josef Strauß zum politischen Untergrund und zur literarischen Subkultur gehört.«

Peter Rühmkorf brachte eine von fünfunddreißig Schriftstellern — unter ihnen Günter Grass, Heinrich Böll, Walter Jens — unterzeichnete Resolution gegen die Mitarbeit an der Springer-Presse ein und appellierte an die Autoren, den

Beschluß der Gruppe 47 aus dem Jahre 1967, jede Kooperation zu verweigern, nicht zerbröckeln zu lassen, wie es bereits in Ansätzen geschehe, da sich an der Politik dieser Presse nichts geändert habe.

Schließlich verabschiedete die Versammlung eine Resolution gegen den um sich greifenden Fremdenhaß in der Bundesrepublik, in der es heißt: »Das P.E.N.-Zentrum erinnert daran, daß zahllose deutsche Demokraten auf das Asylrecht bei anderen Nationen angewiesen waren. Das im Grundgesetz verankerte Recht auf Asyl darf nicht angetastet werden.« Das P.E.N.-Zentrum werde sich gegen jeden Versuch der Diffamierung und der Zensur im eigenen Lande wehren, sagte Generalsekretär Martin Gregor-Dellin. Doch seien die Verhältnisse in der Bundesrepublik, verglichen mit denen in anderen Ländern, noch relativ gut. Er nannte Argentinien, wo siebzig Schriftsteller und Journalisten verschwunden seien, und die Sowjetunion, die vierzig Autoren in Haft oder Verbannung hält. Der südkoreanische Autor Kim Chi-ha sei unmenschlichen Haftbedingungen ausgesetzt und benötige dringend internationale Hilfe.

Vor diesem Hintergrund gewann das zentrale Thema des Kongresses aktuelle Dimensionen, denen die von Literaturwissenschaftlern und Exilforschern, unter ihnen Hans-Albert Walter und Walter Huder, durchgeführten Symposien und Seminare leider nur zum geringen Teil gerecht werden konnten. Akribisch erarbeitetes Material zum Stand der Exilforschung wurde vorgelegt, das jedoch weder eine politische noch wirkungsgeschichtliche Kontur gewann. Es glich streckenweise statistischen Erhebungen zur Faschismusforschung, die die Exilliteratur nur als numerisches Faktum einbezogen. Walter Jens vermerkte am Ende der öffentlichen Veranstaltung »Glanz und Elend einer Literatur«, es habe die Erörterung des Ästhetischen völlig gefehlt. Und Marcel Reich-Ranicki warf den Wissenschaftlern vor, bereits die Prämissen falsch zu setzen, wenn sie ästhetische Kriterien ausparten, Literatur nicht als solche, sondern nur als Derivat politischer Vorgänge werteten.

Zeigte sich schon hier die Schwierigkeit, einen Zugang zum Komplex »Exilliteratur« zu gewinnen, so wurde sie vollends in der Veranstaltung »Beim Überschreiten der Grenze« deutlich, in der sieben Schriftsteller ihre eigenen Erfahrungen im Exil vortrugen. Zu vieles blieb im Biographisch-Anekdotenhaften stecken, ohne auch nur annähernd die Problematik kreativer Arbeit unter den Bedingungen des Exils aufzuzeigen.

Aufschlußreich war ein Vortrag von Peter Härtling zur Frage der Rezeption von Exilliteratur nach 1945. Er legte dar, wie die Auseinandersetzung der nach Frank Thieß so genannten, in Deutschland gebliebenen »Inneren Emigration« mit den Exilierten zum Hindernis für die Einbeziehung der Exilliteratur wurde, wie die »Heile-Welt-Literatur« etwa von Manfred Hausmann, Werner Bergengruen oder Edzard Schaper der Aufnahme kritischer Werke entgegenwirkte und wie schließlich ein bürgerlich-restauratives Denken die Integration von Exilliteratur in der Bundesrepublik verweigerte. Anders in der DDR, wo, wie Martin Gregor-Dellin ausführte, die politische Struktur von vorneherein so angelegt war, daß die Exilliteratur einen wichtigen Platz im kulturellen Leben belegen konnte.

Es war das Verdienst dieser von einer großen Öffentlichkeitsresonanz begleiteten Tagung, gerade an der Diskrepanz der Meinungen und der offenkundigen Hilflosigkeit gegenüber dem Komplex »Exilliteratur« die eminent politische Bedeutung der durch zwölf Jahre in der Fremde geleisteten literarischen Arbeit für unsere Gegenwart deutlich zu machen. Die von einer tausendköpfigen Zuhörermenge besuchte, Hermann Kesten gewidmete Schlußveranstaltung »Autoren lesen Exilschriftsteller« wurde zum Appell, das Werk dieser Vertriebenen als Mahnung zu begreifen, daß sich ihr Schicksal nie wiederholt.

Anhang

Das Präsidium des Internationalen P.E.N.

7 Dilke Street, London SW3 4JE, England

(Stand 1980)

Internationaler Präsident	Dr. Per Wästberg, Stockholm
Internationaler Sekretär	Peter Elstob, London
Internationaler Schatzmeister	Thilo Koch, Hamburg
Administrative Secretary	Elizabeth Paterson, London
Writers in Prison Commitee	Michael Scammell, Chairman, London Kathleen von Simson, Corresponding Secretary, London
Internationale Vizepräsidenten	Heinrich Böll, Köln André Chamson, Paris A. den Doolaard, Hoenderloo (Niederlande) Pierre Emmanuel, Paris Robert Goffin, Overijse (Belgien) Nadine Gordimer, Johannesburg Stephan Hermlin, Berlin (DDR) Gyula Illyés, Budapest Storm Jameson, Cambridge Rosamond Lehmann, London

Mira Mihelic, Ljubljana
Arthur Miller, Roxbury (USA)
Youn-sook Moh, Seoul
Sir Victor Pritchett, C.B.E., London
Mario Vargas Llosa, Lima

Charter of International P.E.N.

International P.E.N. affirms that:

1.
literature, national though it be in origin, knows no frontiers, and should remain common currency between nations in spite of political or international upheavals.

2.
in all circumstances, and particularly in time of war, works of art, the patrimony of humanity at large, should be left untouched by national or political passion.

Charta des Internationalen P.E.N.

Die P.E.N.-Charta gründet sich auf Resolutionen, die auf internationalen Kongressen angenommen worden sind, und soll wie folgt zusammengefaßt werden. Der P.E.N.-Club vertritt die folgenden Grundsätze:

1.
Literatur, obgleich national in ihrem Ursprung, kennt keine scheidenden Landesgrenzen und soll auch in Zeiten innerpolitischer oder internationaler Erschütterungen ihre Eigenschaft als eine allen Nationen gemeinsame Währung behalten.

2.
Unter allen Umständen, und insbesondere auch im Kriege, sollen Werke der Kunst, der Erbbesitz der gesamten Menschheit, von nationalen und politischen Leidenschaften unangetastet bleiben.

3.
members of the P.E.N. should at all times use what influence they have in favor of good understanding and mutual respect between nations; they pledge themselves to do their utmost to dispel race, class, and national hatreds and to champion the ideal of one humanity living in peace in one world.

3.
Mitglieder des P.E.N. sollen jederzeit ihren ganzen Einfluß für das gute Einvernehmen und die gegenseitige Achtung der Nationen einsetzen. Sie verpflichten sich, für die Bekämpfung von Rassen-, Klassen- und Völkerhaß und für die Hochachtung des Ideals einer in einer einigen Welt in Frieden lebenden Menschheit mit äußerster Kraft zu wirken.

4.
the P.E.N. stands for the principle of unhampered transmission of thought within each nation and between all nations, and members pledge themselves to oppose any form of suppression of freedom of expression in the country and community to which they belong as well as throughout the world wherever this is possible. The P.E.N. declares for a free press and opposes arbitrary censorship in time of peace. It believes that the necessary advance of the world towards a more highly organized political

4.
Der P.E.N. steht zu dem Grundsatz des ungehinderten Gedanken-austausches innerhalb einer jeden Nation und zwischen allen Nationen, und seine Mitglieder verpflichten sich, jeder Art der Unterdrückung der Äußerungsfreiheit in ihrem Lande oder in der Gemeinschaft, in der sie leben, entgegenzutreten, ebenso auch in der übrigen Welt, soweit dies möglich ist. Der P.E.N. erklärt sich für die Freiheit der Presse und verwirft die Zensurwillkür überhaupt, und erst recht in

and economic order renders a free criticism of governments, administrations, and institutions imperative. And since freedom implies voluntary restraint, members pledge themselves to oppose such evils of a free press as mendacious publication, deliberate falsehood, and distortion of facts for political and personal ends.
Membership in P.E.N. is open to all qualified writers, editors, and translators who subscribe to these aims, without regard to nationality, race, color, or religion.

Friedenszeiten. Er ist des Glaubens, daß der notwendige Fortschritt der Welt zu einer höher organisierten politischen und wirtschaftlichen Ordnung hin eine freie Kritik gegenüber den Regierungen, Verwaltungen und Einrichtungen gebieterisch verlangt. Und da Freiheit auch freiwillig geübte Zurückhaltung einschließt, verpflichten sich die Mitglieder, solchen Auswüchsen einer freien Presse, wie wahrheitswidrigen Veröffentlichungen, vorsätzlicher Lügenhaftigkeit und Entstellung von Tatsachen, unternommen zu politischen und persönlichen Zwecken, entgegenzuarbeiten. Allen qualifizierten Schriftstellern, Herausgebern und Übersetzern, ohne Unterschied der Nationalität, Rasse, Farbe und Religion, die sich zu diesen Zielen schriftlich bekennen, steht die Mitgliedschaft zum P.E.N. offen.

Das Präsidium des P.E.N.-Zentrums Bundesrepublik Deutschland

nach den Wahlen vom 19. September 1980 in Bremen

Präsident	Professor Dr. Walter Jens, Tübingen
Generalsekretär	Martin Gregor-Dellin, Gröbenzell
Schatzmeister	Gerd E. Hoffmann, Köln
Vizepräsidenten	Christine Brückner, Kassel
	Dr. Ingeborg Drewitz, Berlin
	Bernt Engelmann, Rottach-Egern
	Peter Härtling, Mörfelden-Walldorf
Beiräte	Professor Dr. Walter Fabian, Köln
	Geno Hartlaub, Hamburg
	Professor Dr. Gert Kalow, Frankfurt
	Johannes Poethen, Stuttgart
	Professor Dr. Dorothee Sölle, Hamburg
Ehrenpräsident	Hermann Kesten, Florida
Ständiges Mitglied	Heinrich Böll
Justitiar	Professor Dr. Werner von Simson, Freiburg
Geschäftsführerin	Renate Steinmann, Darmstadt

Verzeichnis der Mitglieder des P.E.N.-Zentrums Bundesrepublik Deutschland

(Stand: 1. Oktober 1980)

Abendroth, Wolfgang, Professor Dr.	Neuhaußstr. 5, 6000 Frankfurt
Abosch, Heinz	Markgrafenstr. 59, 4000 Düsseldorf
Ahlsen, Leopold	Waldschulstr. 58, 8000 München 82
Aichinger, Ilse	8232 Bayerisch Gmain
Alff, Wilhelm, Professor Dr.	Mathildenstr. 29, 2800 Bremen
Amery, Carl	Drächslstr. 7, 8000 München 90
Arnold, Fritz	Berliner Str. 5, 8000 München 40 (Hanser Verlag)
Arnold, Heinz Ludwig	Tuckermannweg 10, 3400 Göttingen
Arntzen, Helmut, Professor Dr.	Am Schloßpark 21, 4403 Senden
Asmodi, Herbert	Occamstr. 3, 8000 München 40
Astel, Arnfrid	St. Ingberterstr. 52, 6600 Saarbrücken
Augstein, Rudolf	Brandstwiete 19, 2000 Hamburg 11
Ausländer, Rose	Nelly-Sachs-Str. 5, 4000 Düsseldorf 30

Bächler, Wolfgang	Steinheilstr. 19, 8000 München 2
Bahr, Egon	Erich-Ollenhauer-Haus, 5300 Bonn
Bartos-Höppner, Barbara	Haus im Bärenwinkel, Am Walde 20, 2152 Nottensdorf
Bary, Erica de	Cretzschmarstr. 14, 6000 Frankfurt
Baudissin, Wolf Graf von	Hemmingstedter Weg 51, 2000 Hamburg 52
Bauer, Walter Alexander	Vörstekoppel 59, 2000 Hamburg 65
Baumgart, Reinhard, Dr.	Eichleiten 46, 8022 Grünwald
Becher, Ulrich	Spalenring 95, CH-4055 Basel
Becker, Jürgen	Mainstr. 38, 5000 Köln 50
Beheim-Schwarzbach, Martin	Marienthalerstr. 64c, 2000 Hamburg 26
Behrens, Alfred	Württembergallee 26/27, 1000 Berlin 19
Bender, Hans	Taubengasse 11, 5000 Köln 1
Benseler, Frank, Professor Dr.	Frankenweg 6, 4791 Borchen 1
Benton, José Antonio	Oberst-Miranda-Str. 7, Niteroí, Brasilien
Bermann Fischer, Gottfried, Dr.	Casa Fischer, I-55044 Camaiore (Prov. Lucca)
Bethge, Eberhard, Professor Dr.	Flachsgraben 9, 5307 Wachtberg-Villiprott
Bieler, Manfred	Aldringenstr. 12, 8000 München 19
Bienek, Horst	Isarweg 2, 8012 Ottobrunn
Bingel, Horst	Wiesenau 10, 6000 Frankfurt
Blöcker, Günter	(Mitgliedschaft ruht)
Böll, Heinrich	Hülchratherstr. 7, 5000 Köln 1

Bohrer, Karl Heinz, Dr.	(Mitgliedschaft ruht)
Bondy, François	Fichtenstr. 2, CH-8032 Zürich
Borchers, Elisabeth	Arndtstr. 17, 6000 Frankfurt
Bracher, Karl Dietrich, Professor Dr.	Stationsweg 17, 5300 Bonn
Brandner, Uwe	Friedrich-Herschel-Str. 17, 8000 München 80
Brandt, Willy, Dr. h. c.	Erich-Ollenhauer-Haus, 5300 Bonn
Brecht, Ulrich	Schauspielhaus, Bleichstr. 1, 4000 Düsseldorf
Brender, Irmela	Görlitzer Weg 2, 7032 Sindelfingen
Brocher, Tobias, Professor Dr.	2795 Jewell Ave., Topeka, Kansas 66601, USA
Brodmann, Roman	SDR-Fernsehen, Postfach 837, 7000 Stuttgart 1
Broszat, Martin, Professor Dr.	Mauerkircherstr. 146, 8000 München 81
Brückner, Christine	Hans-Böckler-Str. 5, 3500 Kassel
Buch, Hans Christoph, Dr.	Dickhardtstr. 48, 1000 Berlin 41
Buchheim, Hans, Professor Dr.	Weidmannstr. 35, 6500 Mainz
Buckwitz, Harry	Haus Seehof, Seestr. 642, CH-8706 Meilen
Bülow, Vicco von	Höhenweg 19, 8193 Ammerland
Buhl, Wolfgang, Dr.	Schnaittacherstr. 10, 8500 Nürnberg
Bukowski, Wladimir	240 King's College, Cambridge CB2 1ST, Großbritannien
Caltofen, Rudolfo	Helmholtzstr. 35, 4000 Düsseldorf

Canetti, Elias, Dr.	8 Thurlow Road, London N.W. 3
Chotjewitz, Peter O.	Schule, 6419 Kruspis
Coulmas, Peter, Dr.	Remagener Str. 8, 5000 Köln 51
Cramer, Heinz von	Via Tita Scarpetta 1, Rom (Trastevere)
Cube, Alexander von	WDR, Appellhofplatz 1, 5000 Köln 1
Dahrendorf, Ralf, Professor Dr.	The Anchorage, 9 Clements Inn Passage, London WC2A 2AC
Dedecius, Karl, Dr. h. c.	Reichsforststr. 16, 6000 Frankfurt 71
Degenhardt, Franz Josef, Dr.	Jahnstr. 39, 2085 Quickborn
Delius, F. C., Dr.	Am Wellenkotten 7, 4800 Bielefeld 1
Demetz, Peter, Professor Dr.	(Mitgliedschaft ruht)
Deschner, Karlheinz, Dr.	Goethestr. 2, 8728 Haßfurt
Dettmering, Peter, Dr. med.	Müllerweide 22 b, 2000 Hamburg 65
Dirks, Walter, Dr. theol. h. c.	Hasenbuckweg 7, 7801 Wittnau
Doberer, Kurt Karl	Regenbogenstr. 189, 8500 Nürnberg-Gartenstadt
Dönhoff, Marion Gräfin, Dr.	Am Pumpenkamp 4, 2000 Hamburg-Blankenese
Doerdelmann, Bernhard	Koboldzeller Steig 12, 8803 Rothenburg/Tauber
Dollinger, Hans	Hochweg 6, 8031 Wörthsee-Etterschlag
Domin, Hilde	Graimbergweg 5, 6900 Heidelberg
Domke, Helmut, Dr.	Prinzenweg 25, 8180 Tegernsee
Dorst, Tankred	Schleißheimerstr. 182, 8000 München 40

Drewitz, Ingeborg, Dr.	Quermatenweg 178, 1000 Berlin 37
Drews, Jörg, Professor Dr.	Gaisbergstr. 16, 8000 München 80
Dürrenmatt, Friedrich	Pertuis du Sault 36, CH-2005 Neuchâtel
Dürrson, Werner, Dr.	Schloßstr. 6, 7763 Oehmingen 1
Ebert, Wolfgang	Volpinistr. 72, 8000 München 19
Eggebrecht, Axel	Maria-Louisen-Stieg 15, 2000 Hamburg 60
Eggebrecht, Jürgen, Dr.	Freystr. 2, 8000 München 40
Elsner, Gisela	Elisabethstr. 8, 8000 München 40
Emrich, Wilhelm, Professor Dr.	Witzlebenplatz 4, 1000 Berlin 19
Enderle, Luiselotte	Flemingstr. 52, 8000 München 81
Endres, Elisabeth, Dr.	Gernerstr. 12, 8000 München 19
Engelmann, Bernt	Robert-Holzer-Str. 7, 8183 Rottach-Egern
Enzensberger, Christian, Dr.	Tengstr. 24, 8000 München 40
Erben, Walter, Professor	Beethovenstr. 10, 5800 Hagen
Erné, Nino, Dr.	Ebersheimer Weg 37, 6500 Mainz
Ertel, Dieter	Heinestr. 9, 5000 Köln 40
Eschenburg, Theodor, Professor Dr.	Apfelberg 15, 7400 Tübingen
Etkind, Efim, Professor Dr.	4, rue Paul Bert, F-92150 Suresnes
Fabian, Walter, Professor Dr.	Wiener Platz 2, 5000 Köln 80
Fabri, Albrecht	Trajanstr. 10/410, 5000 Köln
Faecke, Peter	(Mitgliedschaft ruht)

Falkenberg, Hans-Geert	WDR, Appellhofplatz 1, 5000 Köln 1
Faßbinder, Rainer Werner	Possartstr. 7, 8000 München 80
Fechner, Eberhard	Nonnenstieg 25, 2000 Hamburg 13
Ferber, Christian	Longcross Farm, Headley (Bordon), Hantshire, Großbritannien
Fetscher, Iring, Professor Dr.	Ganghoferstr. 20, 6000 Frankfurt
Filip, Ota	Amalienstr. 71, 8000 München 40
Fischer, Fritz, Professor Dr.	Frenssenstr. 19a, 2000 Hamburg 55
Fischer, Heinrich	(Mitgliedschaft ruht)
Flechtheim, Ossip K., Professor Dr.	Rohlfsstr. 18, 1000 Berlin 33
Flügel, Heinz	Traubingerstr. 18, 8132 Tutzing
Foerster, Rolf Hellmut	Zum Hofgut 1, 7750 Konstanz 19
Forte, Dieter	Sommergasse 29, CH-4056 Basel
Franke, Herbert W., Dr.	Pupplinger Au 40, 8195 Puppling
Franke, Manfred, Dr.	Eichenweg 10, 5204 Lohmar-Donrath
Frankenberg, Gisela-Maria von	74, rue de la Tour, Paris XVI
Frenzel, Ivo	(Mitgliedschaft ruht)
Freund, J. Hellmut	Am Tiergarten 44, 6000 Frankfurt
Frick, Hans	Morgensternstr. 36, 6000 Frankfurt
Fried, Erich	22 Dartmouth Road, London NW2 4EX

Friesel, Uwe	Eppendorfer Landstr. 102, 2000 Hamburg 20
Fringeli, Dieter, Dr.	Nidwaldnerstr. 45, CH-4055 Basel
Frisé, Adolf, Professor Dr.	Am Zollstock 24, 6380 Bad Homburg
Frisé, Maria	Am Zollstock 24, 6380 Bad Homburg
Fritz, Walter Helmut	Kolbergerstr. 2A, 7500 Karlsruhe-Waldstadt
Fröhlich, Hans-Jürgen	Liebigstr. 7, 8000 München 22
Gaus, Günter	Postfach 610 261, 1000 Berlin 61
Geißler, Christian	(Mitgliedschaft ruht)
Gesquière-Peitz, Marietta, Dr.	Riedern 23 1/2, 8171 Waakirchen
Glaser, Hermann, Dr.	Eschenweg 5, 8501 Roßtal
Gneuss, W. Christian, Dr.	Abendrothsweg 65, 2000 Hamburg 20
Göpfert, Herbert G., Professor Dr.	Südstr. 17, 8031 Stockdorf
Goes, Albrecht, Dr. h. c.	Im langen Hau 5, 7000 Stuttgart-Rohr
Gollwitzer, Helmut, Professor Dr.	Nebingerstr. 11, 1000 Berlin 33
Gomringer, Eugen	Wurlitz 22, 8673 Rehau
Grass, Günter	Niedstr. 13, 1000 Berlin 41
Gregor-Dellin, Martin	Kochelseestr. 88, 8038 Gröbenzell
Grieshaber, HAP, Professor	Achalm, 7410 Reutlingen
Grössel, Hanns, Dr.	Blumenthalstr. 6, 5000 Köln 1
Groll, Gunter, Dr.	Haus Rösl, 8193 Ammerland
Grosser, Alfred, Professor Dr.	8 rue Dupleix, F-75015 Paris
Grote, Christian, Dr.	Ketterstr. 18, 8000 München 71

Grün, Max von der	Titaniaweg 4, 4600 Dortmund 72
Gruenter, Rainer, Professor Dr.	Neubrückermühle, 4048 Grevenbroich 5
Grunenberg, Nina	(Mitgliedschaft ruht)
Guggenmos, Josef	Am Staffel 21, 8951 Irsee
Habetin, Rudolf, Dr.	Ulitzkastr. 21, 5000 Köln 80
Hädecke, Wolfgang	Melanchthonstr. 34, 4800 Bielefeld
Hädrich, Rolf	Nigen Rägen 7, 2000 Hamburg 72
Haerdter, Robert, Dr.	Markelstr. 50, 7000 Stuttgart 1
Härtling, Peter	Finkenweg 1, 6082 Mörfelden-Walldorf
Hamburger, Käte, Professor, Dr.	Hegelstr. 51/1009, 7000 Stuttgart 1
Hamm, Peter	Höhenbergstr. 27, 8132 Tutzing
Hampe, Johann Christoph	Forststr. 33, 8021 Hohenschäftlarn
Hannsmann, Margarete	Zur Schillereiche 23, 7000 Stuttgart 1
Hanser, Carl, Dr.	Kolbergerstr. 22, 8000 München 80
Harig, Ludwig	Oberdorfstr. 36, 6603 Sulzbach
Harnack, Falk, Dr.	Haderslebenerstr. 26, 1000 Berlin 41
Harpprecht, Klaus	1203 Old Stable Road, McLean, Virginia 22102, USA
Hartlaub, Geno	Böhmersweg 30, 2000 Hamburg 13
Hartung, Rudolf, Dr.	(Mitgliedschaft ruht)
Hasenclever, Walter	Hamburger Str. 26, 2194 Sahlenburg

Hasselblatt, Dieter, Dr.	Ungererstr. 36, 8000 München 40
Haufs, Rolf	Bülowstr. 17, 1000 Berlin 37
Havel, Václav	Hrádeček, CS-54241 Vlčice u Trutnova
Heckmann, Herbert, Dr.	(Mitgliedschaft ruht)
Heigert, Hans, Dr.	Eichenstr. 12, 8034 Unterpfaffenhofen
Heise, Hans-Jürgen	Moltkestr. 50 A, 2300 Kiel
Heißenbüttel, Helmut	Donizettistr. 21, 7000 Stuttgart 1
Heller, Erich, Professor Dr.	1725 Orrington Ave., Evanston, Illinois, USA
Heller, Gerhard	Hildastr. 44, 7570 Baden-Baden
Helmlé, Eugen	Pestalozzistr. 54, 6603 Sulzbach
Helwig, Werner	Moillesulaz, CH-1226 Genf-Laurana Parc
Henze, Anton, Dr.	Via Vitellia 81, I-00152 Rom
Herburger, Günter	Elisabethstr. 8, 8000 München 40
Herchenröder, Jan	Birkenallee 44, 2408 Timmendorfer Strand
Herhaus, Ernst	Hansaallee 19, 6000 Frankfurt
Herrmann, Horst, Professor Dr.	Niederrott 17a, 4401 Nordwalde
Heuschele, Otto, Professor	Korberstr. 36, 7050 Waiblingen
Hey, Richard	Braille-Str. 6, 1000 Berlin 41
Heynicke, Kurt, Professor	Schloßweg 3, 7802 Merzhausen
Hildebrandt, Dieter, Dr.	(Mitgliedschaft ruht)
Hildesheimer, Wolfgang	Devon House, CH-7742 Poschiavo

Hilsbecher, Walter	Münstererstr. 16, 6308 Butzbach 9
Hilsenrath, Edgar	Poschingerstr. 6, 1000 Berlin 41
Hirsch, Helmut, Professor Dr.	Alte Landstr. 97, 4000 Düsseldorf 31
Hochhuth, Rolf	(Mitgliedschaft ruht)
Hocke, Gustav René, Dr.	Via Monte Giove 36, I-00045 Genzano di Roma
Höllerer, Walter, Professor Dr.	Heerstr. 99, 1000 Berlin 19
Hoff, Kay, Dr.	Stresemannstr. 30, 2400 Lübeck
Hoffmann, Gerd E.	Reinekestr. 29, 5000 Köln 90
Hoffmann, Léopold, Professor	19 Rue J.-B. Esch, Luxemburg
Hofmann, Gert, Dr.	Finkstr. 53, A-9020 Klagenfurt
Holzer, Werner	FR, Postf. 2606, 6000 Frankfurt
Hopf, Andreas, Dr.	Georgenstr. 24, 8000 München 40
Hopf, Angela	Friedrichstr. 4, 8000 München 40
Horst, Eberhard, Dr.	Weiherweg 41, 8031 Gröbenzell
Huber, Vita, Dr. (Gastmitglied)	Schwarzer Weg 9, 6100 Darmstadt
Huchel, Peter	(Mitgliedschaft ruht)
Iden, Peter	Eckenheimer Landstr. 282, 6000 Frankfurt
Jäckel, Eberhard, Professor Dr.	Kienestr. 41, 7000 Stuttgart 1
Jägersberg, Otto	(Mitgliedschaft ruht)
Jaeggi, Urs, Professor Dr.	Babelsberger Str. 14/16, 1000 Berlin 31

Jaesrich, Hellmut, Dr.	WELT, Postf. 866, 5300 Bonn-Bad Godesberg
Jaide, Walter, Professor Dr.	Hindenburgstr. 19, 3000 Hannover
Janker, Josef W.	Marienburger Str. 32, 7980 Ravensburg
Jansen, Peter W., Dr.	Kirchstr. 16a 7562 Gernsbach 3
Jens, Walter, Professor Dr.	Sonnenstr. 5, 7400 Tübingen
Jentzsch, Bernd	Zürichstr. 182, CH-8700 Küsnacht
Johnson, Uwe	26 Marine Parade, Sheerness on Sea, Kent ME12 288
Jokostra, Peter	In der Mark 13, 5461 Kasbach/Rh.
Juhre, Arnim	Kampchaussee 4, 2050 Hamburg 80
Jungk, Robert, Dr.	Steingasse 31, A-5020 Salzburg
Käufer, Hugo Ernst	Lilienthalstr. 13, 4630 Bochum-Oberdahlhausen
Kaiser, Karl, Professor Dr.	Kronprinzenstr. 68, 5300 Bonn-Bad Godesberg
Kalow, Gert, Professor Dr.	Neuhaußstr. 5, 6000 Frankfurt
Karasek, Hellmut, Dr.	(Mitgliedschaft ruht)
Karsunke, Yaak	Westfälische Str. 34, 1000 Berlin 31
Katz, Henry W.	(Mitgliedschaft ruht)
Keller, Hans Peter	Gartenstr. 2, 4044 Kaarst 2-Büttgen
Kemp, Friedhelm, Dr.	Widenmayerstr. 41, 8000 München 22
Kempowski, Walter	2131 Nartum
Kempski, Jürgen von, Professor, Dr.	Lange Str. 32, 3492 Brakel-Hembsen

Kempski, Hans Ulrich	Birkhahnweg 2, 8000 München 82
Kerr, Judith	11 Ranelagh Ave., Barnes Common, London SW 13
Kesten, Hermann	c/o Alfred Strauß, Ventnor H 3031, Deerfield Beach, Florida 33441, USA
Kesting, Marianne, Professor Dr.	Leithmannswiese 15a, 4630 Bochum-Stiepel
Keun, Irmgard	Trajanstr. 10/603, 5000 Köln 1
Kim Chi Ha	Seoul/Südkorea
Kindler, Helmut	Nelkenstr. 20, CH-8006 Zürich
Kipphardt, Heinar, Dr. med.	8059 Angelsbruck 26
Kirsch, Hans-Christian	Mittelstr. 27, 5431 Nomborn
Kirsch, Sarah	c/o Langewiesche-Brandt Verlag, Ebenhausen
Kleßmann, Eckart	Oktaviostr. 64, 2000 Hamburg 70
Klotz, Volker, Professor Dr.	Rotebühlstr. 97, 7000 Stuttgart 1
Klug, Ulrich, Professor Dr.	Arndtstr. 8, 5000 Köln 50
Kluge, Alexander, Dr.	Elisabethstr. 38, 8000 München 40
Koch, Thilo	7201 Hausen ob Verena
Koch, Werner	Auf dem Brand 4, 5000 Köln 50
König, Barbara	Brunnenstr. 13, 8918 Diessen
König, René, Professor Dr.	Marienstr. 9, 5000 Köln 40
Koeppen, Wolfgang	Widenmayerstr. 45, 8000 München 22
Kogon, Eugen, Professor Dr.	Reichenbachweg 21b, 6240 Königstein 2
Kolbenhoff, Walter	Brahmsstr. 4, 8034 Germering

Konjetzky, Klaus	Pilarstr. 8, 8000 München 19
Kopelew, Lew, Professor	Moskau
Korschunow, Irina	Graf-Rasso-Siedlung 21, 8082 Grafrath
Kosta, Tomas	Steinmetzstr. 6, 5060 Bergisch-Gladbach 3
Kreuzer, Helmut, Professor Dr.	Chr.-Stahlschmidt-Str. 9, 5905 Freudenberg
Kroetz, Franz Xaver	Keyserlingstr. 10, 8000 München 60
Krolow, Karl, Dr. h. c.	(Mitgliedschaft ruht)
Krüger, Horst	Mendelssohnstr. 49, 6000 Frankfurt
Krüger, Michael	Liebigstr. 7, 8000 München 22
Krüss, James	Apartado 8, Tafira Alta, Gran Canaria, Spanien
Kruse, Max	Am Gasteig 6, 8191 Eurasburg
Kühn, Dieter, Dr.	Euskirchener Str. 78, 5160 Düren
Kühner, Otto Heinrich	Hans-Böckler-Str. 5, 3500 Kassel
Kühner-Wolfskehl, Hans, Dr.	Ottenbergstr. 27, CH-8572 Berg (Thurgau)
Küng, Hans, Professor Dr.	Waldhäuserstr. 23, 7400 Tübingen
Künzel, Franz Peter	Egenhoferstr. 24, 8031 Puchheim
Kunert, Günter (Gastmitglied)	Goldburgweg 1a, 2210 Itzehoe
Kunze, Reiner	Am Sonnenhang 8, 8391 Obernzell 1-Erlau
Kurz, Paul Konrad, Dr.	Planegger Str. 19a, 8035 Gauting
Kusenberg, Kurt, Dr.	Abteistr. 28, 2000 Hamburg 20

Lamprecht, Helmut, Dr.	Heinrich-Baden-Weg 15, 2800 Bremen-Oberneuland
Lander, Jeannette, Dr.	Sybelstr. 26, 1000 Berlin 12
Lange, Hartmut	Hohenzollerndamm 197, 1000 Berlin 31
Lange, Rudolf, Dr.	Kopernikusstr. 3, 3003 Ronnenberg 3
Langner, Ilse	Martinstr. 95, 6100 Darmstadt
Lattmann, Dieter	Heimstättenstr. 28, 8000 München 40
Ledig, Gert	(Mitgliedschaft ruht)
Ledig-Rowohlt, Heinz Maria	Hamburger Str. 22, 2057 Reinbek
Lehmann, Werner R., Professor, Dr.	Am Fördewald 10, 2390 Flensburg
Lentz, Georg	650 Chemin de la Gaude, F-06140 Vence
Lenz, Hermann	Mannheimerstr. 5, 8000 München 40
Lenz, Siegfried	Preußerstr. 4, 2000 Hamburg 52
Leonhard, Wolfgang, Professor	Postfach 25, 5562 Manderscheid
Leonhardt, Rudolf Walter, Dr.	Leuchtturmweg 42 A, 2000 Hamburg 56
Lettau, Reinhard, Dr.	1150 Cuchara Drive, Del Mar, Calif. 92014, USA
Liebl, Franz	Am Volkammersbach 6, 8832 Weißenburg
Lietzmann, Sabina, Dr.	c/o FAZ 18 West 9th Street, New York, N. Y. 10011
Linfert, Carl, Professor Dr.	(Mitgliedschaft ruht)
Lodemann, Jürgen, Dr.	Erich-Heckel-Str. 6, 7500 Karlsruhe 41
Lorentz, Kay	Bolkerstr. 44, 4000 Düsseldorf 1

Lorenz, Günter W.	Postfach 45, 7592 Renchen
Loriot	siehe Bülow, Vicco von
Lubos, Arno	Untere Klinge 16, 8630 Coburg
Ludwig, Volker	Landhausstr. 44, 1000 Berlin 31
Lübbe, Hermann, Professor Dr.	Birchli, Haus Claudia, CH-8840 Einsiedeln
Lütgen, Kurt	Auf der langen Tecke 7, 4902 Bad Salzuflen
Lüth, Paul, Dr. med.	3589 Rengshausen
Luft, Friedrich	(Mitgliedschaft ruht)
Märker, Friedrich	Seewiesstr. 43, 8133 Feldafing
Mandel, Ernest, Professor Dr.	Jos. Impensstr. 127, B-1030 Brüssel
Manderscheid, Roger	20 Rue Astrid, Luxemburg
Manthey, Jürgen	Pettenkoferstr. 18, 4300 Essen 1
Marschall von Bieberstein, Freiherr Michael Dr.	Conseil de l'Europe, BP 431 R 6, F-6700 Strasbourg
Matsubara, Hisako, Dr.	Brauweiler Weg 32, 5000 Köln 41
Mauz, Gerhard	Großer Kamp 1, 2071 Kuddewörde
Mayer, Hans, Professor Dr.	Neckarhalde 41, 7400 Tübingen
Mechtel, Angelika	Haus 36, 8061 Einsbach
Meckel, Christoph	Brünnhildestr. 3, 1000 Berlin 41
Mehnert, Klaus, Professor Dr.	Schömberg, 7298 Loßburg 2
Meichsner, Dieter	Rögenweg 31, 2000 Hamburg 67
Meidinger-Geise, Inge, Dr.	Schobertweg 1a, 8520 Erlangen

Melchinger, Siegfried, Professor Dr.	7821 Höchenschwand/ Strittberg
Mendelssohn, Peter de	Bürgerstr. 9, 8000 München 81
Menge, Wolfgang	Klopstockstr. 19, 1000 Berlin 37
Mergen, Armand, Professor Dr.	Backhaushohl 29 H, 6500 Mainz
Meyer-Clason, Curt, Dr.	Lucille-Grahn-Str. 48, 8000 München 80
Meyer-Wehlack, Benno	Mommsenstr. 56, 1000 Berlin 12
Michael, Friedrich, Dr.	Parkstr. 8, 6200 Wiesbaden
Michaelis, Rolf, Dr.	Bayernallee 16, 1000 Berlin 19
Miehe, Ulf	8024 Kreuzpullach
Mitscherlich, Alexander, Professor Dr.	Freiherr-vom-Stein-Str. 25, 6000 Frankfurt 1
Mitscherlich-Nielsen, Margarete, Dr.	Freiherr-vom-Stein-Str. 25, 6000 Frankfurt 1
Mönnich, Horst	Wolfsberger Str. 14, 8211 Breitbrunn
Moosdorf, Johanna	Kastanienallee 27, 1000 Berlin 19
Müller, Hans Dieter	Hans-Thoma-Str. 17, 2800 Bremen
Müller-Sommer, Maria, Dr.	Schweinfurthstr. 60, 1000 Berlin 33
Mundt, Hans-Josef, Dr.	Kolberger Str. 11, 8000 München 80
Nagel, Ivan	Feldbrunnenstr. 30, 2000 Hamburg 13
Neumann, Walter	Ellerstr. 24, 4800 Bielefeld 1
Neuss, Wolfgang	Lohmeyerstr. 6, 1000 Berlin 10
Nick, Dagmar	Kuglmüllerstr. 22, 8000 München 19

Niehoff, Karena	Zähringerstr. 13, 1000 Berlin 31
Noack, Barbara	Almeidaweg 19, 8130 Starnberg
Noack, Hans-Georg	Arena Verlag, Postf. 5169, 8700 Würzburg
Nolte, Jost	Großer Kamp 3, 2071 Kuddewörde
Nonnenmann, Klaus	Bahnhofstr. 4, 7530 Pforzheim
Novak, Helga M.	Feldbergstr. 28, 6000 Frankfurt
Oehlmann, Werner	Auf Hasert, Heideweg 5, 5541 Heisdorf
Ohff, Heinz	Jenaer Str. 17, 1000 Berlin 31
Ossowski, Leonie	Hubertusallee 46, 1000 Berlin 33
Paczensky, Gert von	Hauptstr. 282 A, 5330 Königswinter
Paeschke, Hans	Ainmillerstr. 30, 8000 München 43
Paul, Wolfgang	Bismarckallee 14, 1000 Berlin 33
Pestum, Jo	Langenhorst 28, 4425 Billerbeck
Petersen, Jürgen, Dr.	Keltenstr. 18, 5038 Rodenkirchen
Pfeiffer-Belli, Erich	Simeonistr. 13, 8000 München 19
Picht, Georg, Professor Dr.	Altbirklehof, 7824 Hinterzarten
Piontek, Heinz	Dülferstr. 97, 8000 München 50
Piper, Klaus	Georgenstr. 4, 8000 München 40
Pirker, Theo, Professor Dr.	(Mitgliedschaft ruht)

Podlech, Adalbert, Professor Dr.	Vorm Heiligen Kreuz 2, 6101 Weiterstadt
Pörtner, Paul	Brahmsallee 32, 2000 Hamburg 13
Poethen, Johannes	Zur Schillereiche 23, 7000 Stuttgart 1
Posener, Julius, Professor Dr.	Tölzer Str. 30, 1000 Berlin 33
Poss, Alf	Anton-Meindl-Str. 3 A, 8000 München 60
Pross, Harry, Professor Dr.	Weissen 4, 8999 Weiler im Allgäu
Pross, Helge, Professor Dr.	Bergstr. 5, 6301 Biebertal-Königsberg
Raddatz, Fritz J., Dr.	Agnesstr. 32, 2000 Hamburg 60
Raeber, Kuno, Dr.	Ainmillerstr. 1, 8000 München 40
Rasp, Renate	Schellingstr. 101, 8000 München 40
Raus, Michel	Plateau de Schönfels, Allée des Sorbiers, Bridel/Luxemburg
Reding, Josef	Kruckeler Str. 2 a, 4600 Dortmund 50
Rehmann, Ruth	Mühlstr. 6, 8226 Altenmarkt
Rehn, Jens	Stormstr. 5, 1000 Berlin 19
Reich-Ranicki, Marcel, Professor Dr.	Gustav-Freytag-Str. 36, 6000 Frankfurt
Reindl, Ludwig Emanuel	Seestr. 17, 7750 Konstanz
Reinig, Christa	Bertholdstr. 11, 8000 München 40
Reinshagen, Gerlind	Feuerschützenbostel, 3103 Bergen 2
Rezzori, Gregor von	Santa Maddalena, I-50060 Donnini (Firenze)
Richter, Hans Werner	Floßmannstr. 13, 8000 München 60

Richter, Horst Eberhard, Professor Dr.	Am Zollstock 22, 6300 Gießen
Rinser, Luise	I-00040 Rocca di Papa (Prov. Roma)
Rischbieter, Henning, Dr.	Stiftstr. 12, 3050 Wunstorf
Rombach, Otto, Professor	Marbacher Str. 11, 7120 Bietigheim
Rosendorfer, Herbert	Enzianring 70, 8021 Taufkirchen
Rothe, Wolfgang, Dr.	Werderplatz 17, 6900 Heidelberg
Rübenach, Bernhard	Lindenweg 1, 7570 Baden-Baden
Rüdiger, Horst, Professor Dr.	I-39020 Partschins-Vertigen (BZ)
Rühle, Günther, Dr.	Kastanienhain 5, 6232 Bad Soden-Altenhain
Rühmkorf, Peter	Övelgönne 50, 2000 Hamburg 52
Runge, Erika, Dr.	Katzbachstr. 17, 1000 Berlin 61
Sabais, Heinz Winfried	Olbrichweg 15, 6100 Darmstadt
Sahl, Hans, Dr.	800 West End Ave., New York, N. Y. 10025
Salvatore, Gaston	(Mitgliedschaft ruht)
Salzinger, Helmut, Dr.	Head Farm, 2179 Odisheim
Schab, Günter, Dr.	Grevenbroicher Weg 70, 4000 Düsseldorf
Schädlich, Hans Joachim, Dr.	Sülldorfer Kirchenweg 76, 2000 Hamburg 55
Schaefer, Oda	Wohnstift Augustinum, Weitlstr. 66/4099, 8000 München 45
Scheffel, Helmut	Höllbergstr. 19, 6000 Frankfurt

Schenk, Johannes	Dresdner Str. 117, 1000 Berlin 36
Scheuch, Erwin K., Professor Dr.	Tannenweg 2, 5030 Hürth
Schirmbeck, Heinrich	Rosenhöhe 13, 6100 Darmstadt
Schlöndorff, Volker	Obermeilstr. 1, 8000 München 22
Schlüter, Herbert	Steinhauser Str. 31, 8000 München 80
Schmalenbach, Werner, Professor Dr.	Poststr. 17, 4005 Meerbusch-Büderich
Schmid, Richard, Dr.	Schafgärten 27, 7000 Stuttgart 75
Schmidt, Alfred, Professor Dr.	Parkstr. 5, 6000 Frankfurt 1
Schmied, Wieland, Dr.	Giesebrechtstr. 12, 1000 Berlin 12
Schmitthenner, Hansjörg	Hiltenspergerstr. 7, 8000 München 40
Schnell, Robert Wolfgang	Stülpnagelstr. 3, 1000 Berlin 19
Schnorr, Robert	Innere Kanalstr. 61, 5000 Köln 30
Schoenberner, Gerhard	Selmaplatz 5, 1000 Berlin 37
Schöfer, Erasmus, Dr.	Trajanstr. 5, 5000 Köln 1
Schonauer, Franz, Dr.	(Mitgliedschaft ruht)
Schramm, Godehard	Schweppermannstr. 41, 8500 Nürnberg
Schreiber, Mathias, Dr.	Ubierstr. 16, 4047 Dormagen 1
Schroers, Rolf	Postf. 34 01 29, 5270 Gummersbach 31
Schröter, Klaus, Professor Dr.	129 West 78th Street, New York, N. Y. 10024
Schürenberg, Walter, Dr.	Hasselfelder Weg 2, 1000 Berlin 45

Schütz, Wilhelm Wolfgang, Dr.	Dorf 5, CH-9053 Teufen
Schultz, Hans Jürgen	Pischekstr. 15, 7000 Stuttgart 1
Schultz, Uwe, Dr.	Grillparzerstr. 48, 6000 Frankfurt
Schumann, Werner	Karl-Kraut-Str. 6, 3000 Hannover
Schwab-Felisch, Hans	Tannenweg 10, 4005 Meerbusch 1
Schwarze, Hans Dieter	Anterskofen 3, 8386 Reisbach-Vils
Schwarze, Hanns Werner	ZDF Studio Berlin, Oberlandstr. 88/89, 1000 Berlin 42
Schwedhelm, Karl	Im Bonich, 7176 Braunsbach-Steinkirchen
Sell, Hans Joachim, Dr.	Schwaighofstr. 12, 7800 Freiburg
Sellner, Gustav Rudolf	7744 Königsfeld 3
Siebenschön, Leona	Große Flottbekerstr. 17, 2000 Hamburg 52
Sigel, Kurt	Fallerslebenstr. 16, 6000 Frankfurt
Silbermann, Alphons, Professor Dr.	Leyboldstr. 62, 5000 Köln 51
Simson, Werner, Professor Dr.	Luisenstr. 3, 7800 Freiburg
Skármeta, Antonio	Goethestr. 37/38, 1000 Berlin 12
Skriver, Ansgar	Luttersiefen 32, 5253 Lindlar/Schmitzhöhe
Snell, Bruno, Professor Dr.	Heimhuderstr. 80, 2000 Hamburg 13
Sölle, Dorothee, Professor Dr.	Bernadottestr. 38, 2000 Hamburg 50
Sombart, Nicolaus, Dr.	8, Place des Etudiants, F-6700 Strasbourg

Sonnemann, Ulrich, Professor, Dr.	Buschstr. 4, 3505 Gudensberg 4
Sontheimer, Kurt, Professor Dr.	Viktor-Scheffel-Str. 2, 8000 München 40
Soumagne, Ludwig	Bahnstr. 38, 4040 Neuß
Spiel, Hilde, Professor Dr.	Cottagegasse 65, A-1190 Wien
Ssachno-Moslé, Helen von, Dr.	Feldstr. 32, 4000 Düsseldorf 30
Stahl, Hermann	Postf. 54, 8918 Dießen
Stammler, Eberhard	Isegrimweg 3 B, 7000 Stuttgart 75
Staudacher, Wilhelm	Pürckhauerstr. 9, 8803 Rothenburg/Tauber
Staudte, Wolfgang	Wulffstr. 12, 1000 Berlin 41
Stern, Horst, Dr. h. c.	Hohenegg, 8999 Grünenbach
Stern, Carola	Heinrich-Heine-Str. 23, 5000 Köln-Rodenkirchen
Sternberger, Dolf, Professor Dr.	Rosenhöhe 8, 6100 Darmstadt
Stiller, Klaus	Gervinusstr. 19a, 1000 Berlin 12
Storz, Gerhard, Professor, Dr.	Eugen-Hegele-Weg 4, 7250 Leonberg-Ramtel
Storz, Oliver	Bergstr. 10, 8021 Deining
Stromberg, Kyra	Thiergartenstr. 10, 7801 Ehrenkirchen 2
Stroynowski, Julius, Dr.	Mommsenstr. 97, 5000 Köln 41
Stuckenschmidt, Hans Heinz, Professor	Winklerstr. 22, 1000 Berlin 33
Sturm, Vilma	Merlostr. 22, 5000 Köln 1
Sühnel, Rudolf, Professor Dr.	Schönauerstr. 60, 6900 Heidelberg-Ziegelhausen
Superfin, Gabriel G.	Tartu/UdSSR
Sylvanus, Erwin	Engelsliet 16, 4773 Möhnesee 14

Szczesny, Gerhard, Dr.	Voltzweg 4 a, 8000 München 71
Tabori, George	(Mitgliedschaft ruht)
Taschau, Hannelies	Zentralstr. 8, 3250 Hameln
Theile, Albert, Professor	Postf. 83, CH-3027 Bern
Tophoven, Elmar	28, rue Jeanne d'Arc, F-78100 St.-Germain-en-Laye
Tsatsos, Dimitris, Professor Dr.	(Mitgliedschaft ruht)
Tumler, Franz	Karlsruher Str. 7, 1000 Berlin 31
Unger, Wilhelm	Vogelsangerstr. 9, 5000 Köln 30
Unseld, Siegfried, Dr.	Klettenbergstr. 35, 6000 Frankfurt
Usinger, Fritz, Dr.	Burg 28, 6360 Friedberg
Vesper, Guntram	Luxemburgstr. 15b, 3400 Göttingen
Vollmann, Rolf	Eduard-Haber-Str. 16, 7400 Tübingen
Vormweg, Heinrich, Dr.	Johannes-Dech-Str. 20, 5000 Köln 60
Wagenbach, Klaus, Dr.	Bamberger Str. 6, 1000 Berlin 30
Wallmann, Jürgen Peter	Eugen-Müller-Str. 20, 4400 Münster
Wallraff, Günter	Hildebrandtstr. 3, 5000 Köln-Weidenpesch
Walser, Martin, Dr.	Zum Hecht 32, 7773 Nußdorf
Walter, Hans-Albert, Professor	Kreuzweg 9, 6238 Hofheim
Walter, Otto F.	Auf der Reben, CH-4538 Oberbipp
Walters, Hellmut, Dr.	Weinleiten 24, 8390 Passau
Wapnewski, Peter, Professor Dr.	Hermann-Sielcken-Str. 49, 7570 Baden-Baden

Weber, Annemarie	Heerstr. 30, 1000 Berlin 19
Wedekind, Pamela	Seestr. 6, 8194 Ambach
Wegner, Matthias, Dr.	Elbchaussee 285, 2000 Hamburg 52
Weil, Grete	Siegmundstr. 3, 8022 Grünwald
Weinrich, Harald, Professor Dr.	Arnimstr. 100, 5000 Köln 30
Weiß, Peter	(Mitgliedschaft ruht)
Weißenborn, Theodor	Hof Raskop, 5561 Landscheid
Weitz, Hans-Joachim, Dr. h. c.	Im Pflänzer 5, 6140 Bensheim 3
Wellershoff, Dieter, Dr.	Mainzer Str. 45, 5000 Köln 1
Werner, Kasimir Geza	Graupnerweg 9, 6100 Darmstadt
Wickert, Erwin, Dr.	Rheinhöhenweg 22, 5480 Remagen-Oberwinter
Wirsing, Sibylle	(Mitgliedschaft ruht)
Wittlinger, Karl	Mommsenstr. 18, 1000 Berlin 12
Wölfel, Ursula	Rodensteiner Weg 10, 6101 Modautal 3
Wohmann, Gabriele	Rosenhöhe 11, 6100 Darmstadt
Wolf, Ror	Bingertstr. 15, 6200 Wiesbaden 25
Wolken, Karl Alfred	Villa Massimo, I-00161 Rom
Wollschläger, Hans	Jakobs-Platz 1, 8600 Bamberg
Wühr, Paul	Elisabethstr. 8, 8000 München 40
Wünsche, Konrad, Professor	Reichsstr. 78, 1000 Berlin 19
Zadek, Walter	Brückhofstr. 3, 6000 Frankfurt (Sommer) Histadruthstr. 111a, Holon/Israel
Zahrnt, Heinz, Dr.	Moltkestr. 38, 2300 Kiel

Zeller, Eva	Waldstr. 31, 6903 Neckargemünd
Ziem, Jochen	Sieglindestr. 2, 1000 Berlin 41
Zwerenz, Gerhard	Brundhildensteg 18, 6384 Schmitten 3

Das Buch Esther, eine der Heiligen Schriften der Juden. Der handschriftliche hebräische Text auf dem Pergament wird von rechts nach links gelesen. Die Schriftrolle wird in einer goldenen Hülse aufbewahrt

Die Römer nannten sie »die Bleibenden«, sie nannten sich »die Deutschen«

Der erste Jude, der in der deutschen Geschichte eine Rolle spielte, hieß Isaak. Er war ein Mann mit vielseitigen Sprachkenntnissen und weitreichenden Verbindungen, der sich am Hofe Karls des Großen in Aachen nützlich machte.
Im Jahre 797 schickte Karl eine Delegation nach Bagdad mit freundlichen Empfehlungen und reichen Geschenken für den Kalifen Harun al-Raschid, mit dem er diplomatische Beziehungen unterhielt, die er zu vertiefen wünschte. Zwei Edelleute aus Karls engerer Umgebung, Lantfrid und Sigimund, führten die Gesandtschaft an. Isaak mit seiner reichen Auslandserfahrung wurde ihnen als Dolmetscher und Reisemarschall zugeteilt. Er brachte die ganze Kavalkade samt allen Lasttieren heil nach Bagdad. Der Empfang war freundlich, die Bewirtung fürstlich, die Verhandlungen langwierig und schleppend, am Ende aber erfolgreich. Zwischendurch gab es immer unterhaltsame Abwechslungen verschiedenster Art. An einer von ihnen ging der fränkische Edelmann Sigimund zugrunde. Nach zweijährigem Verhandeln starb er an der Syphilis. Auch Lantfrid überlebte die Reise nach Bagdad nicht. Ihn tötete eine Infektion der Verdauungswege. Isaak brachte die Besprechungen zu einem guten Ende und führte den Rest der Gesandtschaft heim. Harun al-Raschid gab ihm kostbare Geschenke für Karl den Großen mit und als besondere Aufmerksamkeit einen weißen Elefanten namens Abulabaz. Er hatte ihn selber vor einiger Zeit von einem indischen Fürsten geschenkt bekommen, aber Abulabaz hatte nicht gut getan und die Anpflanzungen in den Palastgärten zertrampelt. Außerdem duldete er keinen Reiter auf sich, so daß er geführt werden mußte.
Unterwegs erregte die lange Karawane mit ihren schwerbeladenen Maultieren und Eseln immer wieder die Aufmerksamkeit von Räuberbanden. Ständig wurde sie belauert, bedrängt und überfallen. Immer mehr Männer aus der Schar

der Ritter und Knechte kamen ums Leben.

Nur Isaak schlug sich durch. Am 20. Juli 802 kam er endlich nach langer Odyssee als einziger Überlebender in Aachen an mit Abulabaz am Zügel, und hinterher trottete ein Maultier, in dessen Tragkörben die kostbaren Geschenke des Kalifen für den Kaiser verpackt waren.

Von Isaak weiß man nicht mehr als diese Geschichte. Man kennt nicht seine Vorfahren und nicht seine Nachkommen. Man weiß aber, daß es zu seiner Zeit in vielen Städten an Rhein, Main und Donau jüdische Gemeinden gab, und manche von ihnen bestanden schon seit Jahrhunderten.

In einem Brief des Kaisers Konstantin vom 11. Dezember 321 wird die jüdische Gemeinde in Köln erstmals urkundlich erwähnt, aber Ausgrabungen beweisen, daß sie mit Sicherheit sehr viel älter ist. Die Mainzer, Ulmer und Regensburger Juden lebten in der Überzeugung, sie seien sogar schon vor Christi Geburt in ihrer Stadt seßhaft gewesen, und die Wormser pflegten die Legende, ihre Vorfahren hätten mit einem Sendschreiben an Pontius Pilatus gegen die Hinrichtung Jesu Christi protestiert.

Das ist unwahrscheinlich, weil die Nachricht der Verurteilung von Jerusalem nach Worms etwa 50 Tage gebraucht hätte und das Protestschreiben zurück ebenso lange. Aber es zeigt, daß diese Juden ihre Wohnorte als Heimatstädte empfanden und daß sie die immer wiederholte Anschuldigung widerlegen wollten, sie seien mitschuldig an der Kreuzigung Christi.

Die Städte an Rhein, Main und Donau gehörten damals ebenso zum Römischen Reich wie Jerusalem. Im Jahre 63 vor Christi Geburt hatte Pompejus Judäa im Osten erobert, und sieben Jahre später war Julius Cäsar im Norden über den Rhein gedrungen. Schon früher hatten in der Metropole Rom jüdische Kaufleute gelebt und sich von da aus über das ganze Reich verteilt.

Als die Juden in unser Land kamen, gab es Deutschland noch nicht, sondern nur die römischen Provinzen »Germania Superior« und »Germania Inferior« und dahinter das unbesetzte und schwer überschaubare »Germania Magna«, Großgermanien, in dem zahlreiche Stämme lebten, die durchweg miteinander verfeindet waren und von denen keiner sich deutsch nannte. Sie hießen Burgunder, Franken und Vandalen, Alamannen, Sachsen und Langobarden. Der Name »deutsch« tauchte erst im 9. Jahrhundert auf. Juden und Deutsche begannen also

Römische Besatzungstruppen schlugen Revolten in den germanischen Provinzen brutal nieder. Viele Siedlungen wurden dem Erdboden gleichgemacht

ihre gemeinsame Geschichte in einem Grenzgebiet des Römischen Reiches im ersten Jahrhundert unserer Zeitrechnung. Die Juden waren schon einmal ein Volk gewesen, bevor sie unterjocht und vertrieben worden waren. Die Deutschen hatten noch nicht einmal begonnen, ein Volk zu werden. Die Städte an Rhein, Main und Donau waren keineswegs triste Provinznester, sondern Verwaltungszentren, in denen römische Präfekten residierten oder auch der Kaiser selbst. Sie hießen Colonia Agrippinensis (Köln), Castra Regina (Regensburg), Moguntiacum (Mainz), Augusta Vindelicorum (Augsburg) und Augusta Treverorum (Trier).

Das waren Städte mit starken Garnisonen, mit Handelshäusern und Poststationen, mit Zollämtern und Straßenmeistereien, mit Theatern und Schenken, und in jeder von ihnen lebten in einem Klima weitgehender Toleranz die Germanen zusammen mit dem bunten Völkergemisch, das die römischen Kolonialherren mitgebracht hatten: Legionäre und Bankiers, Kaufleute und Bauunternehmer, Verwaltungsbeamte und Handwerker, Flötenspieler, Gaukler und Huren aus allen Teilen des

LESEPROBE

Reiches, das von Spanien bis Armenien reichte und von England bis Ägypten.
In jeder dieser Städte gab es Juden, bevor es dort Christen gab. Die römische Staatsreligion verlangte nur, daß der jeweilige Kaiser als Gott verehrt wurde. Wer gegen dieses Gesetz nicht verstieß, konnte gern auch seinen eigenen Göttern huldigen. Und davon gab es viele unter den Völkern des Römischen Reiches.
Die Juden kamen vereinzelt über große Zeiträume verteilt in diese römischen Städte an Rhein, Main und Donau. Die ersten waren Kaufleute, Ärzte und Dolmetscher. Dann kamen Gruppen von Flüchtlingen und Vertriebenen.
In ihrer Heimat Palästina brachen immer wieder Aufstände aus, und immer wieder schlugen römische Truppen die Revolten der Juden blutig nieder. Der spätere Kaiser Titus ließ im Jahre 70 nach Christi Geburt den Tempel in Jerusalem dem Erdboden gleichmachen, um diesen unbeugsamen Menschen für alle Zeiten den geistigen Mittelpunkt zu nehmen.
Die Juden flohen scharenweise, wurden von den Soldaten als Kriegsbeute mitgenommen oder von der Militärverwaltung als Sklaven verkauft. Manche Truppenkommandeure gaben auch verdienten Soldaten an Stelle goldener Medaillen hübsche Jüdinnen, und die nahmen sie dann bei jeder Versetzung mit in ihre neue Garnison. So kamen viele Juden in die römischen Provinzen.
Unter diesen entwürdigenden Bedingungen bewies sich, wie schon oft in der jüdischen Geschichte, die Integrationskraft des Glaubens. Diese Juden, die aus den verschiedensten Schichten und Landschaften stammten, fanden sich in der Fremde, in die sie verschlagen worden waren, mit jenen Glaubensbrüdern zusammen, die da schon seit Generationen heimisch waren, und sie lebten miteinander nach den Gesetzen ihrer Religion und bildeten schon früh an Rhein und Donau geistige Zentren der jüdischen Religionsgemeinschaft.
Die römischen Soldaten waren keinesfalls nur Römer. Im Gegenteil, das Herrenvolk entwickelte immer heftigeren Widerwillen gegen die Mühen des Wehrdienstes. Für so etwas waren die jungen Männer aus den Provinzen da. Zunächst dienten sie als Pferdeknechte, dann als einfache Soldaten, und bald konnten sie auch Offiziere werden.
Die Germanen galten als besonders tüchtig und zuverlässig. Kaiser Caracalla etwa (gefallen 217) mochte sich nur noch germanischen Leibwachen anvertrauen und zeigte sich mit Vorliebe in de-

ren Kleidung, einem silberbestickten Leinenmantel. Dazu trug er eine blonde Perücke, um selbst wie ein Germane auszusehen.
Das Römische Reich wurde nicht von den Germanen überrannt und zertrümmert, sondern unterwandert, physisch germanisiert, während die Germanen kulturell romanisiert wurden. Der Untergang des Römischen Reiches war kein katastrophaler Gewaltakt, sondern ein Auflösungsvorgang, der sich über Jahrhunderte hinzog. Die Juden überstanden ihn unbeschadet. Ihre Gemeinden waren die feste Einheit, die ihnen inmitten der Machtumschichtungen Schutz und Zusammenhalt bot.

Sarazenen im Kampf gegen Kreuzritter. Otto II. war es nicht gelungen, die muslimischen Reiter aus seinem Reich fernzuhalten. 982 mußte er nach der Schlacht bei Cotrone vor ihnen fliehen (Kirchenfenster aus dem 11. Jahrhundert)

Vielleicht war dieses Land hier an Mosel und Rhein, an Main und Donau ein Ersatz für jenes Gelobte Land, das ihnen der Herr, ihr Gott, verheißen hatte? Hier verbrannte die Sonne nicht die Saat. Hier schien sie milde auf Berge und Täler. Hier fiel reichlich weicher warmer Regen auf die Weinberge, und in den Wäldern gab es Holz, mehr als die Zimmerleute brauchten. Hier fraßen keine Heuschrekkenschwärme die Halme leer. Hier gab es fette Weiden für das Vieh, und nie trockneten die Brunnen aus.
Es lohnte sich zu bleiben. Und sie blieben. Die ersten Urkunden, die im vierten Jahrhundert jüdische Gemeinden im Rheintal erwähnten, nannten sie »manentes«, die Bleibenden.
Sie blieben, als unter Kaiser Konstantin das Christentum römische Staatsreligion wurde. Sie blieben, als unter dem Druck der Völkerwanderung das Römische Reich zerfiel. Sie blieben, als die Hunnen aus Mittelasien auf kleinen struppigen Pferden rheinabwärts galoppierten und eine Stadt nach der anderen niederbrannten. Sie blieben, als aus den Trümmern das Reich der Merowinger entstand, das Reich der Franken, das Deutsche Reich. Und sie halfen mit, dieses Reich zu bauen.

Das einstige »Germania Magna« jenseits des alten römischen Grenzwalls »Limes« war durchaus keine Wildnis. Die Kimbern und Teutonen etwa, die schon 100 Jahre vor Christi Geburt aus Großgermanien auf Rom marschiert waren, hatten kunstvoll geschmiedete Rüstungen getragen. Kupfer kam aus Thüringen und Hessen, Blei wurde in der Eifel und an der Lahn gewonnen. Die Gruben um Aachen herum deckten den ganzen europäischen Zinkbedarf. Gold fand man im Oberrhein. Schon Julius Cäsar hatte stolz eine Wagenladung davon nach Rom geschickt. Man konnte Pferde und Lederwaren beziehen, Wolle aus Friesland, Bernstein von der Ostseeküste, blondes Frauenhaar für die Perücken der Römerinnen.

Das war ein Land für Kaufleute, Siedler und Handwerker, und es schien keine Grenzen nach Osten hin zu haben. Der deutsche König Heinrich I., den man später den Vogler nannte, errichtete Burgen und Pfalzen, baute alte Siedlungen aus, machte Magdeburg, Merseburg und Erfurt zu wichtigen Handelsplätzen, in der klaren Erkenntnis, daß Kaufleute und Handwerker die ersten Träger der Zivilisation waren.

Unter den Kaufleuten waren viele Juden. Sie brachten schon alles mit, was sich die Ortsansässigen erst erwerben mußten. Die traditionellen Verbindungen nach Rom, Byzanz und Marseille waren ohnehin ihre Domäne. Sie knüpften neue Verbindungen nach England und Dänemark, nach Polen und Rußland, bis ans Schwarze Meer, bis an die Wolga, bis ans Kaspische Meer, und immer weiter, bis nach Persien und Indien.

Sie brachten auch ihre Vielsprachigkeit mit, diese natürliche Gabe der Weitgereisten. Ein arabischer Reisender berichtet aus jener Zeit, die jüdischen Kaufleute, denen er begegnet sei, hätten Lateinisch und Griechisch, Persisch und Russisch gesprochen, außerdem Hebräisch und Aramäisch. Ihre Muttersprache aber war die des Landes, das ihnen zur Heimat geworden war: Althochdeutsch.

Sie nannten sich Aschkenasim, das ist das hebräische Wort für »die Deutschen«, im Gegensatz zu den Sephardim, den spanischen Juden. Der deutsche Kaiser sicherte ihren Lebensraum und ihre Handelswege. Er machte den Beutezügen der Ungarn ein Ende und trieb die Dänen hinter die Schlei zurück. Er nahm den böhmischen Herzog Wenzel unter seinen Schutz, so daß sich nun auch in dessen Hauptstadt Prag in Ruhe ein reges Kultur- und Wirtschaftsleben entfalten konnte, an dem die Juden großen Anteil hatten.

Unter Heinrich und seinen Nachfolgern, den Sachsenkaisern – so genannt nach ihrer niedersächsischen Heimat –, blühten viele neue jüdische Gemeinden auf. Es war die Zeit, in der sich um die Kristallisationspunkte der Klöster und Burgen herum Marktflecken bildeten, Städte, Handelszentren.

Bei dieser Entwicklung des Reiches zur beherrschenden Macht in Mitteleuropa spielten die Juden eine wichtige Rolle. In ihren Händen lag der internationale Handel. Der Bedarf an Importgütern wuchs ständig. Ihre Kunden waren die Fürstenhöfe, Grafen und Ritter, bald auch das Bürgertum, das in den Städten entstand, vor allem aber die geistlichen Machthaber, Erzbischöfe und Äbte mit ihrem unstillbaren Drang zur Prachtentfaltung.

Die Juden wußten, wo man Balsam und Weihrauch kaufen konnte, indische Seide und persischen Brokat, Farbstoffe, Öle und Gewürze, Edelsteine, Jagdfalken und arabische Vollblutpferde.

Sie zogen aber auch als Kleinhändler über Land und arbeiteten als Handwerker und Bergleute. So wird im 10. Jahrhundert in Obersachsen ein von Juden betriebenes Salzbergwerk erwähnt. Salz war für die Konservierung von Fischen und Fleisch lebensnotwendig. Alle Jäger, Bauern und Fischer von der Ostseeküste bis ans Schwarze Meer brauchten Salz. Das weiße Gold wurde zu einem wichtigen Exportartikel.

Der zweite Jude, der sich einen Platz in den deutschen Geschichtsbüchern verdiente, hieß Kalonymos. Er rettete Kaiser Otto II. das Leben.

Der Name ist griechisch: Kalos = schön, onymos von onoma = Name. ›Der mit dem schönen Namen‹ nannte sich der Mann, vermutlich aus Sorge, er könne die Leute mit seinem schwer aussprechbar hebräischen Namen irritieren. Er stammte aus einer jener jüdischen Familien, die über das Oströmische Reich, dessen Sprache Griechisch und dessen Hauptstadt Byzanz war, nach Italien gekommen waren.

Otto II. war mit der byzantinischen Prinzessin Theophano verheiratet. Sie hatte neben Goldschmieden und Elfenbeinschnitzern in ihrem zahlreichen Gefolge wohl auch den vielsprachigen Kalonymos mit nach Rom gebracht, als sie dort im Jahre 972 Otto geheiratet hatte, der ein Niedersachse war und ein Jahr darauf mit achtzehn Jahren Römischer Kaiser wurde.

Otto trieb die Franzosen, die Lothringen vom Reich abtrennen wollten, bis vor die Tore von Paris zurück, und die Sarazenen, die von Süden her bis an den Alpenrand vorgedrungen waren, bis nach Kalabrien hinunter. Kalonymos ritt mit ihm. Er war einer jener unentbehrlichen Männer, die immer gerade die jeweils erforderliche Sprache sprechen, immer etwas zu essen finden, ein Nachtlager, einen Krug Wein, die in jeder Lage einen Ausweg wissen und nie verlorengehen.

Am 13. Juli 982 wurde Kaiser Otto II. bei dem Versuch, die Sarazenen ganz aus Italien zu vertreiben, mit seinem Heer bei Cotrone in Kalabrien vernichtend geschlagen und mußte fliehen. Er galoppierte Hals über Kopf zum Meer. Draußen lag ein Schiff. Otto war 27 Jahre alt und ein guter Schwimmer. Er hatte nur diese einzige Chance, lebend zu entkommen. Da brach auf einmal sein Pferd zusammen, und die Verfolger waren ihm dicht auf den Fersen.

In dem Augenblick drängte Kalonymos an seine Seite, ließ sich vom Pferd fallen und warf dem Kaiser die Zügel zu. Otto schwang sich auf das Pferd, erreichte die Küste und schwamm zum Schiff hinüber. Im Wasser konnte ihn keiner einholen. Er war gerettet.

Kalonymos schlug sich irgendwie durch und tauchte Wochen später wieder im Lager seines Kaisers auf. Das war in Verona, wo Otto in dunkler Vorahnung seines schnellen Endes seinen dreijährigen Sohn Otto III. zum Römischen König krönen ließ. Kaiser Otto II. starb schon ein Jahr darauf mit 28 Jahren, erschöpft von seinen italienischen Ambitionen.

Vorher aber hatte er noch dafür gesorgt, daß Kalonymos Haus und Bürgerrechte in Mainz bekam, wo es schon eine alte Judengemeinde gab und wo man auch als Jude gut und sicher leben konnte unter dem Schutz des Erzbischofs. Der war des Reiches Erzkanzler und wußte genau, daß er und seine Stadt von der Tüchtigkeit und den weitreichenden Beziehungen seiner jüdischen Bürger nur profitieren konnten.

Kalonymos gründete in Mainz ein Handelshaus, mit dem er Reichtum und Ansehen gewann, und eine Familie, die sich bald über das ganze Rheintal ausbreitete und nicht nur Kaufleute hervorbrachte, sondern auch berühmte Gelehrte und Männer von politischem Einfluß. Die Kalonymiden waren die erste jüdische Familie, die im Deutschen Reich durch viele Generationen hindurch eine Rolle spielte.

Im elften Jahrhundert waren die Judengemeinden in Mainz und Köln, in Worms und Speyer, jede schon mehr als tausend Seelen stark, ein fester Bestandteil ihrer Stadtgemeinden, geachtet und wohlgelitten, zumindest geduldet und unbehelligt. Diese Gemeinden waren gut organisiert, mit vorbildlicher Krankenversorgung und Armenpflege, mit eigener Ziviljustiz und eigenen Schulen. Einige unterhielten bereits Gelehrtenschulen von Rang. In Mainz etwa lehrte der berühmte Moraltheologe Gerschom ben Judat (960–1040), dessen Takkanot (Richtlinien) für die abendländischen Judengemeinden in weitem Umfang bindend waren. Er verbot die Vielehe, die nach altem jüdischem Gesetz theoretisch noch gestattet war, und erlaubte die Ehescheidung nur für den Fall, daß beide Teile gleichermaßen einverstanden waren. Er stellte zahlreiche ethische Grundsätze auf, die vom hohen Stand der jüdischen Moral kündeten, wie etwa den, daß niemand einen Brief lesen darf, der nicht an ihn gerichtet ist.

Die Juden waren in diesen Städten nicht rechtlos. Sie waren angesehene Geschäftspartner und gute Steuerzahler. Sie gehörten dazu und blieben doch Fremde. Sie wohnten mit den anderen Bürgern Haus an Haus – Gettos gab es nicht –, sprachen dieselbe Sprache, ließen bei demselben Schneider, Tischler und Schuhmacher arbeiten. Aber sie kauften das Brot nur bei jüdischen Bäckern und das Fleisch nur beim Schächter, denn die Nahrung mußte koscher sein, das heißt rein nach den strengen rituellen Speisevorschriften, die nur das Fleisch von Wiederkäuern mit zweispaltigen Klauen, von bestimmten Vogelarten, von Fischen mit Schuppen und Flossen zum Verzehr freigaben, vorausgesetzt, daß die Tiere nach dem Schlachten vollkommen ausgeblutet sind. Die Lebensgewohnheiten waren ganz andere als die der Christen. Sie feierten nicht den Sonntag, sondern den Sabbat, der am Freitagabend mit dem Sonnenuntergang beginnt. An diesem Festtag durften die Frauen nicht kochen, sondern mußten das Essen warm halten, und wenn das Feuer ausging, durfte der Mann kein Feuerholz holen, weil jegliche Arbeit am Sabbat verboten ist. Sie mußten sich also christliche Diener halten oder den christlichen Nachbarn um Hilfe bitten. Das schuf Verbindungen, aber es machte die Unterschiede auch immer wieder deutlich. Der Vertrautheit des Zusammenwohnens in derselben Straße einer Stadt wirkte die Bindung an zwei verschiedene Religionen entgegen.

Aber trotz der weitreichenden Unterschiede in den Lebensgewohnheiten fühlten sich die Christen in der ersten Phase des Zusammenlebens, das bis zum Frühjahr 1096 reichte, durch diese Unterschiede nicht herausgefor-